高等职业教育房地产类专业精品教材

智慧社区管理

主　编	张丹媚	周福亮	
副主编	黄　璐	屈甜利	叶昌建
参　编	王　哲	焦艳荣	江　欣
	赖世瑜	梅　芳	张丹妍
	李　静	江志国	崔风新
	陈　爽	李　梅	潘云峰

北京理工大学出版社
BEIJING INSTITUTE OF TECHNOLOGY PRESS

内 容 提 要

本书为高等教育现代物业管理专业教材之一。全书共 8 个项目，采取"知识 + 实训"的思路进行编写。项目一进行智慧社区和智慧社区管理认知。项目二从智慧社区的硬件架构、软件架构和服务介绍如何进行智慧社区的体系架构。项目三介绍智慧社区的建设规划，主要为智慧社区的规划概述和智慧社区的规划实施。项目四讲述智慧视频监控系统与门禁系统管理、智慧停车场与电梯管理、智慧消防管理、智慧客服管理。项目五主要介绍智慧设备设施运行管理、智慧楼宇运行管理、智慧消费与收费管理、智慧维保与环保管理。项目六介绍智能家居与电子商务管理。项目七主要介绍智慧养老管理及智慧养老医疗管理。项目八主要介绍智慧社群的建立、管理与维护。

本书可作为高等院校现代物业管理、楼宇智能化、物联网、社区管理、市场营销等专业的教材，也可供从事相关企业管理者及技术人员使用。

版权专有　侵权必究

图书在版编目（CIP）数据

智慧社区管理 / 张丹娟，周福亮主编 . -- 北京：北京理工大学出版社，2021.11（2025.1 重印）

ISBN 978-7-5763-0680-4

Ⅰ.①智… Ⅱ.①张… ②周… Ⅲ.①社区管理—现代化管理—高等学校—教材　Ⅳ.① C916.2-39

中国版本图书馆 CIP 数据核字（2021）第 230094 号

责任编辑：江　立	**文案编辑**：江　立
责任校对：周瑞红	**责任印制**：边心超

出版发行 / 北京理工大学出版社有限责任公司

社　　址 / 北京市丰台区四合庄路 6 号

邮　　编 / 100070

电　　话 /（010）68914026（教材售后服务热线）

　　　　　（010）63726648（课件资源服务热线）

网　　址 / http://www.bitpress.com.cn

版 印 次 / 2025 年 1 月第 1 版第 3 次印刷

印　　刷 / 河北鑫彩博图印刷有限公司

开　　本 / 787 mm × 1092 mm　1/16

印　　张 / 14.5

字　　数 / 352 千字

定　　价 / 49.00 元

图书出现印装质量问题，请拨打售后服务热线，负责调换

前言

PREFACE

　　智慧社区是在智慧城市的建设理念上提出来的。智慧城市是现代城市发展的必然趋势,"智慧社区"建设将"智慧城市"的理念引入社区,以社区群众的幸福感为出发点,通过打造智慧社区为大众百姓提供便利的服务。智慧社区是指利用物联网、云计算、大数据、人工智能等新一代信息技术,融合社区场景下的人、事、地、物、情、组织等多种数据资源,提供面向政府、物业、居民和企业的社区管理与服务类应用,提升社区管理与服务的科学化、智能化、精细化水平,实现共建、共治、共享管理模式的一种社区。智慧社区是一种基于大规模信息智能处理的新型管理形态社区,是社区管理的一种新理念,也是新形势下社会管理创新的一种新模式。智慧社区属于社区的高级发展阶段,能够平衡社会、商业和环境需求,同时优化可用资源,通过应用信息技术规划、设计、建造和运营社区基础设施,提高居民生活质量和社会经济福利,从而促进社区和谐,推动区域社会进步。

　　智慧社区管理即利用信息技术创新社区管理模式来提高社区管理效率和效益。智慧社区管理就是将大数据驱动下的信息技术应用于社区的服务和管理,充分利用软硬件资源,使管理服务更加互联化、物联化、智能化,如智慧物业、智慧电子商务、智慧养老、智慧家居、智慧医疗、智慧办公服务等。智慧社区的智慧化程度是一个城市智慧化水平的具体体现,智慧社区是社会管理创新的一种模式,是"互联网+"大数据驱动下,社会管理与服务的一种更为高级的形态。智慧社区管理主要有数字化、智能化、网络化、互联化、物联化、协同化六大特点。

　　本书结构新颖,引用资料丰富,突出知识技能和实际应用。书中的内容和体例安排主要是为了更好地培养、提高学生对智慧社区管理的知识的理解和掌握,通过相关的实训任务扎实有效地运用到未来的工作中。

　　本书由重庆建筑科技职业学院(原名:重庆房地产职业学院)组织编写,张丹媚、周福亮任主编,黄璐、屈甜利、叶昌建任副主编。本书的具体编写分工如下:项目一由张丹媚编写；项目二由周福亮、李梅［重庆新鸥鹏物业管理（集团）有限公司］编写；项目三由叶昌建、江欣（金融街物业股份有限公司）；项目四由黄璐、张丹媚、潘云峰（重庆新东原物业管理有限公司）编写；项目五由屈甜利、张丹媚、赖世瑜（上海永升物业管理有限公司重庆分公司）编写；项目六由张丹媚、屈甜利、王哲编写；项目七由张丹媚、李静（重庆沙坪坝区人民政府石井坡街道办事处）、江志国（重庆沙坪坝区人民政府石井坡街道办事处）、崔风新（重庆市渝北区人民政府鸳鸯街道办事处）、张丹妍（重庆市人口和计划生育科学技术研究院）编写；项目八由张丹媚、焦艳荣、梅芳、陈爽（南宁职业技术学院）编写。在本书编写过程中，感谢重庆新鸥鹏物业管理（集团）有限公司、金融街物业股份有限公司、上海永升物业管理有限公司重庆分公司、北京博力恒昌科技有限公司、北京新大陆时代教育科技有限公司、重庆市人口和计划生育科学技术研究院、重庆沙坪坝区人民政府石井坡街道办事处、重庆市渝北区人民政府鸳鸯街道办事处的专家和学者提供资料与协助整理，使得书稿得以顺利完成，特此感谢。

在本书编写过程中，编者参考、吸收了国内外众多学者的研究成果，在此谨向有关专家学者表示诚挚的谢意。

由于编者水平有限，对智慧社区管理的知识和内容还有待进一步深入研究，书中表述难免存在不足，期盼广大读者批评指正并能及时反馈，以使本书逐步完善。

编　者

目录

CONTENTS

项目一 智慧社区及智慧社区管理认知 ·································· 1

学习任务一　智慧社区认知准备 ·· 1
学习任务二　智慧社区管理认知 ·· 7

项目二 智慧社区的体系架构 ·· 21

学习任务一　智慧社区的硬件架构 ·· 21
学习任务二　智慧社区软件架构与服务 ·································· 52

项目三 智慧社区的建设规划 ·· 64

学习任务一　智慧社区的规划概述 ·· 65
学习任务二　智慧社区的规划实施 ·· 72

项目四 智慧物业管理（1） ·· 83

学习任务一　智慧视频监控系统与门禁系统管理 ······················ 84
学习任务二　智慧停车场与电梯管理 ···································· 91
学习任务三　智慧消防管理 ·· 97
学习任务四　智慧客服管理 ·· 103

目 录

项目五　智慧物业管理（2） ... 111
学习任务一　智慧设备设施运行管理 ... 112
学习任务二　智慧楼宇运行管理 ... 116
学习任务三　智慧消费与收费管理 ... 133
学习任务四　智慧维保与环保管理 ... 140

项目六　智能家居与电子商务管理 ... 150
学习任务一　智能家居管理 ... 151
学习任务二　智慧电子商务管理 ... 159

项目七　智慧养老与医疗管理 ... 173
学习任务一　智慧养老管理 ... 174
学习任务二　智慧养老医疗管理 ... 189

项目八　智慧社群管理 ... 204
学习任务一　智慧社群的建立 ... 205
学习任务二　智慧社群管理与维护 ... 212

参考文献 ... 223

项目一 智慧社区及智慧社区管理认知

学习目标

1. 了解智慧社区的建设意义，以及智慧社区管理发展史；
2. 熟悉智慧社区的含义和特点、智慧社区管理的含义和特点、智慧社区管理的原则；
3. 掌握智慧社区的特点、功能与定位，智慧社区的建设概况与基本构成，智慧社区管理的主要内容。

能力目标

1. 能列表归纳国内外智慧社区的异同点，培养利用图表表述智慧社区发展问题的能力；
2. 能运用智慧社区管理内容，并将不同智慧社区管理联系起来进行分析，培养运用知识解决管理问题的能力；
3. 通过完成实训任务，培养合作意识和创造性思维能力。

素质目标

1. 在对智慧社区的学习过程中培养学生树立职业理想，具有科学精神和态度；
2. 培养学生信息素养，具有把握国内外智慧社区领域发展动态和管理变化的能力；
3. 在认知智慧社区的实训环节中培养学生职业道德，培养学生的团队协作、团队互助等意识。

学习任务一 智慧社区认知准备

※ 案例导入 1-1

南京金融城智慧社区由第一太平戴维斯集团与北京欣智恒科技股份有限公司推出。为

项目一　智慧社区及智慧社区管理认知

了降低企业运营成本，加强社区创新、服务和管理能力，依托云计算、物联网、大数据、人工智能、微服务、边缘计算等新一代信息技术投入建成了南京金融城智慧社区平台。该平台在社区智能运维、智慧运营等方面实现了管理、服务、营收升级，提高了业主满意度，提升了社区管控效率，如图1-1所示。

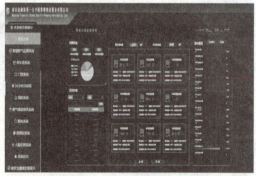

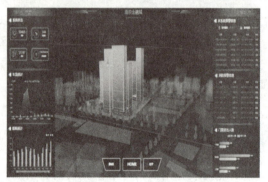

图1-1　南京金融城智慧社区相关内容

南京金融智慧社区的主要特点如下：

1. 科技驱动，设施设备智慧运维

南京金融城由于楼控系统老旧及更新换代不足，在楼宇信息化方面存在不足。通过平台实时数据监测、历史数据查询、图像监测与报警相结合，高效汇总实时数据，自动形成报表，一键导出报表，对相关设备的运行状态与故障预警进行实时监测，构建建筑综合数据库等信息化手段提升物业服务企业工作效率。

授课视频：
智慧社区认知准备

2. 管理赋能，增值创新

南京金融城社区物业服务公司涉及的业务范围广、客户数量多，需要处置相当多的长期烦琐的日常工作。通过全方位自动化管理工具、故障告警联动、在线报事、巡检线上抢单、维保计划等方法提高一线员工的工作效率与工作质量，从人力、财力、物力三方面入手，实现全部门体系化与精细化创新管理。

思考：什么是智慧社区？南京金融城智慧社区有什么特点？

一、智慧社区的含义和特点

1. 智慧社区的含义

智慧社区是指利用物联网、云计算、大数据、人工智能等新一代信息技术,融合社区场景下的人、事、地、物、情、组织等多种数据资源,提供面向政府、物业、居民和企业的社区管理与服务类应用,提升社区管理与服务的科学化、智能化、精细化水平,实现共建、共治、共享管理模式的一种社区。智慧社区是一种基于大规模信息智能处理的新型管理形态社区,是社区管理的一种新理念,也是新形势下社会管理创新的一种新模式。

2. 智慧社区的特点

"智慧社区"建设,是将"智慧城市"的概念引入社区,以社区群众的幸福感为出发点,通过打造智慧社区为社区百姓提供便利,从而加快和谐社区建设,推动区域社会进步。基于物联网、云计算等高新技术的"智慧社区"是"智慧城市"的一个"细胞",它将是一个以人为本的智能管理系统,有望使人们的工作和生活更加便捷、舒适、高效。智慧社区主要有智能感知性、可持续性、协同共享性、订制服务性、建设人性化五个特点。

(1)智能感知性。智慧社区通过建立智慧社区的泛在信息源,全面感知社区运转方面的信息,是智慧化的基础,通过遍布的传感器与智能设备组成物联网,全面对社区运行的核心系统进行测量、监控与分析,做到变被动为主动地全面感知,创造社区"智"和"慧"协同模式。

(2)可持续性。智慧社区是一种全新的社会治理与服务模式,与传统社区相比,智慧社区具有持续创新发展的内生驱动力,可实现社区各元素的自我适应调节、优化和完善。

(3)协同共享性。智慧社区"协同共享"的目的是形成具有统一性的社区资源体系,避免出现"资源孤岛"和"应用孤岛",在协同共享的智慧社区中,各部分应用环节可以在授权后启动关联应用且可进行操作。各类资源根据系统需求,发挥最大价值,按照共同目标统一合理调配。

(4)订制服务性。智慧社区的订制服务是智慧的体现,具有主动服务的能力,针对社区的特定需求和社区特点,主动推送所需服务内容及服务信息,为社区居民指定个性化服务,主动推送给相关客户。

(5)建设人性化。智慧社区的建设是最大限度地满足居民对生产、生活的需求,使居民生活更加舒适、幸福。通过智慧社区的建设,围绕社区管理与公众服务需求,提供便捷、低成本、高品质的公共服务。

二、智慧社区的功能定位

智慧社区从功能上讲,是以社区居民为服务核心,为居民提供安全、高效、便捷的智慧化服务,全面满足居民的生存和发展需要。智慧社区由高度发达的"邻里中心"服务、高级别的安防保障及智能的社区控制构成。

智慧社区的功能性定位在于对社区治理和公共服务的智慧化支撑方面,主要包括治理、文化、教育、家居家政、养老助残、卫生、安全、社会保障和商务方面,见表1-1。

项目一　智慧社区及智慧社区管理认知

表1-1　智慧社区的功能

序号	功能	智慧平台	实施定位
1	治理	智慧治理系统	支持治理业务开展，如组织社区治理机构选举，召开自治工作会议和社区公益事业听证会，组织社区志愿者服务，调解邻里纠纷，缓和社区矛盾
2	文化	社区文化综合服务平台	支持社区文化活动的开展，如举办社区文化、艺术、体育活动，培育社区居民的信仰、价值观、行为规范等
3	家居家政	智能家居家政平台	整合建筑、网络通信、信息家电、设备自动化、家政服务等家居家政资源，为居民生活起居提供家居家政服务
4	教育	终身学习平台	开展社区文明素质和文化修养教育，传承社区优良传统和社区良好风尚等
5	养老助残	智慧养老助残监护系统	利用传感技术和互联网技术实时感知社区老年人和残疾生活护理和救助需求，为老年人和残疾人的生活起居提供护理和救助服务
6	卫生	社区医疗卫生智慧服务系统	建设实时感知、获取居民健康和社区卫生状况，整合社区内外优质医疗卫生资源，支持社区医疗咨询、医疗救助、保健、疗养等
7	安全	安防监视和应急处理平台	利用新一代感知、感应和监测技术，实时获取社区安全信息，提供停车场管理、闭路监控管理、门禁系统、智能消防、电梯管理、保安巡逻、远程抄表、自动喷淋、环境安全等社区环境与物业管理集中运营
8	社会保障	智慧保障服务系统	动态掌握居民的生活状况和保险需求，落实政府保障政策，为社区弱势群体提供托底保障服务
9	商务	电子商务系统	提供可靠、便捷、性价比优化的商务支持，实现消费者网上购物，商户之间网上交易，在线支付等，无须出门即可无障碍完成

三、智慧社区的建设意义

　　智慧社区属于社区的高级发展阶段，能够平衡社会、商业和环境需求，同时优化可用资源，通过应用信息技术规划、设计、建造和运营社区基础设施，提高居民生活质量和社会经济福利，从而促进社区和谐，推动区域社会进步。

项目一　智慧社区及智慧社区管理认知

1. 推动城市转型升级，促进城市可持续发展

智慧社区是发展智慧城市的关键内容之一，借助数字化、智能化建设，以点带面地逐渐实现整个城市的智能化，有利于提高经济社会发展的效率和城市管理水平，有利于促进城市节能减排和绿色增长，进而促进城市可持续发展。

2. 加快和谐社会建设，提升政府执政形象

以社区作为政府传递新政策、新思想的新型单位，借助数字化、信息化的手段迅速传递政策，加快电子政务向社区延伸，提高政府的办事效率和能力，提升政府执政形象。

3. 完善社区服务功能，提高居民生活质量

智慧社区强调以技术为人服务为核心，通过技术使人们的生活更加快捷、人性化、智慧化，为居民提供一个涵盖生活、工作、学习、医疗、娱乐等服务功能的应用方式。

4. 提高物管服务水平，提高经济效率

通过智慧社区的建设，能够提高小区的物管水平，构筑人性化、规范化的管理服务体系，形成以人为本的小区环境，向居民提供多样化、个性化的服务方式和内容，不断提高小区人文素质水平。在提高物管的服务水平的同时，向业主提供更多的服务，改善业主的生活环境，为了更好提供服务，可适当增加物管费。利用"一卡通"平台、安防体系、LED广告等，不但可提高管理效率，也可向需要进驻小区的广告商收取一定的广告费用。

四、智慧社区的建设概况与系统基本构成

1. 智慧社区的建设和运营模式

目前，根据无线城市、智慧城市等建设与运营方式已提出以政府为主导，政府、供应商与城市管理第三方在资金投入、后期运营和资源利用等方面，主要有七种智慧社区建设和运营模式，具体内容见表1-2。

表1-2　智慧社区建设和运营模式

序号	典型模式	特征描述
1	政府独自投资建设与运营	政府负责基础设施、平台的投资、建设、维护与运营
2	政府和运营商共同投资，运营商建设并运营	由政府和运营商共同出资、共同拥有，日常建设及运营管理由电信运营商进行
3	政府投资委托运营商或第三方建设和运营	政府进行投资，并通过招标等方式委托一家或多家运营商建设和运营
4	政府牵头，BOT（建设—经营—转移）	市场化方式引入企业资金投资基础设施建设，许诺投资方在建成后的一段时期内拥有经营权，到期后再由政府收回管理经营
5	运营商或第三方独立投资建设与运营	综合实力较强的电信运营商或第三方独立负责运营子任务（如基础设施、平台、应用建设）的投资建设和运营
6	联合建设运营	产业链上电信运营商、应用开发商、系统集成商、终端设备提供商中两家或多家联合开发智慧平台或应用并共同推广
7	联合公司化运营	由产业链中成员，如电信运营商、应用商、系统集成商等共同成立一个管理公司及系列子公司进行智慧城市的投资、建设、运营

项目一　智慧社区及智慧社区管理认知

2. 智慧社区的系统基本构成

智慧社区不是由单一系统组成，而是由多个子系统相互集成的，包括基础设施层、平台层、应用层、安全保障体系、运维保障体系等部分。

（1）基础设施层。基础设施层主要包括公用基础设施、智能基础设施、通信网络设施和计算存储设施等。

（2）平台层。平台层实现对社区基础对象信息数据、动态感知信息数据和其他业务信息数据等多维数据的汇聚接入、治理、存储、分析、智能建模及共享交换等能力，并面向社区管理与社区服务两大场景，提供应用能力支撑。

（3）应用层。应用层主要包括社区管理和社区服务两大类应用。社区管理应用分为社区治理类应用和物业管理类应用，直接面向政府和物业用户，社区服务应用分为便民服务类应用和商业服务类应用，面向居民和企业用户。

（4）安全保障体系。安全保障体系是为了保护系统及其信息的保密性、完整性、可靠性和可用性，对系统物理安全、网络安全、数据安全、应用安全等方面提出的要求。

（5）运维保障体系。运维保障体系主要实现对整个系统的运维管理，应包括资产管理、日志管理、运维策略设置、设施异常监测、告警管理等方面的内容。

五、智慧社区的类型

对居住社区进行智能化改造并不能代表真正意义上智慧社区的价值，创新是智慧社区的重要内涵。技术爆炸时代的创新活动具有面向未知探索的特征。智慧技术应用促进创新人群回归真实的社区生活，智慧社区需要为创新人群和创新活动提供具有培育新可能性的空间载体。智慧社区将不再是功能单一的居住社区，而是具有综合发展功能的城市单元。智慧社区的建设需要对政策机制进行创新，特别是在规划管理、产业发展和吸引人才等方面提供相应的政策支持，打造服务各类创新的政策机制实验地。

按照能否容纳和促进创新活动，智慧社区可以分为四种类型，包括服务改善型智慧社区、文艺创意型智慧社区、科技创新型智慧社区，以及文艺创意与科技创新相结合的混合创新型智慧社区，见表1-3。

表1-3　四种智慧社区分类

类型	创新特征	功能基础	服务人群	空间特征	案例示意
服务改善型智慧社区	基于智慧技术的服务提升	一般居住社区	一般人群	空间本身不可发生变化	浙江省未来社区；深圳南山区智慧化社区试点；加拿大艾尔德里健康智慧社区
文艺创意型智慧社区	以文化艺术为产业特征，具有智慧技术支撑的创意社区	文化艺术功能区或历史街区	文化艺术创意为主的创意阶层	功能混合	芬兰阿拉比阿海滨

续表

类型	创新特征	功能基础	服务人群	空间特征	案例示意
科技创新型智慧社区	以科学技术为产业特征，具有智慧技术支撑的创新社区	科学园园区或技术企业集聚区	科学技术创新为主的创新人群	共享化促进面对面交流的公共空间	西班牙巴塞罗那22@创新街区
混合创新型智慧社区	不同专业领域相互交叉融合，形成面向位置的创新活动	城市中心地段	多种人群混合	人性化街道创新服务设施	加拿大多伦多滨水区；日本大阪站前综合体

学习任务二 智慧社区管理认知

※ **案例导入 1-2**

看重庆首个国家级智慧社区，如何用活"互联网＋"

在大石化范围内，石油路街道获批国家级智慧社区管理服务标准化试点。凭借"智慧社区"平台，社区治理现代化、智能化水平全面提升，辖区城市管理品质不断攀升、居民幸福指数不断提高、宜居宜商环境不断改善。

授课视频：
智慧社区管理认知

1. 用活"互联网＋"社区众管更便捷

石油路街道及各社区办事大厅内均摆放有一台触屏"石油路街道智慧社区综合信息服务平台"。利用平台不仅可查询街道干部、社区人员、城管志愿者、巡防队员等在城市管理、安全生产、综治维稳等方面的工作情况，还可通过平台了解辖区楼栋实有人口、困难群体、党员群众等翔实分布、个体情况和动态信息。智慧社区上线以后，通过实景拍摄建模制作的GIS地图，覆盖了石油路辖区所有街巷、楼宇、院落，整合了社区人、事、地、物、情，实现了街道、社区、小区、网格、楼栋五级精准信息管理。除了可根据储存数据，精准掌握辖区特殊群体及工作人员情况外，还可对街道社区网格化管理中的公共资源、重点单位、物业小区、楼栋分布、人口数据、设施设备等一目了然，并对工作人员或居民群众上报事件的分类、数量、定位等综合分析研判，从而调整强化辖区巡查、监管、整治重点，以此提升管理成效，推动辖区社会治理从"粗放型"走向"精准型"。

2. 建设智慧平台社区治理更智能

石油路街道联合市勘测院在全区街道层面建立了首个"智慧社区"平台，综合运用大数据智能化技术，依托"互联网＋"应用，通过智慧巡查App、触摸屏平台、微信公众号，进一步提升了社会治理智能化系统化精准化水平。

3. 激活城市"细胞"，社区共建更高效

对此，石油路街道积极搭建辖区各单位企业参与社区治理"舞台"，通过成立党建联席会、组建地区商会、地区综合执法领导小组等方式，激活辖区共治、共建"细胞"，推动各单位、企业踊跃参与辖区基层党建、经济发展、公共服务、公共管理、公共安全五个方面的综合治理工作，全力推进辖区共驻共建。

4. 完善网格化管理，社区共治更扁平

微课：智慧社区管理认知

"公家事"为红色，采取挂单销号方式，需积极协调相关责任主体部门，第一时间办理；"大家事"为橙色，由社区党建联席会成员、网格党组织牵头，整合辖区社会单位、社会组织及各类志愿服务队伍的力量和资源，与居民共商共议推动解决；"自家事"为黄色，通过社区网格党支部搭建平台，组织网格员、楼栋长、热心党员群众共同协商解决……

石油路街道还将不断完善社区治理体系，继续迭代深化"智慧社区"建设，进一步促进社会治理重心向基层下移，更好地推进在党的领导下政府治理、社会调节、居民自治良性互动，有效增强辖区居民的获得感和幸福感。

思考：请问石油路街道进行智慧社区管理的主要内容是什么？

（资料来源：重庆大石化新区节选至腾讯网 https://new.qq.com/omn/20200428/20200428A0FXH400.html）

一、智慧社区管理的含义和特点

1. 智慧社区管理的含义

智慧社区管理即利用信息技术创新社区管理模式来提高社区管理效率和效益。智慧社区管理就是将大数据驱动下的信息技术应用于社区的服务和管理，充分利用软硬件资源，使管理服务更加互联化、物联化、智能化，如智慧物业、智慧电子商务、智慧养老、智慧家居、智慧医疗、智慧办公服务等。智慧社区的智慧化程度是一个城市智慧化水平的具体体现，智慧社区是社会管理创新的一种模式，是"互联网＋"大数据驱动下，社会管理与服务的一种更为高级的形态。

2. 智慧社区管理的特点

智慧社区管理主要有数字化、智能化、网络化、互联化、物联化、协同化六大特点。

（1）数字化管理。智慧社区的数字化管理主要利用计算机、通信、网络等技术，通过统计技术量化管理社区居民与管理行为，以人为本来实现服务、创新等职能的管理活动和方法。

（2）智能化管理。智能化管理以人类智能结构为基础，通过智慧社区建立的系统研究社区居民与政府、居委会、医院等方面的管理活动规律和方法，具有很强的实践性和扩展性。

（3）网络化管理。智慧社区的网络化管理包括对社区中硬件、软件和人力的使用、综合与协调，以便对网络资源进行监视、测试、配置、分析、评价和控制，满足居民对于网络的需求，如实时运行性能、服务质量等。

（4）互联化管理。智慧社区中物业服务企业利用互联网（包含移动互联网）平台和技术从事的内外部商务活动，实现了资源整合与互动。

（5）物联化管理。物联网是借助各种信息传感技术和信息传输和处理技术，使管理的对

象(人或物)的状态能被感知和识别,而形成了局部应用网络管理之后,智慧社区管理通过互联网和通信网连接在一起,形成的居民与社区物、社区物与社区物相联系的一个巨大网络。

(6)协同化管理。智慧社区的协同化管理就是通过对该智慧社区系统中各个子系统进行时间、空间和功能结构的重组,产生一种具有"竞争—合作—协调"的能力,其效应远远大于各个子系统之和产生的新的时间、空间、功能结构。

二、智慧社区管理发展史

1. 智慧社区的起源

智慧社区起源于"智慧地球",是智慧城市的组成部分和具体实施。"智慧地球"是IBM公司提出的人类社会发展愿景。2008年11月,IBM总裁兼首席执行官彭明盛首次提出"智慧的地球"的概念。2009年8月,IBM为实施产业转型和开拓中国市场,发布《智慧地球赢在中国》计划书,正式将"智慧地球"引入中国。IBM与10多个省市签署了"智慧城市"共建协议,使得智慧地球、智慧城市引起全世界的广泛关注和热捧。智慧城市是现代城市发展的必然趋势,"智慧社区"建设将"智慧城市"的理念引入社区,以社区群众的幸福感为出发点,通过打造智慧社区为人们提供便利的服务。

2. 智慧社区的国内外发展

2006年,新加坡启动"智慧国家2015计划",通过计算机及物联网等信息技术,在电子政务、智慧城市、互联互通等方面取得骄人的成绩,其中智能交通系统(ITMS)能为使用者提供实时的动态信息,及时对道路通行及交通状况做出正确的反应。

2009年7月,日本推出"I-Japan"智能战略2015,融合互联网和物联网,着力建设电子政务、医疗健康信息服务、教育与人才培养三大公共事业系统。

2009年9月,美国利用IBM的一系列新技术,对中西部的迪比克市进行全数字化,整合集成水、电、油气、交通、公共服务等各种资源,智能响应和服务大众需求,建设全美第一个智慧城市。瑞典在IBM助力下,利用RFID和激光技术建成自有车流路边系统,能自动识别进出车辆,对高峰期通行车辆收取"道路堵塞税",大大缓解斯德哥尔摩交通拥堵状况,有效减少尾气排放,保护环境。

当今在互联网、大数据等技术飞速发展的时代背景下,全球有200多个城市处于正在建设"智慧城市"的阶段,而智慧社区作为智慧城市的基础单元起着深入推进智慧城市建设的重要作用。

智慧社区是在智慧城市的建设理念上提出来的,我国上百个城市在建设智慧城市的过程中提出了建设智慧社区的理念并付诸实践。目前,我国智慧城市试点单位已经达到409个。

住房和城乡建设部(以下简称"住建部")智慧城市试点两批202个,科学技术部(以下简称"科技部")试点20个,工业和信息化部(以下简称"工信部")信息消费试点68个,国家发展和改革委员会(以下简称"发改委")信息惠民试点80个,工信部和发改委宽带中国示范城市39个。所有的直辖市和省会城市均有试点,其中78个城市被确定为2个或2个以上领域试点。

项目一　智慧社区及智慧社区管理认知

目前比较典型：根据北京市发布的《北京市智慧社区建设指导标准》，为首批参加试点的智慧社区设定了 31 条须实现的约束性指标。北京市朝阳区团结湖街道是我国第一个实施"智慧网络"管理模式的街道，并在智慧社区设施、智慧社区服务和智慧社区管理方面加大了信息化手段的应用力度，如在线服务终端"掌上团结湖"正式上线，切实让居民感受信息化的社区生活方式。

2012 年试点，上海市浦东新区陆家嘴街道"智慧社区"建设重点突出社区管理、公共服务、智慧商圈、人文精神四大板块，主要涵盖社区综合管理、社区生活质量水平、社区经济和商业活力、社区内个体发展水平四方面内容，具体建设内容为"一库、一卡、两平台、多系统"。2012 年，广州市天河区、越秀区、海珠区、番禺区为第一批智慧社区试点单位。其中，天河区将汇景新城等六社区试点智慧社区。深圳市一直都是全国智慧社区建设的领跑城市，共有 42 个社区成为智慧社区试点。通过"智慧社区"建设提升小区物业管理服务水平，提高业主生活质量；积极探索社区管理的新模式，促进物业管理创新发展、转型升级；并将免费向每个深圳家庭发放智能终端——"家 e 通"软件系统的平板电脑。

2013 年 10 月，上海黄浦区中南小区启动上海首个老年智慧活力社区试点，目的是实践积极老龄化，借助"科技助老"来消除数字鸿沟，打通数字交往、人际互动的新路径。长宁区江苏路街道的上海江苏路街道数字政务警务成为新一批上海智慧社区建设的试点单位。深圳市委政府陆续出台了《智慧深圳规划纲要（2011—2020 年）》等措施。龙城街道正式使用"悦家园"平台，该平台整合了智慧物业、智慧政务等便民服务。该街道以尚景社区为示范点，设立了"智慧社区体验馆"，通过展示智慧社区各项功能，现场反馈居民信息，不断调整服务内容，同时也普及了民众对智慧社区的认识。

至 2013 年 6 月已建成首批 501 个智慧社区。2014 年 1 月正式启动全市第二批智慧社区建设及首批星级智慧社区升星建设工作，拟认定星级智慧社区 782 个，包括 92 个五星级智慧社区，153 个四星级智慧社区，403 个三星级智慧社区，97 个二星级智慧社区，37 个一星级智慧社区。上海市智慧社区建设在 2012 年底即覆盖包括闵行、长宁、浦东等多个区域，打造了 20 个智慧社区试点小区，已拥有几十种便民应用。例如宝山区开通了"市民百事通"平台，友谊街道为首批试点单位，建设内容包括完善基础设施；推进便民服务项目；推进社区管理网络化、协同化、智能化；建立网上协同办公机制。长宁区智慧社区综合服务平台也正式上线运行。

南京市民政部门开始在全市范围内推行智慧养老服务。根据统计数据表明，截至 2017 年，在南京市接受智慧社区养老服务的老年人超过 10 万人。养老数据平台通过搜集老人个性化数据，为老年人量身定做服务模块。其他如南京、常州、宁波、昆明、沈阳等城市也纷纷开始智慧社区试点工作，并取得一定成效，如社区管理更加科学化、信息化和现代化，服务方式多样化、服务环境日益改善，服务人员的素质也相对提高。

2015 年，杭州高新区以其高新产业优势和"智慧社区"的创新理念，成为浙江省唯一一个国家级智慧社区建设试点地区。

2017 年 6 月，中共中央、国务院印发《关于加强和完善城乡社区治理的意见》。意见提出，要增强社区信息化应用能力。依托"互联网＋政务服务"相关重点工程，加快城乡社区公共服务综合信息平台建设，实现一号申请、一窗受理、一网通办，强化"一门式"服务模式的社区应用。实施"互联网＋社区"行动计划，加快互联网与社区治理和服务体系的深度融合，运用社区论坛、微博、微信、移动客户端等新媒体，引导社区居民密切日常交往、参与公共事务、开展协商活动、组织邻里互助，探索网络化社区治理和服务新模式。

2018年，在浙江萧山区委区政府、闻堰街道党委政府等部门的关心指导和大力支持下，由萧山区公安分局牵头，通过一年时间的筹备和试运行，浙江首个"8＋N"智慧小区平台萧山闻堰相墅花园小区智慧安全平台正式启动。"8＋N"智慧安全平台系统，其中数字"8"代表8个子系统，分别为智慧消防系统、智慧租房管理、智慧物业系统、智能门禁系统、车辆自动识别系统、人脸识别系统、视频监控系统、智慧社区服务系统。

同年，政府牵头的南京鼓楼区农贸市场升级改造成为龙江社区智慧邻里中心。升级改造的内容主要包括八大方面：扩充民生保障类商品；设计立足超市化、信息化、智能化，不仅能实现肉菜追溯的全覆盖，还能实现业主销量的统计汇总，买卖人员之间的直接查询与互动，智能支付，无线Wi-Fi全覆盖，视频监控实时全覆盖，实现垃圾分类；新增和更新五部电梯(一部货梯，四部客梯)，方便顾客上下楼购物；增加中央空调系统；新增农贸市场管理系统；新增非机动车停车区域近 600 m^2；引进家庭厨房、农民直销、基地直供等有特色、保民生的经营类别；新增顾客休息区、公益共享书吧、家政服务（免费），为居民创造一个其乐融融的社区活动平台等。

智慧社区试点建设在全国各地陆续开展，国家不断出台政策予以支持和引导，而新型冠状病毒肺炎疫情让更多人认识到智慧社区建设的重要性及必然性。2020年7月，住建部、发改委等六部门联合印发《绿色社区创建行动方案》。从行动方案中可以看出，智慧社区建设在注重信息化水平提高的同时，也不断加强社区人居环境建设和整治。

2021年，为推动智慧城市的进程，国家将持续推进智慧社区的构建。智能科技企业要更好地推动智慧社区的发展，除要充分贯彻国家利好政策，还要实现由"单品思维"向"融合思维"转变，依据自身实力，明确定位，并且要不断加强企业上下游合作、加强品牌商之间的合作，打破企业边界，构建共赢生态。

对于我国和新加坡、日本，在智慧社区发展中，管理主体，主要服务系统、系统实现职能方式存在着明显的差异，见表1-4。

表1-4　国内外智慧社区的发展比较

国家 内容	中国	新加坡	日本
管理的主体	居委会和物业服务企业	政府主导，社区、公民为辅	政府引导，由区域自治组织、社会部、民间组织共同管理
主要服务系统	基础信息管理系统、交流服务系统、电子商务系统、物流服务系统、智慧家居系统、医疗卫生系统、家政服务系统等	电子商务系统、电子政务、社区医疗、社区文娱	电子商务系统、电子政务信息系统、物流信息系统、家政服务信息系统、医疗卫生信息系统
系统实现职能方式	政府开办政务网站、物业服务企业的智慧家居、医疗卫生、家政服务等方面集成的一体化服务网站等	政府开办的政务类网站及民间组织开办的互助类网站、论坛和社区信息查询网站	政府开办政务网站，物流、物业服务企业及医院等服务机构的官方网站，自治团体或志愿者创建的服务网站

3. 我国智慧社区管理存在的问题

我国智慧社区仍处于发展初期，在智慧社区管理中还存在各地智慧社区的发展差距很大，物联网技术应用还较少，产品及方案尚不成熟，智慧社区建设缺乏标准与规划，亟须具有实际经验的专业人才等问题。

(1) 各地智慧社区的发展差距很大。目前，我国智慧社区建设呈现出分布不均、各地发展差距较大的形势。整体情况从东往西分为三个层次，地处我国经济发展最为迅猛的三个区域(珠江三角洲、长江三角洲、环渤海经济圈)内的大城市为第一层次，中部省份省会城市为第二层次，西部各省市为第三层次。这种分布形式是与我国地区经济发展状况相符的，也反映了社区信息化、智能化的发展要有良好的经济背景。

智慧城市建设如火如荼，智慧社区成为智慧城市的重要建设内容，但由于智慧社区本身代表了一种较现代的生活方式，受建设成本和消费水平影响较大。因此，智慧社区的发展还很不平衡。深圳、上海、广州、北京等各沿海城市、直辖市和各省级中心城市发展较快，智慧社区还主要集中在这些大城市的主要社区。

(2) 物联网技术应用还较少。虽然已经出现很多结合了物联网技术的社区应用，但多数还处于试运行阶段，物联网应用需求的发掘还不充分。目前的智慧社区应用已经实现了设备的自动监控，但并未实现自动控制网络与互联网的互联。随着物联网技术的发展，自动抄表、智能家居等物联网应用走进社区，进入家庭，智慧应用逐渐增多。近年来，充分融合了物联网技术与传统信息技术的智慧社区解决方案逐渐出现，并在一些发达地区实施。

(3) 产品及方案尚不成熟。智慧社区产品的"智能化"程度还不够高。只能在家中无人时，开启防盗报警系统，住户回家后必须关闭防盗报警系统，否则就会发出误报信号。事实上，只要在夜间就需要对住宅边界(阳台、窗户等)进行设防，所以，一方面要提高产品的智能程度，锁定监控区域，另一方面还要根据环境的需要灵活设置安防系统。另外，探测设备，如红外探头等的可靠性不理想，无线探测器由于靠电池供电，所以，能否及时、准确地传送电池欠压状态，是保证系统可靠性的必要条件。技术方案选择时存在考虑不全面的情况。有的小区区域报警系统采用电话网＋无线前端设备模式。虽然此种方案因为不破坏住户的室内装潢，技术上比较可行，但由于这种方案需要依赖于电话通信网络，住户通过电话线经电信局交换中继与物管中心连接，住户的每一次报警都要占用电话线路，因而会给住户增加额外的通信费用。物管部门当初没有意识到这一点，没有与电信部门协商，匆匆上马，等到系统调试时才发现问题，从而导致住户的不满。

(4) 智慧社区建设缺乏标准与规划。智慧社区在我国还属于起步阶段，对于广大群众而言，其属于陌生概念和新鲜事物，居民、社区、学术界、企业和党政部门，对智慧社区的理解也存在差异，正是由于这一差异，在建设推进中的出发点和侧重点也不同，导致社区规划缺乏合理性和统一性，尚未形成统一而成熟的标准架构，而由于缺乏组织协调，为智慧社区的推进带来难度和阻碍。智慧社区是把诸多与人们生活相关的事情都集成在一个智能化系统中，势必与传统的行业管理发生矛盾。比如，智慧社区建设希望按照统一规划实现小区的"三表出户"，解决好住户的电费、水费、燃气费的自动计量和自助缴费问题，这与传统行业收费和行政管理不协调。再比如，智慧社区希望能够实现社区的"三网合一"，把小区的电信网、有线电视网和宽带网络统一起来。虽然我国目前已经要求广电和电信业务双向进入试点，但是三网融合的实现仍需等待。

住宅小区建设过程中往往只能参照各相关系统的有关标准执行,有的甚至只能凭感觉,因而导致工程设计、施工安装、设备选型的随意性较大。而且,系统建成后缺乏相应的验收、测试标准,也没有相关部门组织验收,所以,目前急需针对智慧社区的此类技术规范出台,从而更加规范系统的实施。各厂家的相同产品的兼容性、互换性、开放性差,造成住户家中设备种类很多,管理和维护也非常困难,给未来系统的集成与数据共享带来很大困难。

(5) 亟须具有实际经验的专业人才。建设智慧社区需要大量专业人才作为支撑,在我国经济发展较为发达的地区,如广东、上海、北京等地区,都成立了智慧城市研究机构,吸引了大量人才加入其中。但是,从我国人才储备情况分析,专业人才数量严重不足,现有的专业人才对智慧城市缺乏理解、决策能力、专业技术和建设经验都需要不断提升,而专业人才不足也是导致智慧社区难以快速发展的关键因素。如一个小区的监控系统,由于系统管理不善,出现人员误操作,使得系统通信参数被修改,致使整个系统瘫痪,这就是由于管理人员缺乏实际经验和技术而造成的问题。智慧社区应用了丰富的现代信息技术,其管理与服务模式与传统社区有很大不同。社区管理与服务机构,尤其是社区服务中心与物业管理中心需要配备高素质的技术管理及业务人才。特别是社区工作一线管理、服务人员,他们的信息技术能力亟待提高。

4. 智慧社区管理的发展趋势

未来的智慧社区发展主要以社区居民真实需求为导向,旨在解决民生问题,其之后的发展需要不断地创新。智慧社区在技术中主要有网络全面化管理、系统集成化管理、设备智能化管理、设计生态化管理的发展特点。

(1) 网络全面化管理。随着物联网技术和我国新一代互联网技术的发展,未来社区内网络将无处不在并提供更高质量的带宽,加速社区网络的功能发展。通过完备的社区局域网络和物联网实现社区机电设备和家庭住宅的自动化、智能化,实现网络数字远程智能化监控。

(2) 系统集成化管理。社区内信息孤岛将通过平台建设走向集成,大大提高了社区系统的集成程度,使信息和资源得到更充分的共享,从而提高系统的服务能力。

(3) 设备智能化管理。通过各种信息化,特别是自动化技术、物联网技术、云计算技术的应用,不仅使居民信息得到集中的数字化管理,基础设施与家用电器自身的各种基础及状态信息可通过互联网获取,通过互联网对这些设备进行控制,设备间可通过一定的规则协同工作。通过对各种人、物、事的信息的综合处理,更多的智能化、主动化和个性化服务在居民身边。

(4) 设计生态化管理。近几年,随着环保生态学、生物工程学、生物电子学、仿生学、生物气候学、新材料学等飞速发展,生态化理念与技术正在深入渗透到建筑智能化领域,以实现人类居住环境的舒适和可持续发展目标。

智慧社区是低成本、易部署,专享管家式的全新社区形态,以信息化为手段,智能化为依托,人性化服务为纽带,增强物业与业主之间的信任关系,并进行多方合作、共同创造价值、分享价值。

我国智慧社区建设和管理,需要在实践中接受检验,并逐步探索出适合我国特色的发展道路。智慧社区立足于各类社区成员的多样化需求之上,需要将现有信息化、智能化技术更好地应用到具体环境，坚持以需求为导向，坚持"以人为本"的理念，只有如此才能实现管理与服务的高效运作。智慧社区必须遵循城市的信息化总体规划，以社区实际需求调整相关资源配置。

三、智慧社区管理的主要内容

社区是基层社会组织，它的目标就是给社区中的每一位成员创造一个安全、舒适的生活环境，为社区居民提供现代政商务、教育、家庭医护、文化娱乐、生活便利等多种服务，推动社区全面发展，提高居民的生活水平和质量。社区的管理应与社区目标保持一致。智慧社区的建设与管理可以更好地完成上述目标。打造与实体社区相对应的虚拟社区及以数字化、感知化、互联化、智能化为特征的智慧城市已经成为各地近年来的一个突出亮点。智慧社区管理内容包括社区文化管理、社区安全管理、社区医疗和社会保障管理、政府职能的智慧化管理四个方面。

1. 社区文化管理

文化与社区不能相互分离。文化是在一定的空间范围和时间向度上生成的，社区是文化的土壤，社区结构的形成端受文化的制约，文化的孕育和传承又存在于社区的社会活动和生活工作之中。社区文化对于社区来说十分重要，其建设成果的好坏对该城市竞争力的有效提升具有十分重要的意义。社区文化建设主要从生态型文化、科技型文化、学习型文化和娱乐型文化展开。社区成员利用智慧社区平台体验，学习人与自然应如何和谐相处，通过体验未来科技，为社区成员普及科学知识，并提高社区成员对未来生活的向往感。智慧社区文化建设要充分利用信息化手段做到老与少、大与小、雅与俗、远与近、教与乐、虚与实、内与外的结合。

2. 社区安全管理

通过建立智慧社区的安全平台，严抓网络信息系统，加强网络化管理，防止各类事故的发生，确保社区平安。要利用社区网络平台推送防火、防盗、网络安全等安全教育活动，线下组织一些"以人为本，安全第一"为主题的社区活动。通过信息化手段建立社区治安，依托全视角监控系统、门禁系统、应急预警系统、无线定位系统等提升社区安全防范标准，人人参与安全建设，营造安全社区建设的良好氛围，有效地推动社区安全宣传工作开展，保障社区居民安全。

3. 社区医疗和社会保障管理

基于大数据驱动下的健康社区平台应用，让智慧社区在医疗管理中更加有针对性，为居民提供个性化的医疗监测与治疗方案，满足社区居民的医疗需要。智慧社区的医疗管理要融入社区医院信息门户平台，整合业务应用及协同办公，提供医务人员和居民之间有效的信息互联，通过内容发布管理系统实现内、外网的一体化信息发布，通过构建健康档案信息管理系统、日常健康检查系统和远程医疗服务系统，与社区医院信息门户平台进行整合，充分利用智慧平台的便捷性，满足社区居民的就医需求，使就医可以省时省力。社会保障是现代工业文明的产物，是经济发展的"推进器"。智慧社区的社会保障管理要利用信息技术、云计算建立社会保障社区应用平台，为社区成员提供便捷的一站式服务。

4. 政府职能的智慧化管理

智慧社区的建设与管理，其目的在于促进社区全面发展，更好地为社区居民服务，从而使居民得到全面发展。街道社区作为政府行政机构的派出机构，是政府延伸到基层社区，履行服务居民的重要载体。基层社区居委会充分利用信息化资源，鼓励社区成员参与和监督社区政务的开展。通过智慧电子政务平台增强社区成员政治参与的主动性、渠道的灵活性和信息的多元化。

智慧社区的建设为社区成员参与公共事务讨论和决策提供了多元的参与渠道。通过社区的各种传播平台使社区成员在第一时间就能够了解到社区的发展和动态。政府职能的智慧化应依托于"互联网＋"大数据、物联网等技术，改变政府的办事效率，重塑造政府职能，更好地服务于社区居民。

实训任务　认知智慧社区

1. 实训目的

通过不同智慧社区的调研实训学习，掌握不同智慧社区的管理内容。

2. 实训要求

(1)调查三个不同的智慧社区项目。

(2)能分析不同智慧社区项目的系统组成、功能定位、管理内容等方面的异同点。

3. 实训步骤

(1)准备调查的三个智慧社区项目。

(2)分组实地现场调查，并在网络上收集三个智慧社区的相关资料。

(3)结合课堂的讲解和图例，分析不同智慧社区项目的系统组成、功能定位、管理内容总结出三个智慧社区项目之间的相同点及不同点。

4. 实训时间

实训时间为2学时。

5. 实训考核

(1)考核组织。将学生分组，由指导教师进行考核。

(2)考核内容与内容。教师根据智慧社区调查，提出智慧社区管理方面三个问题，由学生回答，然后给出实训考核成绩。

项目小结

(1)智慧社区主要有智能感知性、可持续性、协同共享性、订制服务性、建设人性化五个特点。

(2)智慧社区的功能性定位在于对社区治理和公共服务的智慧化支撑方面，主要包括治理、文化、教育、卫生、社会保障、养老助残、家居家政、安全和商务方面。

(3)智慧社区建设推动城市转型升级，促进城市可持续发展，加快和谐社会建设，提升政府执政形象，能完善社区服务功能、提高居民生活质量、提高物管服务水平、提高经济效率。

(4)智慧社区由多个子系统相互集成，包括基础设施层、平台层、应用层、安全保障体系与运维保障体系等部分。

项目一 智慧社区及智慧社区管理认知

(5)智慧社区管理主要有数字化、智能化、网络化、互联化、物联化、协同化六大特点。

(6)智慧社区管理内容包括社区文化管理、政府职能的智慧化管理、社区医疗和社会保障管理、社区安全管理四个方面。

课后习题 （总分100分）

一、单项选择题(25×2＝50分)

1. （　　）是社区管理的一种新理念，是新形势下社会管理创新的一种新模式。
 A. 大数据管理　　　　　　　　B. 智慧社区
 C. 人工智能化　　　　　　　　D. 物流

2. 智慧社区的建设是最大限度地满足（　　）对生产、生活的需求。
 A. 学生　　　B. 教师　　　C. 居民　　　D. 社会

3. 智慧社区具有持续创新发展的内生驱动力，可实现社区各元素的自我适应调节、优化和完善体现了智慧社区（　　）的特点。
 A. 智能感知性　　　　　　　　B. 可持续性
 C. 协同共享性　　　　　　　　D. 订制服务性

4. "智慧社区"建设是以（　　）为出发点。
 A. 人民群众的幸福感　　　　　B. 人民群众的优越感
 C. 社区群众的幸福感　　　　　D. 社区群众的优越感

5. 智慧社区从功能上讲，是以（　　）为服务核心，为其提供安全、高效、便捷的智慧化服务，全面满足其生存和发展需要。
 A. 学校教师　　B. 人民大众　　C. 社区居民　　D. 社会人员

6. 支持社区文化活动的开展，如举办社区文化、艺术、体育活动，培育社区居民的信仰、价值观、行为规范等是以（　　）功能实施定位。
 A. 文化　　　B. 教育　　　C. 卫生　　　D. 社会保障

7. 提供可靠、便捷、性价比优化的商务支持，实现消费者网上购物，商户之间网上交易、在线支付等，无须出门即可无障碍完成方面是以（　　）功能实施定位。
 A. 养老助残　　B. 家居家政　　C. 安全　　　D. 商务

8. 智慧社区属于社区的（　　）发展阶段，能够平衡社会、商业和环境需求。
 A. 初级　　　B. 中级　　　C. 高级　　　D. 最高级

9. 智慧社区强调以（　　）为人服务为核心。
 A. 知识　　　B. 技术　　　C. 技能　　　D. 方法

10. 通过智慧社区的建设，能够提高小区的物管水平，构筑人性化、规范化的管理服务体系，形成（　　）的小区环境。
 A. 以学为本　　B. 以德为本　　C. 以物为本　　D. 以人为本

11. 智慧社区是（　　）传递新政策、新思想的新型单位，可借助数字化、信息化的手段迅速传递政策，提高其执政形象。
 A. 企业　　　B. 政府　　　C. 学校　　　D. 社会

12. 以政府进行投资，并通过招标等方式委托一家或多家运营商建设和运营的模式是（   ）。
   A. 政府独自投资建设与运营
   B. 政府和运营商共同投资，运营商建设并运营
   C. 政府投资委托运营商
   D. 政府牵头，BOT（建设—经营—转移）

13. 台北市智慧园区属于（   ）智慧社区建设与运营模式。
   A. 政府独自投资建设与运营   B. 运营商或第三方独立投资建设与运营
   C. 联合建设运营   D. 联合公司化运营

14. 上海市智慧虹桥商务区属于（   ）智慧社区建设与运营模式。
   A. 政府独自投资建设与运营   B. 运营商或第三方独立投资建设与运营
   C. 联合建设运营   D. 联合公司化运营

15. （   ）就是将大数据驱动下的信息技术应用于社区的服务和管理，充分利用软硬件资源，使管理服务更加互联化、物联化、智能化。
   A. 智慧物流管理   B. 智慧社区管理
   C. 智慧物业管理   D. 智慧政务管理

16. （   ）是主要利用计算机、通信、网络等技术，通过统计技术量化管理社区居民与管理行为，以人为本来实现服务、创新等职能的管理活动和方法。
   A. 数字化管理   B. 网络化管理   C. 互联化管理   D. 物联化管理

17. （   ）就是通过对该智慧社区系统中各个子系统进行时间、空间和功能结构的重组，产生一种具有"竞争—合作—协调"的能力，其效应远远大于各个子系统之和产生的新的时间、空间、功能结构。
   A. 数字化管理   B. 网络化管理   C. 协同化管理   D. 物联化管理

18. （   ）包括对社区中硬件、软件和人力的使用、综合与协调，以便对网络资源进行监视、测试、配置、分析、评价和控制，满足居民对于网络的需求，如实时运行性能、服务质量等。
   A. 数字化管理   B. 网络化管理   C. 协同化管理   D. 物联化管理

19. 智慧社区起源于（   ），是智慧城市的组成部分和具体实施。
   A. 智慧物流   B. 智慧农业   C. 智慧物业   D. 智慧地球

20. （   ）年，IBM为实施产业转型和开拓中国市场，发布《智慧地球赢在中国》计划书，正式将"智慧地球"引入中国。
   A. 2007   B. 2008   C. 2009   D. 2010

21. 2008年11月，IBM总裁兼首席执行官（   ）首次提出"智慧的地球"的概念。
   A. 钱大群   B. 彭明盛   C. 马云   D. 罗睿兰

22. 2006年（   ）启动"智慧国家2015计划"。其中，智能交通系统（ITMS）能为使用者提供实时的动态信息，及时对道路通行及交通状况做出正确的反应。
   A. 新加坡   B. 美国   C. 日本   D. 中国

23. （   ）的智慧社区管理主体是居委会和物业服务企业。
   A. 新加坡   B. 美国   C. 日本   D. 中国

24. （　　）管理是通过平台建设走向集成，大大提高社区系统的集成程度，信息和资源得到更充分的共享，提高系统的服务能力。

　　A. 网络全面化　　　　　　　　　　B. 系统集成化

　　C. 设备智能化　　　　　　　　　　D. 设计生态化

25. （　　）是通过建立智慧社区的安全平台，严抓网络信息系统，加强网络化管理，防止各类事故的发生，确保社区平安。

　　A. 社区文化管理　　　　　　　　　B. 政府职能的智慧化管理

　　C. 社区医疗和社会保障管理　　　　D. 社区安全管理

二、多项选择题（10×2＝20分）

1. 智慧社区"协同共享"的目的是形成具有统一性的社区资源体系，避免出现（　　）和（　　）。

　　A. 资源连接　　　B. 应用连接　　　C. 资源孤岛　　　D. 应用孤岛

2. 政府职能的智慧化应依托于（　　）等技术。

　　A. 互联网＋　　　B. 大数据　　　　C. 物联网　　　　D. 物流

3. 智慧社区由（　　）构成。

　　A. "邻里中心"服务　　　　　　　　B. 高级别的安防保障

　　C. 智能的社区控制　　　　　　　　D. 物业绿化管理

4. 智慧社区的功能性定位在于对（　　）和（　　）两方面的智慧化支撑。

　　A. 酒店服务　　　　　　　　　　　B. 物业服务

　　C. 社区治理　　　　　　　　　　　D. 公共服务

5. 智慧社区主要有（　　）及建设人性化的特点。

　　A. 智能感知性　　　　　　　　　　B. 可持续性

　　C. 协同共享性　　　　　　　　　　D. 订制服务性

6. 智慧社区建设意义有（　　）方面。

　　A. 推动城市转型升级，促进城市可持续发展

　　B. 加快和谐社会建设，提升政府执政形象

　　C. 完善社区服务功能，提高居民生活质量

　　D. 提高物管服务水平，提高经济效率

7. 基础数据库群包括（　　）数据库。

　　A. 非业务数据库　　　　　　　　　B. 日志数据库

　　C. 传感信息数据库　　　　　　　　D. 交换数据库

8. 智慧社区管理的发展特点是（　　）。

　　A. 网络全面化　　B. 系统集成化　　C. 设备智能化　　D. 设计生态化

9. 社区目标就是给社区中的每一位成员创造一个安全、舒适的生活环境，为社区居民提供（　　）等多种服务。

　　A. 现代政商务　　B. 教育　　　　　C. 家庭医护　　　D. 文化娱乐

10. 智慧社区管理内容包括（　　）等方面。

　　A. 社区文化管理　　　　　　　　　B. 政府职能的智慧化管理

　　C. 社区医疗和保障管理　　　　　　D. 社区安全管理

三、简答题(5×4＝20分)

1. 智慧社区的功能定位是什么？
2. 智慧社区系统由哪些基本部分构成？
3. 智慧社区管理主要有什么特点？
4. 智慧社区七种建设与运营模式是什么？
5. 智慧社区管理的发展趋势是什么？

四、案例分析题(1×10＝10分)

智慧社区"龙湖样本"：让科技赋能美好生活

(来源：中国建设报　作者：逍遥　2020－08－20 13：45：20)

住房和城乡建设部办公厅就国家标准《智慧城市建筑及居住区 第1部分：智慧社区建设规范(征求意见稿)》公开征求意见，对智慧社区系统建设，包括基础设施、综合服务平台、社区应用、社区治理与公共服务、安全与运维保障等方面，提出了相应的规范和要求。在智慧社区建设领域，龙湖物业服务集团有限公司(以下简称"龙湖智慧服务")进行了诸多探索，形成了一套智慧高效的科技系统。为了打造龙湖智慧服务科技系统，龙湖智慧服务自主研发构建了涵盖"智慧运营""智慧大脑""智慧生活""智慧空间"四大平台、20余项科技产品的"智慧服务引擎"，在此基础上形成了智慧社区完整生态。

1. 锻造科技驱动的服务企业

作为龙湖集团控股有限公司(以下简称"龙湖集团")的四大主航道之一，龙湖智慧服务定位为一家以科技驱动的服务企业。龙湖智慧服务明确提出了掣肘物业服务行业发展的两大痛点，即高昂的人力成本和信息流转成本。龙湖智慧服务对症下药，积极发展科技，通过三个阶段实现了效率的提升。

第一阶段，用机械代替人工、低耗替代高耗，引入电子围栏、清洁机械、新型光源、微喷灌系统等，实现了劳动效率的提升。

第二阶段，依托互联网、大数据等信息技术，在科技赋能社区管理的开发和应用上，进行大规模投入，实现对社区设施设备、品质管理、业主服务的针对性开发和实践。最终建立"对物的管理"和"对人的服务"两大健康监控系统，打破物理空间的阻隔，实现万物互联、自主运行、智能管控，进而提升了管控效率。

第三阶段，通过流程再造、组织扁平、共享服务及集中管控，实现运营效率的提升。与此同时，基于企业日益增长的规模需要、业主的多样化生活需求，以及科技的不断变革，2018年起，龙湖智慧服务开始系统性构建科技支撑体系，全面启用"智慧服务引擎"，持续解决业务运营痛点难点，助力企业科学决策，提升客户体验，提供精准服务。

2. 智慧服务引擎，塑造美好居住新生态

龙湖智慧服务自主研发构建的"智慧服务引擎"，涵盖"智慧运营""智慧大脑""智慧生活""智慧空间"4大平台、20余项科技产品，实现数据分析、系统决策、企业运营、员工管理、客户分析、客户服务等功能的集成贯通，着力于提升与生活体验相关的每一处细节，为广大用户提供更智慧化、更高品质的服务，创造更便捷、更美好的生活方式。

(1)集成指挥中心是智慧社区的大脑。2014年，龙湖集成指挥中心开始建设，2019年全新升级为"龙小湖"，拥有智能语音、声呐预警、自动外呼等功能，为客户打造方便、快

捷、公开、透明的服务平台。

(2)"小当家"员工 App 推动系统集成。2016 年,"小当家"员工 App 移动端上线。"小当家"引入抢单模式,业主通过手机端进行即时报事后,系统直接生成工单,员工通过手机端便可抢单。工单完结后,业主可对员工服务态度及水平进行评价。员工通过抢单,由原本的一天 3~4 单增长至 10~12 单,提升了工作效率,收入明显增长。通过"小当家",也可以实时查询员工的工作状态。

(3)"慧眼"是"智慧服务引擎"的重要组成部分。2018 年"慧眼"监控平台上线,2019 年"慧眼"2.0 升级迭代。"慧眼"系统是将高清监控设备用作日常园区品质的监控与管理,助力物业各项对客服务。其中,自动 AI(人工智能)辅助判图功能实现自动化判图过滤,有效降低对相关区域的现场检查频次。

(4)"U 享家"业主 App 打造良好的使用体验。业主通过手机 App 即可实时收取社区公告、预约代收包裹或为前来拜访的亲友放行;动动手指即可交纳物业服务费、水费、电费等;通过语音或者文字,实现 24 小时报事维修,并且所有服务过程都可以跟踪轨迹,即在线浏览服务进程并对服务结果进行评价。

3."空间即服务",落地赋能美好生活

龙湖集团提出"空间即服务"理念,给居住领域带来一次理念革新。具体到智慧社区建设中,龙湖智慧服务把智慧场景串联起来,赋能美好生活。

截至 2019 年年底,龙湖智慧服务已陆续将这些智能系统应用到全国 118 个城市的 1 500 个社区。同时,也将这些实践成果应用到智慧城市的管理。

从科技驱动的服务企业定位到落地"空间即服务"战略,龙湖智慧服务正在打开智慧生活和"龙湖式幸福"的大门。

问题:

(1)请问我国智慧社区管理的主体是什么?(2 分)

(2)请问龙湖智慧服务是如何从科技驱动的服务企业定位到落地"空间即服务"战略的?(8 分)

项目二 智慧社区的体系架构

学习目标

1. 了解智慧社区系统架构的组成，智慧社区服务平台建设目标；
2. 熟悉智慧社区拓扑结构及常见硬件设备；
3. 掌握智慧社区软件系统常见业务功能。

能力目标

1. 掌握常用智能家居设施设备调试及安装；
2. 初步具备智慧社区建设规划方案的评价及设计能力。

素质目标

1. 在对智慧社区需求调研过程中，激发学生发现需求、服务社会的担当意识；
2. 通过软智慧社区软硬件的学习，培养学生求真务实、不断创新的职业素养；
3. 通过智能家居实训任务，培养学生的团队协助、精益求精的精神。

学习任务一 智慧社区的硬件架构

※ 案例导入 2-1

上海市政府于 2016 年印发《上海市推进智慧城市建设"十三五"规划》，明确提出"建设智慧社区，促进市民服务便捷化"，要求"围绕生活更便捷、更安全、更和谐，推进智慧社区建设，促进社区服务集成化、社区治理人性化、家居生活智能化"。2018 年，K 街道所在区政府发布了全新的"智慧城市三年行动计划设想"，计划用三年时间，实现让"智慧社区大脑"覆盖全区，建成公安智能感知、城市基础数据管理、空间地理信

授课视频：
智慧社区的硬件架构

息可视化和物联网接入共享四大智能平台的目标。K 街道位于上海市中部，行政区划面积 2.15 km^2，居委会 25 个，61 个自然小区，户籍人口 8.3 万人、3.2 万户。2017 年，K 街道会同区科委、东方明珠公司率先开展基于广电 NGB-W 物联专网应用落地，在辖区范围内部署 2 万余个传感器，成为上海智慧社区建设的重要探索。现代信息通信技术的广泛应用，是"社区大脑"智慧社区建设模式的主要支撑和基本特点。K 街道以街道 2.15 km^2 内近 2 万个智能传感器为基础，连接烟雾报警器、智能井盖、水质监测、水电抄表、电梯运行、楼道门禁等设施。这些传感器把城市社区管理的各种问题转化为信息，传递到网格中心。网格中心再把相关信息传递给不同的部门或居委会四级综治中心，使得有责任处置的单位在第一时间发现并及时高效处置。上海市 K 街道"社区大脑"智慧社区实践模式的基本经验可以总结为三点，即智慧技术成为精细化治理工具、智慧技术推动基层体制机制创新及以标准化体系构建技术应用的制度基础。

1. 智慧技术成为精细化治理的重要工具

现代信息技术的广泛应用成为有效推动智慧社区建设的重要工具。首先，K 街道通过建设以智能传感器等为核心的城市运行"神经元"系统，实时感知社区运行的各种基础数据。通过形成覆盖"小区—楼道—家庭"的"4—3—4（件套）"综合感知体系，街道可以将智能触角深入居民家庭。首先，所有"神经元"智能传感器能够实时感知相关信息，并将信息传递到"社区大脑"这一处理信息的"神经中枢"。其次，建设完善的社区基础信息数据库。K 街道打通城市社区基础信息数据库与公安智能感知、空间地理信息可视化等智能化平台，构成城市社区运行管理的数据基础。最后，通过建设"社区大脑"，打造社区数据综合管理应用平台。借助先进技术，实现对"神经元"系统收集信息的高效处理，能够实时一览社区管理情况与现状，查询、分析、调用管理数据和信息，并能够对城市管理中出现的各种问题第一时间响应、及时高效处置。更重要的是，通过相关数据的分析，能够在被动应对和解决问题的基础上，增加城市社区管理的可预见性，将更多问题消灭在萌芽状态。

2. 智慧技术推动基层体制机制创新

基层政府以智慧技术应用为突破口，通过"流程再造"推动体制机制创新，实现技术与组织的深度嵌入与融合，最大限度地发挥技术优化治理的效能。K 街道通过将"社区大脑"系统与市公安局有关系统、市发改委有关诚信系统对接，将网格中心与综治中心力量进行整合，形成可与公安派出所实时联动的新"综管中心"，从而得以破除部门间的信息孤岛与碎片化问题。此外，通过实施"流程再造"，打通线上和线下，由街道主导、多方参与、条线融入，推动网格中心的规范化建设，将先进技术运用与既有工作模式进行重新整合。"社区大脑"智慧社区建设以来，K 街道已经重新修订、再造各类管理流程 10 项、考核清单 7 项，极大地优化了整个街道的运作机制。

3. 以标准化体系构建技术应用的制度基础

K 街道的"社区大脑"模式在建设过程中，一直以标准化、模块化、打包化为导向，注意在各个阶段形成可复制、可推广的设备配置规范与技术运行标准。K 街道在包括传感器的选择、技术参数的设置、设备类型的配置等方面以标准化为指引，尽可能地使"社区大脑"的实践经验，能够在区乃至整个上海市层面进行推广复制。"社区大脑"模式通过打造诸如进出小区的"四件套"、进出楼道的"三件套"、进入家庭的"四件套"、

微课：智慧社区的硬件架构

非机动车车棚的"进门三件套""消防安全三件套"等应用模块,可以将该模式在更大的范围内进行复制推广。而且,由于针对不同需求已经形成了不同领域的标准化、模块化的应用,其他地方可以根据社区需要调整、选择适合社区的标准化模块进行复制。目前,"社区大脑"模式已经在上海的多个街道根据各自不同需求,选择不同的标准化模块,开始进行复制建设。总的来说,以"社区大脑"为代表的智慧技术在社区治理中的具体应用,可以看到现代信息通信技术对于完善城市基层治理体系、提高城市基层治理能力方面具有显著的提升作用。智慧技术不仅成为基层治理体系中的重要工具,而且推动了基层体制机制的创新。

思考:"社区大脑"智慧社区建设模式的特点有哪些?

(资料来源:钱坤.社区治理中的智慧技术应用:理论建构与实践分析,当代经济管理,2020年4月第42卷第4期)

一、智慧社区系统架构

智慧社区系统总体架构由基础设施层、平台层、应用层、安全保障体系与运维保障体系等部分组成。其系统架构如图2-1所示。

1. 基础设施层

智慧社区系统基础设施层主要包括公用基础设施、智能基础设施、通信网络设施和计算存储设施,并应符合下列要求:

(1)公用基础设施主要指用于构建社区公共运行环境的设施,包括燃气设施、给水排水设施、供配电设施、照明设施、环卫设施等。

(2)智能基础设施是指通过运用物联网技术、人工智能技术等新兴信息技术,实现对社区基础数据的智能感知与采集的设施,主要包括智能安防设施、智能消防设施、公用设施运行智能监测设施、公共环境智能监测设施及智能家居设施等,应向平台层提供标准化数据采集接口。

(3)通信网络设施主要包括光通信网、移动通信网、低功耗广域网、广播电视网等,主要用于建立社区信息传输网络,为智慧社区系统提供高速的信息传输通道,支持海量数据的高并发低延时传输。

(4)计算存储设施主要为智慧社区系统提供计算存储资源,提供海量数据高效存储与强大的计算能力,应包括边缘计算节点、本地计算设施、云计算资源等。

2. 平台层

智慧社区系统平台层实现对社区基础对象信息数据、动态感知信息数据及其他业务信息数据等多维数据的汇聚接入、治理、存储、分析、智能建模及共享交换等能力,并面向社区管理与社区服务两大场景,提供应用能力支撑。

平台层分为数据资源能力层、数据服务能力层与应用支撑能力层,并应符合下列要求:

(1)数据资源能力层主要对系统的数据资源管理能力进行要求,数据资源能力层应支持建立数据标准化格式,进行分类分库管理,可分为社区基础信息数据、社区动态感知数据、其他业务数据等大类。

(2)数据服务能力层主要对系统的数据处理能力进行要求,包括数据汇聚、数据存储、数据治理、数据检索、数据分析、数据智能建模、数据共享交换等方面的能力。

项目二 智慧社区的体系架构

图 2-1 智慧社区系统架构

（3）应用支撑能力层主要对系统的应用支撑能力进行要求，包括统一门户管理、用户管理、角色管理、权限管理、组织机构管理、资源管理、API 管理等基础管理功能。

3. 应用层

应用层主要包括社区管理和社区服务两大类应用。社区管理应用分为社区治理类应用和物业管理类应用，直接面向政府和物业用户；社区服务应用分为便民服务类应用和商业服务类应用，面向居民和企业用户。它们应符合下列要求：

（1）社区管理类应用主要服务对象是政府和物业，面向政府的应用包括人口管控、车辆管控、房屋管理、重点单位管理、治安防控、群防群治管理、群租治理、消防管理等应用，面向物业的应用包括物业管理、设施管理、消防管理、停车管理、垃圾分类等应用；

（2）社区服务类应用主要服务对象是社区居民和社区企业，面向社区居民的服务应用包括智慧家庭、家政服务、出行服务、居家养老、社区医疗、社保服务、报事报修等应用，面向社区企业的服务应用包括无人超市、设施维修、快递服务、汽车养护、教育培训、房产租售、货运服务等应用。

4. 安全保障体系

安全保障体系是为了保护系统及其信息的保密性、完整性、可靠性和可用性，对系统物理安全、网络安全、数据安全、应用安全等方面提出的要求。

安全保障体系应满足本标准相关要求外，还应满足《信息技术 安全技术 信息技术安全保障框架》（GB/Z 29830—2013）、《信息安全技术 网络安全等级保护基本要求》（GB/T 22239—2019）及《信息安全技术 政府部门信息安全管理基本要求》（GB/T 29245—2012）等标准相关要求。

5. 运维保障体系

运维保障体系主要实现对整个系统的运维管理，应包括资产管理、日志管理、运维策略设置、设施异常监测、告警管理等方面的内容。

运维保障体系应满足《信息技术服务—运行维护 第1部分：通用要求》（GB/T 28827.1—2012）与《信息安全技术 信息系统安全运维管理指南》（GB/T 36626—2018）等标准相关要求。

二、智慧社区拓扑结构及常见硬件设备

1. 智慧社区拓扑结构

智慧社区硬件构架通过综合集成的方式完成，主要包括智能物业及设施设备、智慧小区智能化设备、智能建筑设备和智能家居设备系统等。图 2-2 所示为某智慧社区的硬件架构示例，将常见智慧社区功能通过软硬件集成到家庭室内主机上。

智慧社区常见硬件设备介绍

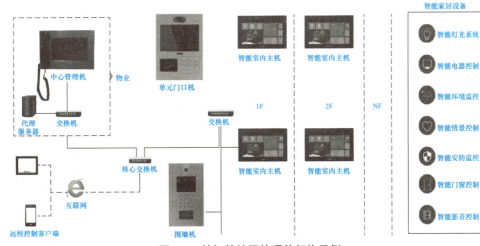

图 2-2 某智慧社区的硬件架构示例

2. 智慧社区常见硬件设备示例

（1）多功能智能主机见表2-1。

表2-1　多功能智能主机

产品名称		彩色可视智能家居主机(7/10英寸液晶屏显示)
产品型号		BLHC－ZJ－SE170/100
功能描述		集智能家居控制、可视对讲、门禁、娱乐、O2O商城、物业管理、信息论坛、智慧健康等功能
技术参数	工作电压	DC12 V
	额定功率	7 W
	待机功耗	2.5 W
	显示屏幕	10.1英寸电容式触控屏显示屏
	分辨率	1 024像素×600像素
	摄像头	648像素×488像素 CMOS前置摄像头(选配)
	屏分辨率	自适应，具有OSD功能
	电源需求	DC5 V，2 A电源适配器
	工作温度	－10 ℃～＋55 ℃
	存储温度	－10 ℃～＋40 ℃
	相对湿度	20％～80％
	安装说明	预埋标准86底盒嵌墙安装(配支架)
	产品尺寸	270 mm×168 mm×15 mm
	系统参数	CPU主频：四核1.5 GHz；内存：1 GB；支持最大TF卡容量：32 GB
接口描述		接口及图示

（2）网络单元门口机/电子围墙机见表2-2。

表2-2　网络单元门口机/电子围墙机

产品名称	彩色可视单元门口机(10.1英寸液晶屏)
产品型号	BLHC－EO－C3－CO－SC2
功能描述	智能门禁系统是家庭的第一道保险，具有视频门禁、户户通、远程视频等功能，其智能室内机还是智能家居的中控主机。 (1)采用全数字系统(主干及单体均采用TCP/IP)。 (2)实现住户与管理中心之间、住户与住户之间的信息传递。 (3)具有远程开锁、密码开锁、感应卡开锁三种开锁模式

续表

	显示尺寸	10英寸液晶显示屏
	摄像头	1/3″彩色CMOS，100万像素
	最低照度	0.05 LUX
	主芯片	工作频率四核1.5 GHz
	内存	512 MB
	闪存	4 GB
	视频编码	H.264编解码
	音频编码	G.711/G.729编解码
技术参数	通信方式	10 M—100 MLAN，标准RJ-45接口
	操作系统	Android4.4
	音频信噪比	≥25 dB
	通话时间	120～1 800 S
	工作电压	DC12 V
	待机功耗	3 W
	工作功耗	7 W
	工作温度	-40 ℃～+70 ℃
	成品尺寸	269 mm×338 mm×51 mm
	开孔尺寸	260 mm×334 mm×72 mm

三、智能家居设备

智能家居设备是智慧社区的基本单元，业主通过智能家居端享受智慧社区带来的便利。其主要构成包括智能灯光系统、智能电器控制、智能环境监控、智能情景控制、智能安防控制、智能门窗控制、智能影音控制、智能健康设备。

1. 智能灯光系统

智能灯光系统是对灯光进行智能控制与管理的系统，跟传统照明相比，其可实现灯光软启、调光、一键场景、一对一遥控及分区灯光全开全关等管理，并可用遥控、定时、集中、远程等多种控制方式，甚至用计算机来对灯光进行高级智能控制，从而达到智能照明的节能、环保、舒适、方便的功能。

（1）主要特点。

①通过遥控器可方便地管理家中所有的智能开关、插座、窗帘，实现无线控制、场景控制；场景编排完全根据使用者的爱好任意设置，无须采用其他工具，在遥控器面板上随意编排，方便快捷，可以根据需要随时随地调整。

②通过电话远程控制器可实现电话远程语音控制，控制设备可以是固定电话、移动电话。使用户无论身在何处，都能方便地管理家庭自动化设备，方便实用，体现了科技与人文的最佳结合。

③通过情景遥控器可以实现灯光的定时控制。

④智能开关的调光与调光后状态记忆功能既节能又方便场景设置。

⑤无线射频信号能够穿透墙体,无论在家中的哪个房间都能使用。

(2)灯光设计。科学地设计家庭照明系统。家庭一般分为客厅、卧室、餐厅、厨房、书房、卫生间等。由于它们在家庭当中具有不同的作用,可以有区别地来设计各个部分的灯光照明。

①客厅。客厅既是会客的区域,也是一个家庭集中活动的场所,一般配有吊灯、射灯、壁灯、筒灯等,可以用不同的灯光相互搭配产生不同的照明效果,如休闲、娱乐、电视、会客等场景模式供随时选用。例如:设定会场景客为吊灯亮80%、壁灯亮60%、筒灯亮80%;看电视场景为吊灯亮20%、壁灯亮40%、筒灯亮10%。因为采用了调光控制,灯光的照度可以有一个渐变的过程,通过遥控器或通过面板的现场控制,可以随心所欲地变换场景,给客人营造一种温馨、浪漫、优雅的灯光环境。

②餐厅。餐厅是就餐的场所,采用场景控制设定各种照明模式,可设为中餐、西餐等多种灯光场景,给家人营造一种温馨、浪漫、高雅的就餐灯光环境。照明要综合考虑,一般只要中等的亮度就够了,但桌面上的亮度应适当提高。

③卧室。卧室是主人休息的地方,需要控制中央的吊灯,床头的射灯、壁灯及四周的筒灯,营造一个宁静、温和、安详的休息场所,同时也要满足主人整理、阅读、看电视、休息等不同亮度要求。要根据不同要求,调节出适合身心、能减少疲劳的灯光亮度。

④厨房。要有足够的亮度,而且宜设置局部照明。

⑤卫生间。要求一般,而如果有特殊要求,如化妆等就要有足够的亮度了,并且应配置局部照明。

⑥书房。书房灯光设计以功能性为主要考虑,为了减轻长时间阅读所造成的眼睛疲劳,应考虑色温较接近早晨太阳光和不闪的照明。智能照明系统利用遥控器,可以随心所欲地调节每组灯的亮度和开关。实用性和舒适度是家庭灯光照明的两大设计原则。另外,个人风格也相当重要,只有这样才能设计出既实用又舒适的家庭生活环境。

总而言之,照明系统是人们生活中最常用、最基础的系统。它的智能化无疑会给生活带来深刻的影响。它不仅大大方便了人们的生活,也许它还会从一定程度上改变人们的生活方式,从而提高人们的生活质量

(3)常见硬件设备示例(表2-3~表2-6)。

表2-3 智能开关(1)

产品名称	博睿零火一/二/三键(莹白色)
产品型号	BLHC-E-KG1/2/3-BRL
功能描述	需布设零线可直接替换原有机械开关。 可实现远程控制并与其他设备实现场景联动。 (1)采用ZigBee零火取电技术,需布设零线; (2)可直接取代原有86盒开关; (3)开关状态可以反馈; (4)适用所有的灯具控制; (5)零火开关具有中继作用

续表

技术参数	电源需求	AC180～220 V/50 Hz
	开关功耗	360 mW
	取电方式	零火线取电
	控制通信	ZigBee IEEE802.15.4 2.4 GHz
	面板尺寸	86 mm×86 mm×32 mm
	安装方式	标准86盒安装，需要预先布设零线
	负载数量	单路双路三路
	功率容量	阻性负载2 000 W　1 000 W　600 W 感性负载200 W　100 W　60 W 容性负载200 W　100 W　60 W
接口说明		图1　　　　　　　　　　　图1

表2-4　智能开关(2)

产品名称	博睿单火一/二/三键(莹白色)
产品型号	BLHC-E-KG1/2/3-BR
功能描述	无须布零线可直接替换原有机械开关。 可实现远程控制并与其他设备实现场景联动。 (1)采用 ZigBee 单火取电技术； (2)可以反馈开关状态； (3)适用于所有的灯具控制； (4)可以自动入网，也可手动入网

技术参数	电源需求	AC180～220 V/50 Hz
	开关功耗	15.4 mW(此功耗已经包含在总功耗内，用户在使用时不会造成额外的费用)
	取电方式	单火线取电
	控制通信	ZigBee IEEE802.15.4 2.4 GHz
	面板尺寸	86 mm×86 mm×32 mm
	安装方式	标准86盒安装，可直接替换原有的86机械开关
	负载数量	单路、双路、三路
	功率容量	阻性负载阻性负载1 200 W　600 W　400 W 感性负载120 W　　　　60 W　40 W 容性负载120 W　　　　60 W　40 W

续表

接口说明	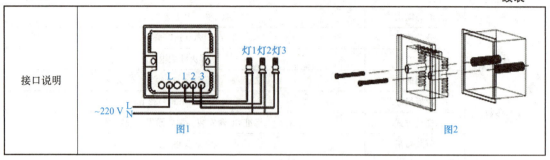

表 2-5 智能开关（3）

产品名称	单键手势开关	
产品型号	POLY－SWLN－GT01	
功能描述	适合医院、实验室等特殊场合或是爱清洁的人士独特的柔光壁灯，呵护双眼。 (1) ZigBee 国际标准协议； (2) 采用 ZigBee 零火取电技术； (3) 内置手势感应装置； (4) 实现挥手灯光感应开或关； (5) 零火开关具有中继作用	
技术参数	电源需求	AC180～220 V/50 Hz
	开关功耗	360 mW
	取电方式	零火线取电
	控制通信	ZigBee IEEE802.15.42.4 GHz
	面板尺寸	86 mm×86 mm×32 mm
	负载类型	阻性负载、感性负载、容性负载
	安装方式	标准 86 盒安装，可直接替换原有的机械开关
	负载数量	单路
	功率容量	阻性负载 2 000 W 感性负载 200 W 容性负载 200 W
	自带壁灯	开关本身自带一路可触摸壁灯
接口说明		

表 2-6 智能开关(4)

产品名称	博睿零火调光一键(莹白色)(可控硅/0～10 V)
产品型号	BLHC－E－TGKG1－BLL
功能描述	智能调光开关，调节灯光的亮度。 (1)采用 ZigBee 国际标准协议； (2)采用 ZigBee 零火取电技术，需布设零线； (3)适用于白炽灯、卤素灯及可控硅调光 LED 灯； (4)可实现远程调光及情景的控制
技术参数	可控硅参数		
	额定电压	AC180～220 V/50 Hz
	静态功耗	360 mW
	额定功率	300 W/100 W(两种功率选择)
	安装方式	建议使用铁 86 底盒安装，便于散热
	0～10 V 的参数		
	额定电压	AC180～220 V/50 Hz
	额定电流	10 A
	最大负载	1 200 W
	输出电压	0～10 V
	输出电流	最大 60 mA
接口说明	将玻璃面板扣合到安装好的底板上 图1　图2

2. 智能电器控制

智能电器控制就是将微处理器、传感器技术、网络通信技术引入电器控制设备后形成的电器控制产品，具有自动感知住宅空间状态和电器控制自身状态、电器控制服务状态，能够自动控制及接收住宅用户在住宅内或远程的控制指令；同时，智能电器控制作为智能家居的组成部分，能够与住宅内其他电器控制和家居、设施互联组成系统，实现智能家居功能。

(1)智能电器控制的特点。与传统的家用电器产品相比，智能电器控制具有如下特点：

①网络化功能。各种智能电器控制可以通过家庭局域网连接到一起，还可以通过家庭网关接口与制造商的服务站点相连，最终可以同互联网相连，实现信息的共享。

②智能化。智能电器控制可以根据周围环境的不同自动做出响应，不需要人为干预。例如，智能空调可以根据不同的季节、气候及用户所在地域，自动调整其工作状态以达到最佳效果。

③开放性、兼容性。由于用户家庭的智能电器控制可能来自不同的厂商,智能电器控制平台必须具有开发性和兼容性。

④节能化。智能电器控制可以根据周围环境自动调整工作时间、工作状态,从而实现节能。

⑤易用性。由于复杂的控制操作流程已由内嵌在智能电器控制中的控制器解决,因此用户只需了解非常简单的操作。

(2)智能电器的功能。智能电器控制并不是单指控制某一个家电,而应是一个技术系统,随着人们应用需求和家电智能化的不断发展,其内容将会更加丰富。根据实际应用环境的不同,智能电器控制的功能也会有所差异,但一般应具备以下基本功能:

①通信功能。包括电话、网络、远程控制/报警等。

②消费电子产品的智能控制。例如,可以自动控制加热时间、加热温度的微波炉,可以自动调节温度、湿度的智能空调,可以根据指令自动搜索电视节目并摄录的电视机/录像机等。

③交互式智能控制。可以通过语音识别技术实现智能家电的声控功能;通过各种主动式传感器(如温度、声音、动作等)实现智能家电的主动性动作响应。用户还可以自己定义不同场景不同智能家电的不同响应。

④安防控制功能。包括门禁系统、火灾自动报警、煤气泄漏、漏电、漏水等。

⑤健康与医疗功能。包括健康设备监控、远程诊疗、老人/病人异常监护等。

无论新型家电还是传统家用电器,其整体技术都在不断提高。家用电器的进步,关键在于采用了先进控制技术,从而使家用电器从一种机械式的用具变成一种具有智能的设备,智能家用电器体现了家用电器最新的技术面貌。

智能控制技术、信息技术的飞速发展也为家电自动化和智能化提供了可能。智能家电是具有自动监测自身故障、自动测量、自动控制、自动调节与远程控制中心通信功能的家电设备。

(3)智能电器分类。智能电器产品分为两类:一是采用电子、机械等方面的先进技术和设备;二是模拟家庭中熟练操作者的经验进行模糊推理和模糊控制。随着智能控制技术的发展,各种智能家电产品不断出现,如把计算机和数控技术相结合,开发出的数控冰箱、具有模糊逻辑思维功能的电饭煲、变频式空调、全自动洗衣机等。

智能电器的智能程度不同,同一类产品的智能程度也有很大差别,一般可分成单项智能和多项智能。单项智能电器只有一种模拟人类智能的功能。例如模糊电饭煲中,检测饭量并进行对应控制是一种模拟人的智能的过程。在电饭煲中,检测饭量不可能用重量传感器,这是环境过热所不允许的。采用饭量多则吸热时间长这种人的思维过程就可以实现饭量的检测,并且根据饭量的不同采取不同的控制过程。这种电饭煲是一种具有单项智能的电饭煲,它采用模糊推理进行饭量的检测,同时用模糊控制推理进行整个过程的控制。在多项智能电器中,有多种模拟人类智能的功能。例如多功能模糊电饭煲就有多种模拟人类智能的功能。普通智能家用电器采用低价"模糊控制"智能控制技术。少数高档家电用到"神经网络"技术(也叫作神经网络模糊控制技术),模糊控制技术目前是在智能电器中使用最广泛的智能控制技术。原因在于这种技术和人的思维有一致性,理解较为方便且不需要高深的数学知识表达,可以用单片机进行构造。

(4)常见设备示例(表 2-7 和表 2-8)。

表 2-7 智能插座

产品名称	无线智能插座(白色/金色)	
产品型号	BLHC－E－CZ－A	
功能描述	智能插座可远程控制插座的断电上电,从而控制电器的关闭和开启。 (1)采用 ZigBee 零火取电技术; (2)可以直接替换普通插座; (3)具有无限中继功能,延长信号传输功能; (4)插座状态可以反馈; (5)可本地远程控制开关	
技术参数	面板尺寸	86 mm×86 mm×32 mm
	工作电压	AC180～220 V
	工作温度	0 ℃～80 ℃
	相对湿度	小于等于 90%
	控制通信	ZigBee IEEE802.15.4 2.4 GHz
	最大负载	电压/电流 220 V/10 A
	最大功率	2 000 W
	安装方式	直接替换普通的 5 孔插座
接口说明	图1 接线图	图2

表 2-8 智能转发器

产品名称	无线红外转发器(适配器)
产品型号	BLHC－E－HW03
功能描述	红外转发器可将电视、空调等用红外遥控器控制的设备的控制信号转化成 ZigBee 信号控制。 (1)将 ZigBee 控制信号转发成红外信号。 (2)每个红外转发器可以控制 7 个电器设备,可以学习 256 个红外码,360°红外发射角度。 (3)具有中继信号功能

续表

工作电压	5 V/1 A 适配器供电
环境温度	10 ℃~50 ℃
相对湿度	≤90%RH
控制通信	ZigBee IEEE802.15.4 2.4 GHz
转发角度	150°锥形
接收灵敏度	−97 dBm
通信距离	与路由设备不超过 7 m
红外遥控距离	无障碍物阻挡的直线距离 8 m
接口说明	扣合孔、扣合孔、组网键/恢复出厂键

3. 智能环境监控系统

智能环境监控系统主要包括室内温湿度探测，室内空气质量探测，室外气候探测，以及室外噪声探测。一个完整的家庭环境监控系统主要包括环境信息采集、环境信息分析，以及控制和执行机构三个部分。其系统组成包括温湿度传感器、空气质量传感器、光线环境光探测器、室外风速探测器及无线噪声传感器。

（1）智能环境设备应用。例如，通过一体化温湿度传感器采集室内温湿度为空调、地暖等设备提供控制依据。通过太阳辐射传感器、室外风速探测器、雨滴传感器采集室外气候信息，为电动窗帘提供控制的依据。

通过无线噪声传感器采集信息，为电动开窗器或背景音乐的控制提供依据。通过空气质量传感器、无线 $PM_{2.5}$ 探测器采集室内空气污染信息，为净化器、电控开窗器提供依据，自动换气或去污。

目前，市面上的智能环境监测产品有空气质量传感器、空气质量控制器传感器、空气质量检测仪、窗帘控制电动机电动开窗器、太阳辐射传感器、室外风速探测器、雨滴传感器、无线噪声探测器、温湿度一体化传感器。

如何搭建设计家庭环境检测系统？首先要根据外部居住环境的好坏，来设计室内的环境监测系统。如处于空气污染严重的地区，就要以室内空气质量检测为主；如处于气温偏低又常年潮湿的地区，就应以室内温湿度监控为主；如处于繁华的闹市，就要以噪声监测为主；如处于气候多变的地区，就以室外气候监测为主。总之，搭建室内环境监测系统，要以实用性、适用性和稳定性为主。

（2）常见硬件设备示例（表 2-9~表 2-11）。

项目二 智慧社区的体系架构

表 2-9　智能环境控制设备(1)

产品名称	温湿度光照传感器	
产品型号	BLUC－E－THL01	
功能描述	自动感应空气中的温度和湿度,内置光照传感器探测光照强度,可以联动空调、电动窗帘、智能开关等	
技术参数	工作电压	5 V/1 A 适配器
	控制通信	ZigBee　IEEE802.15.4　2.4 GHz
	工作温度	0 ℃～70 ℃
	相对湿度	小于等于90%
	待机功耗	150 mW
接口说明	组网键/恢复出厂键	

表 2-10　智慧环境控制设备(2)

产品名称	博睿强电窗帘开关(双路,莹白色)	
产品型号	BLUC－E－CLK－B04	
功能描述	(1)控制窗帘、投影幕布、开窗器等强电电机的正转、反转、停止; (2)无须和主机人工对码,系统调试简单; (3)具有信号中继的功能,可以延长信号的传播范围; (4)用手机、计算机等网络设备可轻松实现强电电动机的开关	
技术参数	电源需求	AC180～250 V
	触摸种类	TFT 电容触摸屏
	产品颜色	莹白色
	产品尺寸	86 mm×86 mm×32 mm
	控制通信	ZigBee　IEEE802.15.4　2.4 GHz
	工作环境	温度 0 ℃～80 ℃;湿度:相对湿度小于等于90%
	安装方式	需要预埋86底盒,预先敷设需从配电箱敷设零线、火线到该控制器的86底盒内;并且需敷设 RVV3×1.0 线到强电窗帘电动机
	特别注释	强电窗帘控制器与路由设备的距离必须小于 7 m

项目二 智慧社区的体系架构

续表

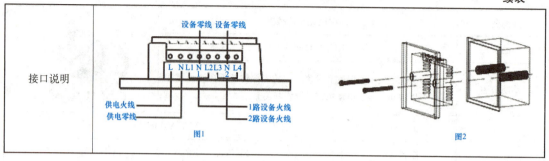

| 接口说明 | | |

表 2-11　智慧环境控制设备(3)

产品名称		窗帘电动机导轨
产品型号		定制
技术参数	材质	铝合金
	配置长度	按现场实际测量米数
	轨道宽度	5.2 cm

4. 智能情景控制

ZigBee无线智能家居系统的情景组合,就是把以前需要做好几个动作才能完成的事情,一键完成。"ZigBee无线智能家居"可以根据自己的需要设置情景组合。

(1)常用情景设置。

①离家情景:当早上上班时,按下离家情景键,智能无线安防系统启动(门磁、烟雾感应器、红外人体感应器、摄像头),灯光关闭,不用待电的家电关闭,当有小偷闯入时,通知用户有人闯入,让用户第一时间报警。

②回家情景:按下回家情景,Zigbee无线智能家居智能无线安防系统解除,客厅主灯开启,窗帘拉上,电视调到合适的频道。

③会客情景:当有客人来时,启动会客情景,客厅主灯打开,筒灯关闭,窗帘拉上,电视关闭,营造明亮的、封闭的会客气氛。

④就餐情景:就餐时间到了,启动就餐情景组合,其他区域主灯关闭,餐厅灯调到合适的亮度,营造出温馨浪漫的气氛。

⑤影院情景:启动影院情景,灯光关闭,电视、DVD、功放打开,自动选中要看的碟片,在触摸屏上调整音量、图像质量、环绕等功能。

⑥就寝情景:到了睡觉时间,按下就寝情景,灯光关闭,窗帘全都闭合,安防系统(睡眠设置)启动,使用户安心进入梦乡。

⑦起夜情景:晚上起夜时,按下起夜情景键,地灯亮起,过道和卫生间的灯亮起,当返回时,过几秒钟,灯自动关闭。

(2)常见硬件设备示例(表2-12和表2-13)。

表 2-12　智能情景设备(1)

产品名称		博睿四键情景面板(会客/起床)	
产品型号		BLHC－E－QJ01/2	
功能描述		电池供电设备,实现一键情景控制,可同时添加四组情景	
技术参数	电源需求	DC3 V(2 节 7 号电池)工作时长:约为 6 个月(使用频率不同时间长短不同)	
	产品颜色	银灰色、香槟色	
	环境温度	0 ℃~80 ℃	
	相对湿度	小于等于 90%	
	控制通信	Zigbee　IEEE802.15.4　2.4 GHz	
	面板尺寸	83 mm×83 mm×14 mm	
	安装方式	无须布线,无线控制,电池供电,只需在墙上打孔	
	待机功耗	20 μA/3.3 V(W)	
	特别注释	和路由设备距离不超过 7 m	
JIEKOU 接口说明		情景键(组网键/恢复出厂键)　指示灯　图1　情景面板背面　图2　电源开关　情景面板后盖	

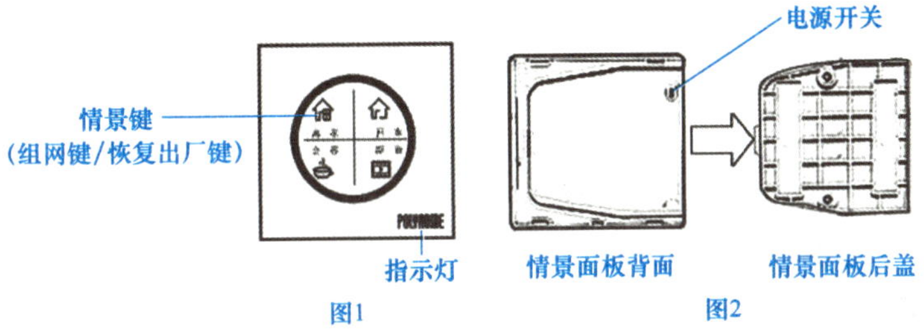

表 2-13　智能情景设备(2)

产品名称		强电四键情景面板
产品型号		BLHC－E－QJ03
功能描述		实现一键情景控制,可同时添加四组情景
技术参数	额定电压	220 V~50 Hz
	产品颜色	白色
	环境温度	0 ℃~80 ℃
	相对湿度	小于等于 90%
	工作频率	ZigBee 2.4 GHz
	面板尺寸	83 mm×83 mm×32 mm
	安装方式	固定锁入 86 底盒
	额定电流	8 mA
	特别注释	和路由设备距离不超过 7 m

项目二 智慧社区的体系架构

续表

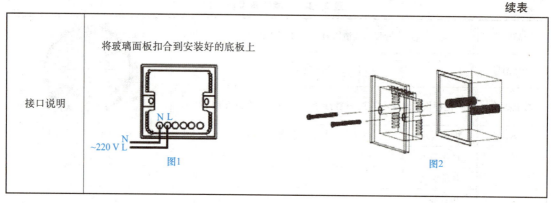

5. 智能安防控制

智能化安防技术的主要内涵是其相关内容和服务的信息化、图像的传输和存储、数据的存储和处理等。一个完整的智能化安防系统主要包括门禁、报警和监控三大部分，如图 2-3 所示。

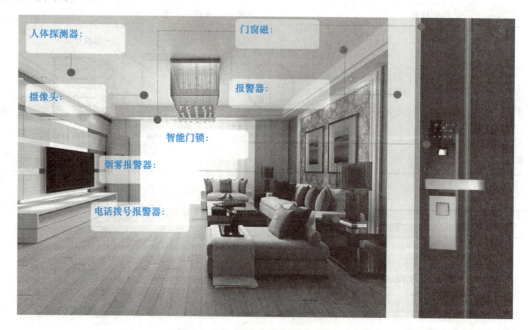

图 2-3 智能家居安防布防图

从产品的角度讲：应具备防盗报警系统、视频监控报警系统、出入口控制报警系统、保安人员巡更报警系统、GPS 车辆报警管理系统和 110 报警联网传输系统等。这些子系统可以单独设置、独立运行，也可以由中央控制室集中进行监控，还可以与其他综合系统进行集成和集中监控。

(1) 智能家居安防系统功能。

① 可视对讲呼叫功能。

a. 门口主机呼叫室内分机：来访者键入正确的用户分机号码时，室内分机发出悦耳的铃声，同时，来访者图像出现在室内分机上；用户按通话键，可与来访者通话；用户可按开锁键开锁。

b. 门前机呼叫室内分机：来访者按下门前机的按键，室内分机发出悦耳的铃声，同时，来访者图像出现在室内分机上；用户按通话键，可与来访者通话；用户可按开锁键开锁。

c. 分机与分机之间的户户可视通话：住户A进入呼叫分机界面后，按数字键输入住户B的房号，呼叫住户B；通话接通后，住户A和住户B可实现户与户可视通话功能。

d. 门口机呼叫管理中心：来访者按门口机上的呼叫中心键，可呼叫管理中心；呼叫接通后，来访者图像显示在管理中心机上；物业管理人员按接听键后，则来访者可与物业管理人员进行通话，物业管理人员可以远程开锁。

e. 室内分机呼叫管理中心：住户进入呼叫中心界面后，可呼叫管理中心；呼叫接通后，住户图像显示在管理中心机上；物业管理人员按接听键后，则住户可与物业管理人员进行通话。

f. 管理中心呼叫室内分机：物业管理人员通过对讲管理中心机输入住户分机号码后，可呼叫住户分机；住户振铃，并显示管理中心来电；住户按通话键可与物业管理人员进行通话。

②手机无线可视对讲与开锁。数字可视对讲终端支持手机的无线接入，当访客呼叫数字可视对讲终端时，住房可以轻松使用身上的手机与来访者进行无线可视通话与开锁，不必走到客厅来接听，真正实现数字楼宇对讲的智能化。

③门禁控制管理功能。采用单元门口机，实现门禁控制功能。用户可通过IC卡、密码或指纹等来打开单元门口机进行密码开门或刷卡开门。

④视频通话功能。数字可视对讲终端支持标准SIP协议，不同社区在互联网内，终端机与终端机之间可进行声音、视频呼叫。

⑤安防报警功能。外接各种安防探测器与警灯、警号；如防区可以分三道防区，外界周界红外对射形成第一道防区，门窗等安装门磁或幕帘探测器组成第二道防线，室内重要部位设置探测器形成第三道防线；厨房等区域加装煤气探测器，每个区域都安装上火灾报警发生器保证财产及生命安全。

所有幕帘探头、煤气、水浸、紧急按钮等报警设备报警时，可视对讲终端有声光报警提示，可视对讲终端能发送报警信号到管理中心，同时将报警信息通过电信网络远程传输到用户设定的电话、手机。

布防方式要分为在家、休息、出门、自定义等多种方式。可以在室内可视对讲终端机上自行设置、修改防盗报警系统布防/撤防的住户密码。可通过无线遥控器对可视对讲终端的防区进行布防/撤防及紧急求助控制，可以实现撤防、布防、以及紧急求助，按钮使用方便，密码撤防可以在胁迫情况下隐蔽报警。用户可查询报警类型、报警点、报警时间。

触发警情后通过网络向保安中心报警，管理机能接收小区内所有住户的报警。各住户呼叫(或报警)时，管理机可显示房号，并记录报警信息。

(2)常见硬件设备示例(表2-14～表2-23)。

表 2-14 智能家居安防设备(1)

产品名称		新式人体探测器(360°)
产品型号		BLHC－E－PIR01
技术参数	工作电压	5 V/1 A 适配器或两节 7 号电池
	控制通信	ZigBee　IEEE802.15.4　2.4 GHz
	待机功耗	60 μA/3.3 V
	触发距离	距离设备垂直距离 6 m
	工作温度	0 ℃～80 ℃
	相对湿度	小于等于 90%
	安装方式	吸顶安装，需要预留电源线 220 V
接口说明		组网键/恢复出厂键

表 2-15 智能家居安防设备(2)

产品名称		无线门窗磁感应器
产品型号		BLHC－E－MC
功能描述		两个部分被分离超过 0.5 cm 感应器就会发出 ZigBee 信号到中控主机可以与灯光、安防设备联动设置情景控制
技术参数	供电方式	CR2 477 纽扣电池
	通信方式	ZigBee　IEEE802.15.4　2.4 GHz
	待机功耗	10 μA/3.3 V
	工作温度	0 ℃～80 ℃
	相对湿度	小于等于 90%
	安装方式	胶粘到门窗上
	产品尺寸	72 mm×50 mm×15 mm
接口说明		组网键/恢复出厂键　指示灯　复位键

表 2-16　智能家居安防设备(3)

产品名称	红外幕帘	
产品型号	BLHC－E－PIR02	
功能描述	ZigBee 自动组网技术，感应灵敏，抗干扰强，安全实用，人体探测器触发后，可联动报警，同时也可和任何一个情景进行联动	
技术参数	工作电压	两节 5 号电池
	控制通信	ZigBee　IEEE802.15.4　2.4 GHz
	待机功耗	60 μA/3.3 V
	安装高度	1.8～2.5 m
	工作温度	0 ℃～70 ℃
	相对湿度	小于等于 90%
	安装方式	吸顶安装，侧装
接口说明	图1：指示灯、复位按扭　　图2：组网键/恢复出厂键	

表 2-17　智能家居安防设备(4)

产品名称：	警号	
产品型号：	BLHC－E－JH	
功能描述	1. 声光报警，模仿警笛声音； 2. 具有信号中继作用，可延长信号传播范围； 3. 可联动电话拨号报警器、烟雾报警器、门窗磁感应器和红外幕帘	
技术参数	供电方式：	AC180～220 V/50 Hz
	通信方式：	ZigBee　IEEE802.15.4　2.4 GHz
	待机功耗：	360 mW
	工作环境：	0 ℃～70 ℃
	相对湿度：	小于等于 90%
	安装方式：	用安装螺丝固定在墙上
	产品尺寸：	122.2 mm×72.8 mm×43 mm

表 2-18 智能家居安防设备(5)

产品名称	GSM 电话拨号报警器	
产品型号	BLHC－E－DHBJ	
功能描述	ZigBee 自动组网技术，可以和其他设备联动。配有紧急呼叫按钮，按下后将按照设定顺序循环拨打预设的电话号码，直到电话被接听，最多可以预设 5 个电话号码。自带拾音器，电话拨通后可以监听到家里的动静，具有无线中继功能，可以延长信号传播距离	
技术对数	供电方式	5 V/2 A 适配器供电
	通信方式	ZigBee　IEEE802.15.4　2.4 GHz
	待机功耗	1 W
	工作环境	0 ℃～70 ℃
	相对湿度	小于等于 90％
	产品尺寸	117 mm×87 mm
接口说明：	工作指示灯　电源指示灯 组网键/恢复出厂键 紧急报警按扭	

表 2-19 智能家居安防设备(6)

产品名称	燃气报警器	
产品型号	BLHC－E－HW04	
功能描述	当天然气泄漏达到一定浓度时，会触发燃气报警器，在发生警情时和自动机械手联动还会自动关闭燃气阀门	
技术参数	供电方式	220 V 适配器
	检测浓度	天然气：0.1％～1％； 液化气：0.1％～0.5％； 城市煤气：0.1％～0.5％

项目二 智慧社区的体系架构

表2-20 智能家居安防设备(7)

产品名称	机械手	
产品型号	BLHC—E—JXS	
功能描述	与燃气报警器联合使用，当燃气泄漏达到一定浓度时，燃气报警器会报警并联动机械手关闭燃气阀门	
技术参数	工作电压	直流 10~14 V
	工作电流	100 mA(正常)，600 mA(最大)

表2-21 智能家居安防设备(8)

产品名称	Wi-Fi 室内摄像头	
产品型号	BLHC—E—SXT05	
功能描述	1.100 万像素，自带云台，支持水平 350°、上下 100°范围转动； 2. 红外夜视功能，10 m 夜视范围，自带存储功能； 3. 手机远程实时查看、语音对讲	
技术参数	产品类别	Wi-Fi 摄像头
	供电方式	5 V/1.5 A 适配器
	存储容量	可扩展至 32 GB
	夜视距离	10 m(红外)
	旋转角度	水平 350°，上下 100°
	分辨率	720 P
	控制通信	Wi-Fi
	接口类别	以太网 10/100 Mbps
	RS48 接口	1 个
	RJ45 接口	1 个

表2-22 智能家居安防设备(9)

产品名称	烟雾报警器
产品型号	BLHC—E—YWBJ
功能描述	1. 放置于厨房、客厅检测烟雾浓度； 2. 超过预设值可发出报警信号提示现场人员，可以与电话拨号报警器联动，给预设好的手机号码拨打电话，远程报警； 3. 也可以与其他设备联动实现用户自定义的功能

续表

技术参数	传感芯片	MIC145018
	供电方式	9 V500 mA·h方块电池
	通信方式	ZigBee IEEE802.15.4 2.4 GHz
	待机功耗	20 μA/3.3 V
	烟雾灵敏度	符合UL的217号标准
	测试值	每英尺5%微灰烟
	使用时长	可连续声光报警24 h
	工作温度	0 ℃～50 ℃
	相对湿度	小于等于90%
	通信距离	和路由设备距离不得超过7 m
	产品尺寸	直径135 mm、高50 mm
	工作环境	温度0 ℃～50 ℃
接口说明		图1　图2（组网键/恢复出厂键）

表2-23　智能家居安防设备(10)

产品名称	智能门锁（带指纹，霸王锁体）	
产品型号	BLHC－E－MS05	
功能描述	1. 多种开启方式：人脸识别、指纹、密码、身份证、银行卡、手机感应卡NFC、短信、网络、遥控器； 2. 适合高档住宅、别墅、写字楼、政府机构等场所	
技术参数	适用门型	铜门、铁门、不锈钢门
	适用门厚	40～55 mm（可调整）
	钥匙数量	卡(或密码)1 000个；指纹1 000枚
	工作电源	DC6 V（4节5号电池），没电时需DC9 V备用电源供电
	工作电压	4～6 V

6. 智能门窗控制

智能门窗在一些公共场所、高档商品房、商场中运用广泛。智能门窗控制系统由无线遥控器、智能主控器、门窗控制器、门窗驱动器等组成。

（1）智能门窗常见功能。

①无线遥控：在室内任何位置均可无线遥控门窗（窗帘）的开、关和任意停留。

②自动防风防雨：其外侧装有风雨传感器，当风力达到3级或雨水打在传感器上时，

窗户立即自行关闭,让用户从此大胆出门,无忧无虑。

③紧急求助:若遭遇坏人入室,可即时发送报警信号,也可用于家中老人、儿童意外事故和急病呼救报警。

④自动检控燃气:当检测到煤气、有害气体等信号时,智能控制器内的微电脑自动发出相应的指令,将窗户、排气扇自动开启,同时发出警声并将警情传递给主人手机和保卫处。

⑤自动检控火灾:一旦有火灾发生,传感器会第一时间检测到烟雾信号,智能控制器发出指令,将门、窗打开,同时发出警声并将警情传给主人手机上。

⑥防儿童坠楼:当传感器检测到人体信息时,窗户会自动关闭,将儿童关在室内,可以有效地保护儿童的安全。

⑦净化室内空气:当室内空气中香烟粒子、丙酮、甲醛、苯、乙胺、庚烷等有害物质超标时,传感器检测到浑浊气体信号,自动开启房间所有的窗户,让室内通风对流,迅速稀释室内有害气体,从而达到环保居室的要求。

(2)常见硬件设备示例(表2-24和表2-25)。

表2-24 智能门窗控制设备(1)

产品名称		窗帘控制器(新/单/双路)
产品型号		POLY-CTN-DC1/2
功能描述		与灯光、电器及安防等设备联动,实现场景控制; 1. 弱电控制强电电动机,不用布强电线,适用于直流窗帘电动机; 2. 具有无线中继功能,延长信号传输距离; 3. 可以实现本地和远程的窗帘开关的控制
技术参数	供电需求	5 V/1 A 适配器
	产品用途	控制窗帘电机正转、反转和停止,实现控制窗帘的开、闭、停的功能
	待机功率	150 mW
	产品尺寸	115 mm×47 mm×33 mm
	控制通信	ZigBee IEEE802.15.4 2.4 GHz
	环境温度	0 ℃~80 ℃
	相对湿度	小于等于90%
	安装方式	与窗帘电动机通过网线连接
接口描述		

表 2-25 智能门窗控制设备(2)

产品名称	博睿强电窗帘开关(双路，莹白色)
产品型号	BLHC—E—CLK—B04
功能描述	1. 控制窗帘、投影幕布、开窗器等强电电动机的正转、反转、停止； 2. 无须和主机人工对码，系统调试简单； 3. 具有信号中继的功能，可以延长信号的传播范围； 4. 用手机、计算机等网络设备可轻松实现强电电动机的开关
技术参数	电源需求：AC180～250 V 触摸种类：TFT 电容触摸屏 产品颜色：莹白色 产品尺寸：86 mm×86 mm×32 mm 控制通信：ZigBee IEEE802.15.4 2.4 GHz 工作环境：温度 0 ℃～80 ℃；湿度：相对湿度小于等于 90% 安装方式：需要预埋 86 底盒，预先敷设需从配电箱敷设零线、火线到该控制器的 86 盒内；并且需敷设 RVV3×1.0 线到强电窗帘电动机 特别注释：强电窗帘控制器与路由设备的距离必须小于 7 m
接口说明	图1 图2

7. 智能影音控制

(1)智能家居影音控制系统的构成。智能家居家庭影音控制系统包括家庭影视交换中心(视频共享)和背景音乐系统(音频共享)，是家庭娱乐的多媒体平台，它运用先进的微电脑技术、无线遥控技术和红外遥控技术，在程序指令的精确控制下，将机顶盒、卫星接收机、DVD、计算机等多路信号源根据用户的需要发送到每一个房间的电视机、音响等终端设备上，实现一机共享客厅的多种视听设备。

不管是在客厅、书房还是厨房、卧室，整个智能家居控制系统都能以智能手机或 PAD 为载体，实现互联、互通、互控，其关键在于系统集成创新。整个系统的软件集成开发平台特别重要，该软件平台系统要能够快速启动、多种人机交互方式、多屏实时互动等。由此，才可以保障客厅以智能电视为中心的娱乐和信息服务系统、书房的智能影音系统、智能厨电、智能灯光控制系统及智能安防系统等良好运转。

在互联网和物联网环境下,这些特色智能终端通过系统集成,实现了互联、互通、互控,不仅使得单个终端智能化,也使得这些终端呈现出单一终端难以具备的集成应用。这种变化是企业面向智能技术研发的系统集成创新。

(2)常见硬件设备示例(表2-26)。

表2-26 智能影音控制设备

产品名称	背景音乐套装	
产品型号	YO—4028—T	
功能描述	1. 影院级功放芯片奉献超乎想象的一流音质; 2. 采用单片机嵌入式方案,界面简单、系统稳定、定制性强; 3. 内置蓝牙、MP3、FM、AUX外接音源等	
技术参数	面板尺寸	86 mm×86 mm×36 mm
	吸顶喇叭	开孔尺寸204 mm,高低音分频20 W,输出高保真立体声,谐振频率65 Hz,频率范围86 dB,额定阻抗8 Ω

8. 智能健康设备

智能健康设备旨在为老年人提供便利的居家养老服务,推出远程健康监测、远程监护,让老人即使一人在家也可以进行医疗救助。

(1)具体服务项目。

①长期监测血压、血糖、心电、肺功能、体重、体成分、内脏脂肪、血氧饱和度、基础代谢率等基础健康指标,建立个人电子健康档案。

②健康评估:心脑血管风险评估、糖尿病风险评估、癌症风险评估、心理评估、睡眠呼吸障碍评估、睡眠质量评估、中医体质评估、生活方式评估。

③提出专业的健康促进计划、个性化的方案、运动计划、降血压计划、降血糖计划等。

④体检结果实时上传,后台专家进行评估;可通过微信平台查看监测数据,并获得专业咨询意见。

⑤老年人如果感觉身体不适,可以随时申请体检,及时记录健康状态、不适状态下的数据,这对于治疗具有极高的参考价值。

(2)远程健康监测、远程监护。采用硬件设备入户的方式进行老年人日常生活活动监测,通过微波+红外的监测设备连接报警设备+可穿戴设备,通过后台软件对老年人日常生活活动进行数据采集,如起床时间、户外活动时间及频率,监测出老人日常生活规律。如果在正常生活状态下出现异常情况,则由后台人员拨打电话沟通情况,如无意外则送去关怀。另外,还可开设线下服务站,服务站设有医疗保健器械,并提供有机健康食品供老年人选购。

项目二 智慧社区的体系架构

(3)常见硬件设备示例(表 2-27～表 2-32)。

表 2-27 智能健康设备(1)

产品名称		身体成分检测仪
产品型号		BLHC－E－YL－TZ
功能描述		1．人体电阻法精确测量数据； 2．可测量体脂、体质指数、身体水分等多种类型健康数据； 3．硬件最大支持 9 组用户，20 条存储记录； 4．标配健康管理软件，含数据同步、趋势分析、信息分享等功能； 5．开放 SDK 接口，内置 USB、蓝牙或无线等连接方式； 6．适合个人、家庭、健身中心等场所使用
技术参数	电源	DC3 V(AAA)(1.5 V×2)
	工作环境	温度：5 ℃～40 ℃；相对湿度：≤80%
	身体脂肪率	5.0%～50%
	基础代谢率	385～5 000 kcal
	体质指数	10.0～70.0
	数据输出	依据型号不同，支持串行接口，或无线接口

表 2-28 智能健康设备(2)

产品名称		血氧检测仪
产品型号		BLHC－E－YL－XY
功能描述		1．一键快速检测，测量准确； 2．自动上传数据，无须进行任何操作配置； 3．双色 OLED 实时显示脉搏和血氧含量； 4．自动关机功能 SDK 接口开放，支持串口数据输出，内置蓝牙或无线等连接方式； 5．适合家庭日常保健、社区健康档案采集及医生随诊等使用
技术参数	电源	4.2 V 锂电池 1 000 mA·h
	指示方式	LED 灯
	数据传输	通过 GPRS 进行数据传输
	网络协议	TCP、UDP
	配置方式	专用软件登录管理
	支持速率	小于 256 kbps(GPRS 接口)
	数据缓存	50 kbyte
	无线频段	433 MHz
	无线天线	内置单天线
	传输类型	包括连续实施监护数据(特殊格式)及片段式数据文件的专用通信协议

表 2-29　智能健康设备(3)

产品名称	血糖测量仪	
产品型号	BLHC－E－YL－XT	
功能描述	1. 采血量极小，只需 1.5 μL 自动开关机，10 s 快速测量； 2. 180 组数据记忆，自动计算 1～4 周的测量平均值，测量时温度显示及自动温度补偿； 3. 大屏幕显示，使用两节 AAA 干电池供电，并采用进口测试片，测量准确； 4. SDK 接口开放，支持串口数据输出，内置蓝牙或无线等连接方式； 5. 适合家庭日常保健、指导用药，社区健康档案采集及医生随诊、康复治疗等使用； 6. 存储数据数量 180 条	
技术参数	保存环境	环境温度：－20 ℃～50 ℃，湿度≤90％
	大气压力	860～1 060 hPa
	电源需求	两节 1.5 V(AAA)电池
	仪器质量	53 g(不含电池)
	平均值显示	可显示 7/14/21/28 d
	测试片	仅可使用与该机型对应的测试片
	测试温度	10 ℃～40 ℃
	相对湿度	相对湿度≤85％
	测试血样	微血管全血(指尖或耳垂)
	测试时间	约 10 s
	测试范围	20～600 mg/dL
	存储数据数量	180 条

表 2-30　智能健康设备(4)

产品名称	全自动上臂式血压计
产品型号	BLHC－E－YL－XY
功能描述	1. 日本 AND 原装品质保证，医疗级测量产品； 2. 一键快速专业检测，上臂式测量更加准确； 3. 自动上传数据，无须进行任何操作配置； 4. 大屏幕清晰显示结果，支持自动关机功能； 5. 使用四节 AA 干电池供电，可外接电源； 6. SDK 接口开放，支持串口数据输出、无线等连接方式； 7. 适合高端家庭日常保健、指导用药，社区健康档案采集及医生随诊、康复治疗等使用； 8. SFDA 资质、CE 资质、欧洲高血压协会认可、英国高血压协会认可

续表

技术参数	工作电压	AC.220 V±22 V,50 Hz±1 Hz; DC6 V 允差±10%范围内(4×1.5 V AA 或 R6 P 电池供电)
	电池寿命	电池使用寿命(碱性电池):能使用 200 次或以上(180 mmHg、1 次/日、室温±2 ℃) 设备使用寿命:平均无故障工作时间大于 2 000 h
	压力范围	20~280 mmHg
	脉搏范围	40~200 次/min
	测量准确性	压力:±3 mmHg 或 2%,视较大脉搏:±5%
	密封性	袖带在 1 分钟内漏气量应不超过 0.4 kPa(3 mmHg)
	自动放气速率	0.3~1.6 kPa/s(2~12 mmHg/s)
	消耗电流	关机状态:消耗电流应不大于 100 μA; 开机状态(非测量状态):消耗电流应不大于 30 mA
	超压保护	当血压计输入气压至 42.6 kPa,允差±5%(320 mmHg 允差±5%)时,应有自动超压保护功能
	自动补偿	测量时,当充气不完全或不能得到合适的压力时,血压计的加压装置将自动再次重启
	加压能力	血压计强制加压时,从 0 kPa(0 mmHg)~280 kPa(37.3 mmHg)应不大于 12 s;负荷容量 300 mL
	加压方式	使用气泵自动加压
	测量方法	示波法
	袖带	符合《血压计和血压表》(GB 3053—1993)规定要求
	安全要求	应符合《医用电气设备 第 1 部分:安全通用要求》(GB 9706.1—2007)相关要求
	EMC	《医用电气设备 第 1—2 部分:基本安全和基本性能的通用要求并列标准 电磁干扰—要求和测试》(IEC 60601—1—2;2004)
	操作环境	+10 ℃~+40 ℃/30%RH 至 85%RH
	存储条件	−10 ℃~+60 ℃/30%RH 至 85%RH
	产品尺寸	大约 147(W)mm×64(H)mm×110(D)mm
	产品质量	大约 300 g,不包含电池
	数据输出	依据型号不同,支持串行接口,或具有蓝牙接口或带有 433 MHz 无线接口

项目二　智慧社区的体系架构

表 2-31　智能健康设备(5)

产品名称		心电图检测仪
产品型号		BLHC-E-YL-XD
功能描述		1. 体积小巧、携带方便，彩屏显示、清晰易读； 2. 内置 7 号干电池供电，安全可靠，实用性强； 3. 即时显示结果，大容量数据存储，支持 TF 卡扩展； 4. 30 s 快速测量和长期动态测量两种记录方式； 5. 支持外接导联线及内部金属电极两种使用方式； 6. ECG 分析显示软件，计算机即插即用
技术参数	工作电压	DC3 V(2 节 AAA 干电池供电)
	电池寿命	电池使用寿命(碱性电池)：能使用 200 次或以上(180 mmHg、1 次/d、室温±2 ℃) 设备使用寿命：平均无故障工作时间大于 2 000 h
	工作温度	环境温度：5 ℃～40 ℃
	工作湿度	相对湿度＜80%
	心率测量误差	30～200 次/min 不超过±5%
	输入回路电流	各输入回路电流不大于 0.1 μA
	输入阻抗	各输入回路之间的输入阻抗不小于 5 MΩ
	共模抑制比	不小于 60 dB
	内部噪声	折合到输入端的噪声电压不大于 30 μVp-p
	频率特性	以 10 Hz，1 mVp-p 正弦信号为参考值，在 1～25 Hz 随频率变化，幅度的最大允许偏差+5%和-30%
	显示灵敏度	具有 5 mm/mV、10 mm/mV、20 mm/mV 三挡可调，误差小于±5%
	扫描速度	具有 12.5 mm/s、25 mm/s、50 mm/s 三挡可调，误差小于±10%
	心电导联线和电极	使用具有正规医疗器械注册证的心电导联线和电极
	常规测量	快速采集 15 s 的心电图，屏幕显示心电图并自动分析心率，给出参考判断结果，并可以进行数据保存
	动态监护	用户需要首先插入 SD 存储卡后进入选择此菜单，可以长时间监测用户的心电数据，屏幕显示用户的心电图并自动保存，超过一定时间无按键操作屏幕将自动关闭，但是数据一直在采集保存，直到用户中止或电池电量消耗完
	历史数据	《医用电气设备　第 1—2 部分：基本安全和基本性能的通用要求　并列标准　电磁干扰—要求和测试》(IEC 60601-1-2：2014)

项目二 智慧社区的体系架构

表2-32 智能健康设备(6)

产品名称	无线健康终端接入网关	
产品型号	HG—2000 GR	
功能描述	1. 433 MHz无线通信产品专用网关设备; 2. 低功耗高可靠设计,无须设置开机即可使用; 3. 可接入包括心电、血压、血氧、血糖、脂肪仪、体重秤等多种无线医疗健康终端; 4. 支持多用户刷卡功能,适用企业、社区等多人场景。 5. 支持跨网漫游及省电模式; 6. 可选 RFID 版本和磁卡刷卡版本; 7. 支持互联网传输协议,支持 GPRS 数据传输方式; 8. 开发通信协议,可根据需求定制	
技术参数	电源	4.2 V锂电池1 000 mA·h
	指示方式	LED灯
	传输方式	通过 GPRS 进行数据传输
	支持协议	TCP、UDP
	配置方式	专用软件登录管理
	支持速率	小于 256 kbps(GPRS 接口)
	缓存大小	50 kbyte
	无线频段	433 MHz
	无线天线	外置单天线
	传输数据类型	包括连续实施监护数据(特殊格式)及片段式数据文件的专用通信协议。可选配 USB 接口、GPRS 或者 3 G 接口

学习任务二　智慧社区软件架构与服务

※ 案例导入 2-2

彩之云智慧生态圈是彩生活服务集团旗下的标杆产品,凭借生态圈平台建设,彩生活服务集团成为智慧社区运营领先企业,是我国内地第一家登录我国香港主板市场的社区服务运营企业。彩生活物业源于花样年地产,公司成立于2002年,总部设立在深圳,秉承"将社区服务做到家"的理念,致力于"互联网+物业"商业模式的创新,希望通过运用互联网基因改造传统物业,将实体社区变成一个基于大数据的互联网平台。其构建的彩之云智慧生态圈的成功运营离不开彩之云社区服务平台和彩惠人生平台。彩之云社区服务平台以社区服务为基础,围绕社区基础服务和居民配套生活服务,构建了入伙、装修、维修、缴费、停车、进门等场景,开发了包括E师傅、E租房、E能源、E停车、E维修、财富人生等产品,依托彩之云App、微信公众号,为业主和商家提供信息与交易平台,满足社区居民的居家生活服务需求。彩惠人生平台将社区新零售模

授课视频:
智慧社区的软件
架构与服务

式与缴纳物业管理费的场景相结合，社区住户若通过该平台购买居家生活必需品与服务，可以扣减相应的管理费。这种购买商品赠送物业管理费的方式，实现了业主身份大革新，从"缴费者"转变为"消费者"，是物业管理行业发展的一种新业态，既颠覆了物业管理费的收费模式，又构建了社区消费的新场景，是社区新零售的新型武器，为社区服务运营提供了良好的样本。

根据 Moore 的商业生态系统理论，一个商业生态圈的建立需要四个独立的阶段，即开拓、扩展、领导和更新。

第一阶段是开拓阶段。在该阶段，企业汇集各种能力创造出对顾客有价值的关键产品。2015 年，彩生活提出社区增值服务生态圈理念，希望构建一个开放式的平台，围绕客户服务，打造用户服务的极致体验。在 B 端，通过小股操盘的轻资产扩展模式，快速、低成本地获取线下用户，并依托其庞大的社区规模，开放平台引入合作伙伴，孵化了众多开展增值服务的初创企业，实现了基础服务订单化。在 C 端上，从用户的"衣食住行娱购游"需求出发，开展增值服务。根据服务半径的不同，以用户为中心，依托三网——物联网、社交网、互联网，划分了三种不同类型的服务：服务社区 200 m 半径内的管家服务，服务社区"最后一公里"半径内的微商圈服务，服务社区外圈的生活服务，从而构建了社区场景的"分层、分类、共生、互生、再生"的社区服务体验，使用户的七大需求都能在生态圈内实现。

第二阶段是生态系统的扩展阶段。2017 年，生态圈的近 40 个 E 化企业具备了较强的发展能力，依托较低的服务成本实现了规模的快速扩张，其所管理的物业 95% 以上是非花样年物业，净利润增幅达 30% 以上，彩生活生态圈管理模式得以在全国范围内推广彩生活在管理实践中，形成了物业增值服务的三大法宝：彩之云、彩付宝、彩空间。彩之云的核心是一网、一中心、一站，充分借助互联网、移动互联网、物联网与云计算等高新技术搭建一站式服务平台，开展社区服务、O2O 服务、虚拟服务、商品服务、智能服务、社区服务六大核心业务，给用户带来了便捷的社区生活服务。为了让用户更有动力、更持久地在平台上消费，彩生活推出了彩付宝。用户在彩之云平台的各项商品、服务付费需要用到彩付宝，支付所产生的积分可以用于抵扣停车费或物业管理费。为了给用户提供更便捷的服务，彩生活搭建了彩空间平台，将物业管家与生活服务相结合，让用户基本服务的呼叫方式从线下转为线上，实现物业的自助式服务和服务的全过程跟踪。这三大工具结合在一起，很好地实现了线上线下服务的连接，由此开创了一种新兴的服务模式与物管模式。

第三阶段是生态系统的领导期。彩生活将社区居民的共性需求作为一种市场资源，引入服务提供商，通过创业孵化的形式来共同提供社区基础服务。在具体实施过程中，借鉴"小米模式"，以"参股，但不控股"的模式孵化 E 化产品和服务，并且积极参与生态位、企业的融资过程。以彩生活和 E 师傅的合作——E 维修为例，彩生活将社区的公共部分和公共设施维修、家庭维修两大部分的业务承接给 E 师傅，作为回报，E 师傅引入彩生活作为战略投资者，彩生活持有 E 师傅大约 5% 的股份和每单 5% 的平台使用费。此举让彩生活有了较为稳定的增值收益，还能让 E 师傅节约进驻社区的时间成本和经验值，帮助其快速拓展维修范围，因此，E 师傅迅速成长为中国第一大维修平台。除此之外，彩生活还积极在企业价值观、品牌营销、渠道管理、供应链管理、技术支持上对生态位企业进行帮助，如彩生活每年都投入不少于 5 000 万元的技术研发费用，帮助合作企业进行技术研发。

项目二　智慧社区的体系架构

第四阶段是生态系统的自我更新阶段。彩生活在生态圈建设的过程中，非常注重自我提升。依托"北斗七星"战略，将E安全、E维修、E能源、E清洁、E绿化、E缴费、E投诉七大服务板块进行订单化管理，提升基础服务效率。在平台建设上，紧跟社区新零售的发展，推出了两款产品：彩惠人生、彩生活住宅。"彩惠人生"从社区居民日常消费场景出发，以"买商品送管理费"的形式，构建了一种全新的社区新零售生态。"彩生活住宅"是从房产消费场景出发，让开发让渡部分购房款，采取"房产＋服务"的销售方式，以彩之云平台消费券"饭票"的方式返还给购房者，"饭票"可以从彩之云平台的合作商家处购买日常生活的必需品，一定程度上能解决潜在购房者因买房压力大生活成本降低的问题。以上举措解决了互联网下物业管理平台及软件用户使用黏性不高的问题，将住户的物业基础服务消费、日常生活消费、耐用品消费绑定在生态圈内。同时，彩生活还积极加强与互联网巨头合作。与京东就"社区＋商业"展开合作，京东拥有的线上购物优势，能够帮助彩生活提升新零售经营水平，尤其是丰富商品物种、优化客户购物体验等方面，优化"彩惠人生"平台的性能。与360公司在"社区＋安全"展开合作，能够依托该公司在核心安全能力的优势，为彩生活用户构建一个私密、安全的智慧社区。

（资料来源：彭丽花. 基于社区新零售的虚拟物业商业生态系统构建——彩之云智慧生态圈案例分析，广东开放大学学报，2021年第3期，有删减）

思考：彩之云智慧生态圈的软件架构与服务有什么内容？

一、智慧社区服务平台建设目标

智慧社区服务平台整合应用信息和网格技术，构筑居民管理、社区网格、便民服务及互动交流于一体，为政府的政务管理、民生服务提供信息化手段，并通过对社区信息资源的共享和利用，为居民提供更优质的信息化服务，同时为小区物业管理提供科学、高效的管理手段。

1. 便民服务平台

通过社区服务平台可以为社区业务发布商品、服务、打折、促销、优惠、活动信息，社区业主可在线查看便民信息，方便自己的居家生活，从而实现社区服务的配套化。

2. 政务服务平台

通过社区服务平台为街道办事处提供的电子政务系统，街道办事处可以发布办事机构、办事电话、办事指南、政务公开信息供社区业主查询，同时受理社区业主的咨询投诉和办事预约，从而实现社区政务的在线化。

3. 社区娱乐平台

通过社区服务平台为社区业主建立的图书、音乐、电影、游戏等媒体资源库，社区业主可以通过计算机、电视、手机等工具享受在线的社区文化、娱乐服务，丰富社区业主的业余文化生活。

4. 社区交流平台

通过社区服务平台为社区业主提供的微博系统，社区业主之间可以通过计算机、手机等工具进行在线交流和适时互动，参与社区共建、社区聚落、社区交易和邻里互助。

微课：智慧社区的软件架构

二、智慧社区软件的架构

智慧社区以云服务中心为依托，和物业公司合作，确定业主身份，使得智慧社区能作为一个平台把传统社区服务提供商和网络应用服务提供商有机地整合在一起，为社区业主提供各类服务，形成相互依赖、相互促进、相互补充的各个环节。智慧社区的软件架构一般需解决以下三个特殊问题：

(1) 需考虑软件平台内部多个子系统的集成，以及与外部的协调。
(2) 平台的业务应用需调用若干基础构件，而基础构件存在交集。
(3) 需求的变化和技术革新。

对此，基于先进性、灵活性和可扩展性等原则对复杂的软件体系进行分层设计，如图 2-4 所示。

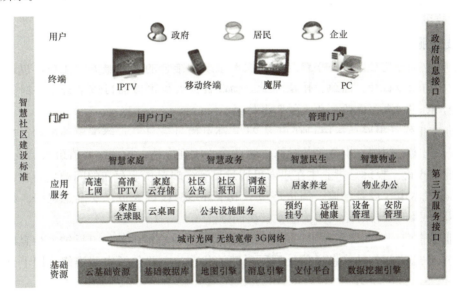

图 2-4　智慧社区信息系统架构示例

三、智慧社区软件系统常见业务功能

1. 智慧社区信息服务

智慧社区系统不仅能为社区用户提供信息资讯、小区物业信息，还能将社区周边商圈、社区医疗、邮政快递、餐饮酒店与家庭数字智能终端真正互联、互通，进一步将社区打造成智慧社区，进而融入智慧城市。

2. 智慧社区家居数据分析

智慧社区是基于物联网及云服务技术综合应用的开发平台，本着"节能、环保、智能"的理念，通过智能开关对照明设备用电量进行采集、智能插座采集各类家电设备所用的电量，让用户时刻了解家中各设备的水电气情况，提醒用户节约能源，逐渐引导用户养成良好的习惯。将业主报修、投诉、服务人员的考核等数据实时传送至社区云服务平台中心，为业主和物业公司架设平衡的沟通桥梁。对数据进行汇总分析,提高物业管理的工作效率,提升物业公司整体的口碑。

3. 智慧社区 App

针对"智慧社区"的概念,专门为生活社区定制功能强大的智能手机应用,以移动互联网的技术为基础,满足业主衣食住的需求为目标。通过智能社区系统平台,完美实现了从社区安防、物业管理、家居环境控制、家居环境监测、家居水电气量分析等多功能无缝衔接,并以云服务运用平台为核心构建起智慧社区的核心云生态体系。

4. 智慧社区远程控制

智慧社区系统室内控制部分采用无线技术网络通信协议,通过建立 WPAN 网络,将用户家中的电器和电子设备(如电灯、液晶电视、冰箱、家庭影院、空调、新风系统、匪警、火警、煤气泄漏、温湿度监测、室内有毒有害气体监测等)有效地联系起来,组成一个网络,实现数字智能终端对这些社区的控制、反馈和有效的数据采集。

5. 物业服务

智慧物业服务是社区服务平台与物业服务系统相结合的多种服务。住户可以通过社区服务平台,与物业有效、简单、快速互动。物业管理人员可以通过该平台第一时间解决客户的问题,使住户真正体验到尊贵的服务体系。

(1)业主报修。报修是指用户在户内 24 h 都可通过信息显示终端申请电力、暖气、装修、通信、门窗、门锁、煤气等的维修。物业中心收到申请,指派维修值班人员及时到位。

(2)业主投诉。投诉是指业主在户内可通过显示终端对物业存在的问题进行投诉。业主投诉包括煤气水电、设备维修、周边环境、卫生环境、投诉人员、安全隐患等。物业中心收到投诉后,及时安排客服人员为业主解决问题。

(3)业主查询。查询是指业主在户内可接收到物业中心提供的信息反馈。信息回馈是指业主与业主中心之间各种信息通信处理所反馈的状态,主要包括申请维修、网上预订、业主投诉等信息处理的状态。

(4)业主评价。业主针对物业服务人员的服务给出评分,利于物业管理者统计绩效等。

(5)物业通知。物业发布的通知公告可通过平台快速、准确地送达业主处。

6. 社区商城

智慧社区平台的商业服务是一种全新的"O2O+社区"电子商务新模式,线上预订、线下消费,为社区周边商家提供一种网络销售渠道,扩大商家的销售面、订单机会和人气。同时,也让社区居民享受在线购物、服务预订、上门服务带来的极大的生活便利。

7. 餐饮美食

为业主提供便捷餐饮美食查询,由商家上传信息,物业维护。业主可以浏览周围商家提供的餐饮美食,通过网络进行预订自己喜欢的美食,提高生活品质。

8. 便民服务

为业主提供便捷的生活查询服务,由平台运营商运维。业主可以查询列车时刻、手机归属地、邮编、交通出行线路等。同时也可作为各类公共服务资源在社区内的服务窗口,提供各类缴费充值、事务代办、生活事务咨询服务,居民足不出社区即可快捷办理民生事务。

9. 政务之窗平台

在社区区域内建立政务之窗平台，方便居民了解最新政务消息，关注城市发展动态，促进社区和谐。其主要功能有政策通知、民生管理、政民交流。

10. 通知公告

物业管理部门可通过通知公告系统发布小区公告，如天气预报、社区活动、社区公告、社区通告、水电费收缴、寻物启事、失物认领等信息，方便物业管理部门与业主之间进行沟通，促进社区的和谐发展。

11. 社区论坛

在社区区域内建立社区论坛服务平台，方便业主发布租房、二手设备的买卖信息，同时也可以让业主对于社区建设提供改善性意见。社区论坛既是物业的一个宣传领地，也是为了能更好地沟通物业与民众的信息交流，以便社区内业主可以得到及时地沟通，也让物业服务企业可以及时知道自己的不足，可以为业主更好地服务。

12. 广告精准投放

智慧社区可为广告主提供多种广告投放形式，如在楼宇对讲室内外机屏幕，利用专业的广告投放系统，实现成本可控、效益可观、精准定位的广告投放。

13. 家政服务

家政服务企业发布各商家提供的房屋装修、家电维修、送水服务、家庭清洁等业务，由专业家政人员来从事室内外清洁、外墙清洗、清洗地毯、石材翻新石材养护、钟点服务等家政服务业务，是将部分家庭事务社会化、职业化的社会营利组织。它们以此来帮助家庭与社会互动，构建家庭规范，提高家庭生活质量，以此促进整个社会的发展。

14. 休闲健身

随着社会的快速发展、科学技术的日新月异，人们要想在现实生活中打拼出来，就必须做到在有限的时间内掌握比别人多的知识，比别人更能有效地处理好事情。如此必然导致生活节奏变快，有很强的生活紧凑感，时间久了，也就成了快节奏的生活。由此导致的健康问题也越来越突出，很多人会莫名地感觉身体疼痛，所以要加强健身。休闲健身系列提供社区周围的健身会所、散步公园等健身、娱乐场地，让业主在城市的快生活中享受另一片净土。

15. 快递服务

用户可以把当天要寄的快递放到服务点，然后放心去上班或去休闲度假，完全不用等待；用户也可以等下班回家或休闲度假归来，一次性领取当天上门的包裹，完全不必改期；无须再给陌生人开门，保证安全；为老年人提供上门服务。智慧社区让快递收发自如，收快递、发快递，可以在社区服务点一站式搞定，再也不用苦苦等待快递小哥，不必让上门的包裹改期再送。

16. 洗衣服务

全面满足高、中、低档服饰对经济性和养护的不同需求。上门取送衣物，代收代送，服务过程全程录像取证，还能先洗后付，在保证卫生、洁净的同时让洗衣足不出户。对洗衣市场从品质、服务、性价比等角度专业评估，制定最佳洗衣解决方案。

项目二 智慧社区的体系架构

实训任务一　智能家居设备配置

1. 实训目的

熟悉常见的智能家居设备，能根据客户需求提出初步的智能家居配置方案。

2. 实训要求

根据图 2-5 户型图提出智能家居点位布置方案。

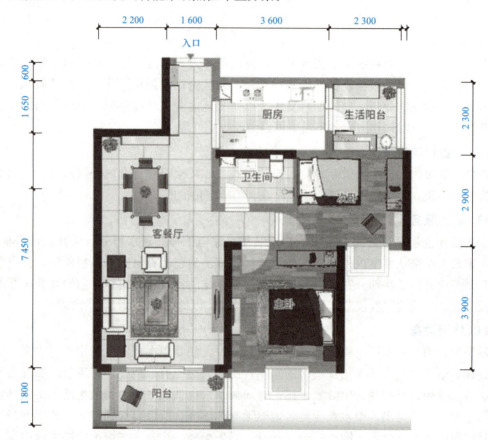

图 2-5　两居室户型图

3. 实训步骤

（1）分组实地现场调查，分析智能家居点位布置的合理性。

（2）讨论该户型图的智能家居配置方案及实现的功能。

（3）根据户型图列出智能家居配置清单。

4. 实训时间

实训时间为 2 学时。

5. 实训考核

（1）考核组织。将学生分组，由指导教师进行考核。

（2）考核内容。各小组进行 PPT 汇报，教师根据各小组提出的方案提出 3 个问题，由学生回答，然后给出实训考核成绩。

实训任务二　社区广告推送

1. 实训目的

掌握社区广告推送的技巧和方法。

2. 实训要求

选择一种产品或服务，编制社区广告推送方案。

3. 实训步骤

(1)对某个社区进行市场调查。

(2)分组实地广告方案编制。

(3)制作PPT展示推广方案。

4. 实训时间

实训时间为2学时。

5. 实训考核

(1)考核组织。将学生分组，由指导教师进行考核。

(2)考核内容。着重对广告方案的创意、可行性进行考核，并向每组提3个问题，然后综合评定成绩。

项目小结

(1)智慧社区系统总体架构由基础设施层、平台层、应用层、安全保障体系与运维保障体系等部分组成。

(2)智慧社区硬件构架主要通过综合集成的方式完成，主要包括智能物业及设施设备、智慧小区智能化设备、智能建筑设备和智能家居设备系统等。

(3)智能家居设备是智慧社区的基本单元，业主通过智能家居端享受智慧社区带来的便利。其主要构成包括智能灯光系统、智能电器控制、智能环境监控、智能情景控制、智能安防控制、智能门窗控制、智能影音控制、智能健康设备。

(4)智能灯光系统是对灯光进行智能控制与管理的系统，跟传统照明相比，它可实现灯光软启、调光、一键场景、一对一遥控及分区灯光全开全关等管理，并有遥控、定时、集中、远程等多种控制方式。

(5)智能家电就是将微处理器、传感器技术、网络通信技术引入家电设备后形成的家电产品，能够自动感知住宅空间状态和家电自身状态、家电服务状态，能够自动控制及接收住宅用户在住宅内或远程的控制指令。

(6)智能家电产品分为两类：一是采用电子、机械等方面的先进技术和设备；二是模拟家庭中熟练操作者的经验进行模糊推理和模糊控制。

(7)智能家居环境监测系统主要包括室内温湿度探测、室内空气质量探测、室外气候探测，以及室外噪声探测。一个完整的家庭环境监测系统主要包括环境信息采集、环境信息分析及控制和执行机构三个部分，其系统组成包括温湿度传感器、空气质量传感器、光线环境光探测器、室外风速探测器及无线噪声传感器。

项目二　智慧社区的体系架构

（8）智能化安防技术的主要内涵是其相关内容和服务的信息化、图像的传输和存储、数据的存储和处理等。就智能化安防来说，一个完整的智能化安防系统主要包括门禁、报警和监控三大部分。

（9）智能门窗在一些公共场所、高档商品房、商场中运用广泛。智能门窗控制系统由无线遥控器、智能主控器、门窗控制器、门窗驱动器等组成。

课后习题　（总分100分）

一、单项选择题(25×2＝50分)

1. 智慧社区硬件架构主要通过(　　)的方式完成。
   A. 分项集成　　　　B. 综合集成　　　　C. 结构设计　　　　D. 基础建设
2. (　　)是智慧城市面向民生最基层的单元。
   A. 智慧建筑　　　　B. 智慧社区　　　　C. 智能家政　　　　D. 智慧医疗
3. 在智慧社区体系架构中，数字对讲属于(　　)的功能。
   A. 应用层　　　　　B. 平台层　　　　　C. 数据层　　　　　D. 网络层
4. 在智慧社区体系架构中，政务服务平台属于(　　)的功能。
   A. 应用层　　　　　B. 平台层　　　　　C. 数据层　　　　　D. 网络层
5. 在智慧社区体系架构中，三网融合属于(　　)的内容。
   A. 应用层　　　　　B. 平台层　　　　　C. 数据层　　　　　D. 网络层
6. 常见智慧社区功能通过软硬件集成到(　　)。
   A. 家庭室内主机　　B. 公共服务平台　　C. 单元门口机　　　D. 核心交换机
7. 提供可靠、便捷、性价比优化的商务支持，实现消费者网上购物、商户之间网上交易、在线支付等，无须出门即可无障碍完成方面是以(　　)功能实施定位。
   A. 养老助残　　　　B. 家居家政　　　　C. 安全　　　　　　D. 商务
8. (　　)集智能家居控制、可视对讲、门禁等功能于一体，是智慧社区的重要硬件设备。
   A. 可视智能家居主机　B. 交换机　　　　　C. 单元门口机　　　D. 中心管理机
9. (　　)是家庭的第一道保险，对保障业主生命财产安全具有重要的意义。
   A. 智慧社区　　　　B. 智能门禁系统　　C. 智能家居设备　　D. 智能健康设备
10. 智能门禁系统具有(　　)、密码开锁、感应卡开锁等开锁模式。
    A. 人工开锁　　　　B. 指纹开锁　　　　C. 远程开锁　　　　D. 人脸识别开锁
11. (　　)是智慧社区的基本单元，业主可以依靠它享受智慧社区带来的便利。
    A. 智能家居设备　　　　　　　　　　　B. 智能电器控制系统
    C. 智能安防系统　　　　　　　　　　　D. 智能环境监控系统
12. 实用性和(　　)是家庭灯光照明的两大设计原则。
    A. 经济性　　　　　B. 舒适度　　　　　C. 智能化　　　　　D. 安全性
13. 适合医院、实验室等特殊场合，可以实现回收灯光感应的开关是(　　)。
    A. 普通开关　　　　B. 声控开关　　　　C. 单键手势开关　　D. 零火开关

14. 智能家电通过家庭局域网连接到一起，实现信息共享是其( )的特征。
   A. 网络化　　　　　B. 智能化　　　　　C. 开放性　　　　　D. 易用性
15. ( )就是将大数据驱动下的信息技术应用于社区的服务和管理，充分利用软硬件资源，使管理服务更加互联化、物联化、智能化。
   A. 智慧物流管理　　B. 智慧社区管理　　C. 智慧物业管理　　D. 智慧政务管理
16. ( )是主要利用计算机、通信、网络等技术，通过统计技术量化管理社区居民与管理行为，以人为本来实现服务、创新等职能的管理活动和方法。
   A. 数字化管理　　　B. 网络化管理　　　C. 互联化管理　　　D. 物联化管理
17. 智能家电的( )通过语音识别技术实现智能家电的声控功能。
   A. 通信功能   B. 交互式智能控制
   C. 安防控制   D. 物联化管理
18. ( )可以自动感应空气中的温度和湿度，探测光照强度，联动空调、电动窗帘盒电动开关等设备。
   A. 智能窗帘　　B. 空气质量传感器　C. 无线噪声传感器　D. 温湿度光照传感器
19. 通过风雨传感器自行关闭窗户是智能门窗的( )功能。
   A. 无线遥控　　B. 自动防风防雨　　C. 紧急求助　　　　D. 自动检控火灾
20. 为提高安防系统的安全性，可以利用( )形成第一道防线。
   A. 幕帘探测器   B. 门禁
   C. 外界周界红外对射   D. 煤气探测器
21. ( )是把本应几个动作才能完成的事情，通过一键完成设置。
   A. 智能健康设备　B. 智能影音控制　C. 智能安防控制　　D. 智能情景控制
22. ( )旨在为老人提供便利的居家养老服务，让老人即使一人在家也可以进行医疗救助。
   A. 智能健康设备　B. 智能影音控制　C. 智能安防控制　　D. 智能情景控制
23. ( )可以为社区业主提供在线交流系统，让业主参与社区共建、社区聚落和邻里互助。
   A. 便民服务平台   B. 政务服务平台
   C. 社区娱乐平台   D. 社区服务平台
24. ( )可以为社区业主建立图书、音乐、电影等媒体资源库，丰富业主的业余文化生活。
   A. 便民服务平台   B. 政务服务平台
   C. 社区娱乐平台   D. 社区服务平台
25. ( )可以为社区业主发布商品、服务、打折等信息，实现社区服务的配套化。
   A. 便民服务平台   B. 政务服务平台
   C. 社区娱乐平台   D. 社区服务平台

二、多项选择题(10×2＝20分)
1. 信息化基础设施包含( )两个子层。
   A. 感知控制层　　B. 路由层　　　　C. 网络层　　　　　D. 应用层
2. "三网融合"简单地讲就是实现( )三者之间的融合，目的是构建一个健全、高效的通信网络，从而满足社会发展的需求。
    A. 有线电视　　　　B. 电信　　　　C. 计算机通信　　　　D. 邮政快递网络
3. 数据层通常包含(　　)两种类型。
    A. 基础数据库　　　B. 大型数据库　　C. 行业数据库　　　　D. 系统数据库
4. 平台层通常包括(　　)。
    A. 政务服务平台　　B. 公共服务平台　C. 办公服务平台　　　D. 商务服务平台
5. 多功能智能主机一般包含(　　)等功能。
    A. 智能家居控制　　B. 可视对讲　　　C. 门禁　　　　　　　D. 物业管理
6. 一个完整的家庭环境监测系统主要包括(　　)等功能。
    A. 信息采集　　　　B. 日志数据库　　C. 环境信息分析　　　D. 控制及执行机构
7. 智能化安防系统主要包括(　　)等功能。
    A. 门禁　　　　　　B. 报警　　　　　C. 监控　　　　　　　D. 开锁
8. 智能门窗控制系统由(　　)等组成。
    A. 无线遥控器　　　B. 智能主控器　　C. 门窗控制器　　　　D. 门窗驱动器
9. 智能物业服务包括的服务内容有(　　)。
    A. 业主报修　　　　B. 业主投诉　　　C. 业主评价　　　　　D. 物业通知
10. 智慧社区服务平台的建设内容包括(　　)。
    A. 便民服务平台　　B. 政务服务平台　C. 社区娱乐平台　　　D. 社区服务平台

三、简答题(5×4=20分)

1. 简述智慧社区硬件架构的主要内容。
2. 智慧社区的体系架构可分为哪几个层级？
3. 智能灯光系统的主要特征是什么？
4. 智能环境检测系统包括哪些功能？
5. 根据控制逻辑的不同，可将智能家电产品分为哪几类？

四、案例分析题(1×10=10分)

智能家居中的新风系统应用

(来源：晓勇聊智能家居　发布者：智家网　2020—03—09　18：04：44)

    近年来，关于呼吸健康的防护问题备受关注，其中开窗通风成为最简单直接的防护措施之一。通风率越高，室内飞沫颗粒就衰减得越快，越能有效地消除室内人体说话时产生的飞沫。因此，新风系统具有许多室内空气净化器无法取代的独特优点。比如，新风换气机属于开放式循环系统(外循环)，进风口装有过滤微小颗粒物的净化装置。在新风置换的过程中，给室内提供足够的新风量，能够降低室内空气中各种有害物质的含量，净化室内空气、提升含氧量，保障人们在家中呼吸到新鲜、干净的空气。

    市场上的家用新风系统通常可分为两大类：一类是双向换气结构产品；另一类是单向送风产品。顾名思义，双向换气结构类产品就是主机上有两组风口，一个进风口与一个出风口。市场上很多双向换气结构类产品属于单电动机结构产品，进风和回风在一个主机箱内，主机箱内设有囊枪式过滤器(换能器)，达到室内外空气温度均衡、节能的效果。经测试发现，由于双向换气新风系统产品结构设计的原因，主机箱内有少量室外过滤的新风与室内的回风"废气"混合后又二次送入室内形成二次污染，造成室内空气环境不能够达到预期良好效果。采用单向送风管道方式，实现室内的正风压保持，回风部分通过室内门窗缝隙、卫生间、厨房的排风口自然排送，减少风道异味倒灌的现象发生。送风管道采用PVC扁平式、圆形式，可结合空调出风口或距地 300 mm 进行嵌入敷设方式铺设。虽然单向管道铺设节约了大量的材料、人工和设备采购费用，但单向风机也存在设备过于简单、没有过滤系统等弊端。

  智能家居新风系统是可以终端控制、远程控制、场景化控制的一种空气处理系统，新风换气机将室外新鲜气体经过过滤、净化，通过管道输送到室内。对于新交工的房屋，装修前就应考虑到室内空气品质的问题，及时排出室内有毒有害气体，减轻装修对人体健康的危害。可通过专业公司根据室内房型结构和装修布局选定新风风口位置、主机预留位置、管道走向等，并根据室内面积计算出主机的设备选型等。

问题：
(1) 智能家居设备主要构成内容包括哪些？（4分）
(2) 请根据材料总结智能新风系统的应用效果。（6分）

项目三　智慧社区的建设规划

学习目标

1. 了解智慧社区规划的含义和特征、国内外智慧社区的规划现状、智慧社区规划的目标和原则；
2. 熟悉智慧社区的技术路线和内容、智慧社区规划的结构和布局；
3. 掌握智慧社区规划的目标体系、智慧社区规划的四大模式和综合建设模式。

能力目标

1. 通过对智慧社区规划内容的学习，认识基础设施层、基础环境层、感知层、应用支撑层、业务应用层和呈现层六个层次之间的逻辑关系，形成系统思维的能力；
2. 通过列表对智慧社区规划模式进行分析，具备对图表的设计和表达能力；
3. 通过设计"智慧社区建设规划"的实训任务，形成综合思维能力，团队合作意识。

素质目标

1. 在对智慧社区的建设规划学习过程中培养学生职业理想，具备辩证唯物主义思维，具有科学精神和态度；
2. 培养学生信息素养，把握国内外智慧社区规划现状，具备管理变化的能力；
3. 在对某社区智慧社区建设规划方案的实训环节中培养学生职业道德，培养学生的团队协作、团队互助等意识。

项目三 智慧社区的建设规划

学习任务一　智慧社区的规划概述

※ 案例导入3-1

智慧社区的规划设计，需要在居住、商业、经营、工作、休闲等各个层面满足人们的需求，社区规划"核心层、汇聚层、接入层"三级网络架构，做好二级管理，即总控制与分控制的管理工作。通过公共网络、专用网络的互联互通，实现社区智能化系统的信息交流与共享，打通区域建设的各类功能壁垒，实现信息层面的高度融合。建设内容主要如下：

(1)基础规划设计，对社区的公共管线、机房工程、传输网络、住宅及商业智能化系统等进行系统规划。

(2)智慧社区的应用设计，智慧社区内商业区的购物体验和经营活动的管理、安全管理、信息管理等均能够圆满地满足人们的日常需要。

(3)生活区的智能应用体验，包括生活的各类配套设施及"文娱康体"休闲区域等方面的智慧体验。

思考：智慧社区规划的主要内容是什么？

一、智慧社区规划的基本含义和特征

1. 规划和社区规划

规划是指对一定时期内某个区域发展目标、实现手段及资源的总体部署。在国外，对建成社区的规划被称为社区发展规划，也可称作社区规划，又称为社区设计；对新建社区的规划称为社区规划与设计。

社区规划是指为了有效地利用社区资源，合理配置生产力和城乡居民点，提高社会经济效益，保持良好的生态环境，促进社区开发与建设，从而制定比较全面的发展计划。

授课视频：智慧社区规划的基本含义和特征

2. 智慧社区规划及特征

智慧社区规划，具有以下五方面特征：

(1)规划结构的整体性。智慧社区规划并非对社区某一方面的发展部署和安排，而是对智慧社区全方位建设做出的结构上具有整体性特征的战略部署，是一个完整的社区发展计划体系。智慧社区规划并非智慧社区各主要部分发展规划或智慧社区建设各项计划的简单相加，而是具有自身的结构性和系统性的整体规划结构。社区规划结构的整体性特征是智慧社区规划功能的集中体现，也是智慧社区作为相对完整的社会实体的一种反映。

(2)规划地域的特殊性。如果说智慧社区规划具有突出的地域性特征，具有明显的地方性色彩的话，那么，这个特征反映在整个智慧社区规划的过程之中，就使得社区规划具有了明显的地域的特殊性。不同社区具有不同地域特征和资源条件，不同社区的社区规划当然也就具有各自不同的目标定位，确立各自不同的重点内容，选择各自不同的落实方案。

(3)规划方案的预设性。智慧社区规划是对社区未来发展的一种设想、设计和设定，社区规划方案具有预设性特征。智慧社区规划方案的预设性告诉我们：第一，社区规划是在对智慧社区未来发展进行预测的基础上而预设的一种发展目标,它的实现需要以规划的落实为保障;第二,智慧社区规划的成果分为规划方案和规划实施成效两种,不能以规划方案本身代替规划实施成效;第三,智慧社区规划必须为社区的未来发展指明方向,要预见到可能影响社区发展的有利条件和不利因素。

(4)规划体系的开放性。规划体系的开放性是指智慧社区规划的体系应是一个开放的体系,而不是一个封闭的体系。这是因为:第一,智慧社区规划所涉及的各项社区要素均处于动态发展之中,在快速社会转型时期更是如此;第二,智慧社区规划需要吸收各种外部的资源和力量,才能使规划更加科学、合理、适用。

(5)规划过程的动态性。规划过程的动态性特征是指智慧社区规划"与时俱进"的特征。当代社区发展一日千里,任何智慧社区规划想一次完成而"一劳永逸"并不现实。只有跟随社会发展的脉搏,随着社会发展的步伐,不断更新社区规划,才是智慧社区规划的正确做法。为此,在社区规划中,不仅要编制整体性规划,而且要编制阶段性规划,阶段性规划得到落实后,还要编制下一阶段的社区规划。同时,对于某一阶段的社区规划,还要根据社会发展的要求和社区发展的需要适时进行修编。

二、智慧社区规划的技术路线和内容

1. 智慧社区规划的技术路线

智慧社区规划的技术路线是基于智慧社区所涉及的业务进行分析,依据信息系统的建设基础和需求分析,在信息系统战略分析的前提下,对信息系统进行总体设计(包括逻辑结构设计、网络拓扑结构设计、关键技术选择等),从而进行详细的平台应用系统设计,完成系统示范工程配置(软件、硬件)、平台系统测试与综合评估等相关工作,技术路线如图3-1所示。

微课:智慧社区规划的技术路线和内容

2. 智慧社区规划的内容

结合以上分析,智慧社区规划的内容包括基础设施层、基础环境层、感知层、应用支撑层、业务应用层和呈现层六个层次的规划设计。

(1)基础设施层的规划设计。基础设施层的规划是智慧社区规划建设的核心内容,主要包括智慧社区系统的基础应用条件,一方面是支持电子政务功能的政府机构,能够体验、支持智慧社区运作的智慧人群,具备自动化功能的楼宇建筑及家庭中能够与系统对接的智慧家居;另一方面,智慧社区服务系统又通过芯片、摄像装置、传感器来接收处理相关信息。两部分共同构成智慧社区的基础设施层。

(2)基础环境层的规划设计。基础环境层是智慧社区信息采集、处理和交互传输中心,是核心的组成部分,其规划包括支撑环境层规划及网络层规划。支撑环境层是基于物联网的技术架构,支撑环境层包括系统的运营环境、操作系统环境、数据库和数据仓库环境。它们为物流系统运行、开发工具的使用、Web Service的服务和大规模数据采集与存储等提供了环境支撑,保障了整个平台架构的运营环境的完整性。网络层主要提供平台运行的网络设施,包括物联网的承载网络、广域互联网、局域网、移动通信网,网络设施及接入隔离设备。网络层与相关系统接口可为Web Service信息服务、资源寻址服务等提供服务基础,用于支持社区外进行相关业务的信息传输。

(3)感知层的规划设计。感知层是实现信息采集功能的核心组成,通过感知工具的相关信息处理模块和数据集成处理模块,实现消息队列服务、信息管理、对数据管理中心、数据交换和应用集成所需的数据格式定义进行统一管理,主要感知设备包括数字电视、报警传感器、摄像机、电话、触摸屏、RFID、传感器和采集器等。

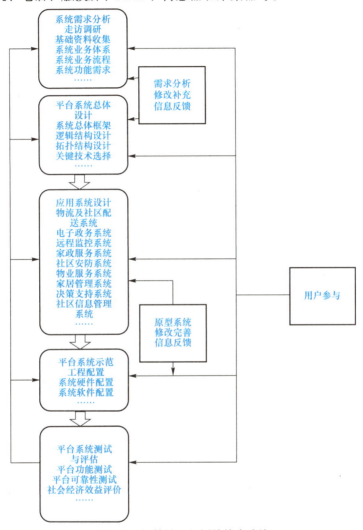

图 3-1　智慧社区规划的技术路线

(4)应用支撑层的规划设计。应用支撑层的规划包括技术支持平台的规划和外部接入平台的规划。技术支持平台一方面通过服务引擎与资源、数据访问服务与感知技术相关功能有机结合,以安全认证服务、调度引擎、工作流引擎、规则引擎、异常处理机制、元数据服务等关键功能为基础,实现感知系统的数据处理、业务过程执行引擎功能等。另一方面通过云计算平台、数据交换平台、数据字典等对感知数据在业务应用方面提供传输、处理、转换等功能支持。外部接入平台主要包括企业完成各项业务所需的外部接口,智慧社区信息平台通过电子商务、客户端、电子政务、家政服务、医疗信息服务等接口与社区外客户、政府机构、服务机构等的信息系统对接,从而实现社区内外各部门之间的协同工作与服务,以及动态联盟之间有效的信息协同和信息共享。

（5）业务应用层的规划设计。业务应用层的规划是智慧社区最关键的部分，强大的基础信息平台只有通过业务应用层的各个模块才能将信息优势转化成应用优势，最终服务于社区居民。业务应用层的规划设计主要包括社区基础信息管理系统的构建，社区交流服务系统、社区电子商务系统、社区物流服务系统、社区物业及综合监督管理系统、社区电子政务系统、社区智慧家居系统、社区医疗卫生系统、社区家政服务系统和社区智能决策支持系统的规划设计。

（6）呈现层的规划设计。运用感知层中的应用技术将采集到的数据信息通过数据库技术、数据挖掘工具等与物联网技术相结合，通过业务应用系统的处理利用后，根据业主的不同需求，将所需信息呈现在相关设备上，包括 IPTV、手机短信、门户网站和电子屏公告等。

整个智慧社区规划内容可以用图 3-2 表示。

图 3-2　智慧社区规划内容

三、智慧社区规划目标体系和重要作用

智慧社区规划的目标体系主要包括社区管理和服务应用体系、社区公共信息平台和社

区信息化基础设施。

1. 社区管理和应用服务体系

建立社区管理和应用服务体系是实现社区管理信息化和社区服务信息化的基础。社区管理信息化包括网格化管理、可视化管理、社区应急管理、社会组织管理、社区规划、环境管理、节能管理、治安管理、居民管理、物业管理、停车场管理、公共事业管理等。社区服务信息化具有将政府电子政务延伸到社区和家庭的政务服务、社区物业和智能化系统提供的公共服务，以及社区商业机构的商务服务等功能。

2. 社区公共信息平台

智慧社区公共信息平台支撑社区管理和服务应用体系，推动着社区管理信息化和社区服务信息化。通过智慧社区公共信息平台，实现社区应用系统间的"数据互联互通、信息资源共享、业务和功能协同"。智慧社区公共信息平台上与智慧城市级公共信息平台联系，是实现智慧社区融入智慧城市的关键。

3. 社区信息化基础设施

智慧社区信息化基础设施支撑了社区公共信息平台。智慧社区信息化基础设施包括社区综合通信网络及其所连接的各类服务器，具有感知和控制功能的器件和设备、短距离通信网（包括自组网）及社区数据中心（或监控中心）。针对智慧社区规划目标体系可以用图 3-3 表示。

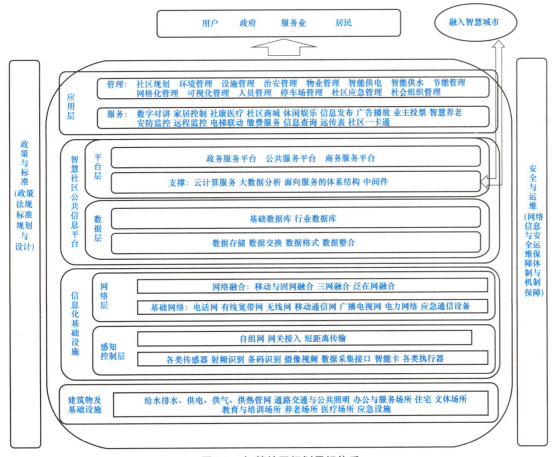

图 3-3 智慧社区规划目标体系

四、国内外智慧社区规划的兴起与现状

1. 国外智慧社区规划的兴起和现状

在全球范围内，智慧社区规划整体上已伴随着智慧城市规划建设而发展，其中欧美和亚洲是智慧社区规划建设开展较为积极的地区，我国已成为世界上互联网技术与应用最发达的国家之一。

2009年9月，美国中西部艾奥瓦州迪比克市与IBM共同宣布，建设美国第一个"智慧城市"（实际为由高科技武装的60 000人的智慧社区）。欧盟推出了"信息社会"计划，在2007年至2013年间，欧盟为信息和通信技术研发投入资金超过20亿欧元，如瑞典在智慧交通上取得进展，使用RFID技术减少车流，交通拥堵降低了25%，交通排队所需时间下降了50%，道路废气排放减少8%～14%，二氧化碳等温室气体排放下降了40%。新加坡通过全力打造智慧花园型城市国家，在构建智能交通系统、清洁能源系统、电子政务系统、通信基础设施等方面取得了显著的成果。新加坡智慧社区作为智慧城市的重要组成部分，其规划建设以政府主导，充分发挥社团、公民的作用，是典型的政府主导与社区高度自治相结合的模式。智慧社区以全体社区居民为服务对象，提供物业服务、物流服务、商业服务、家庭服务、医疗服务及公益服务等服务内容，以满足社区居民的日常生活需求（图3-4）。

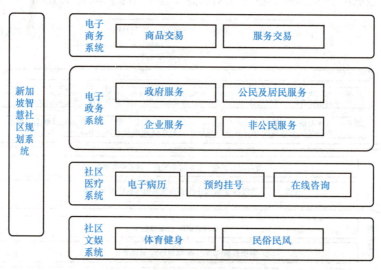

图3-4　新加坡智慧社区规划系统

2. 我国智慧社区规划现状

我国智慧社区管理是由居委会和物业公司共同管理的。居委会作为社区居民自我管理、自我教育、自我服务的基层群众性自治组织，是政府对社区居民服务的主要机构，物业公司对社区内的物业进行相应的管理，主要接受社区内业主的委托，依照有关法律法规的规定或合同的约定，对社区内的物业实施专业化管理并获得相应的报酬。居民作为社区的主体，则希望社区管理者能为自己的日常生活提供便捷、全面的服务，以满足自身多样化的需求。因此，目前我国智慧社区的规划主要是建立政府主体、市场主体和应用主体的协同机制（图3-5）。

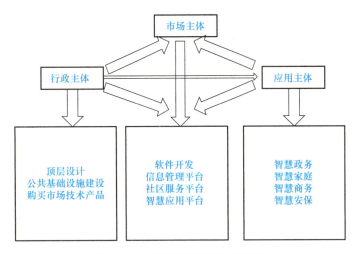

图 3-5 智慧社区规划的协同机制

（1）行政主体。行政主体负责顶层设计及统一规划。智慧社区规划是智慧城市的主要组成部分，需要资金上的大力支持和投入，需要较强的硬件基础及能够使用现代化信息技术的居民，因此，根据城市总体的经济实力及硬件条件统一设计并酌情推广是智慧社区建设的理性选择。这方面的责任将主要由政府承担，具体负责组织公共基础设施建设、购买市场主体产品及服务并推广。因此，行政主体处于主导地位，负责设计提供何种公共产品和公共服务，与市场主体进行协调、谈判，并形成合作伙伴关系。行政主体还要为应用主体（尤其是社区和社区非营利组织）提供政策支持，其中包括法律、财政支持，并提供发展框架。尤其要处理好政府主导和社区自治的关系，要特别明确社区自治是在政府指导下的自治，也就是说，社区自治要求获得政府的支持，但政府想实现对基层的管理也要依靠社区才能做到。两者既是指导与被指导、扶持与被扶持的关系，同时也是相互依赖的关系。

（2）市场主体。市场主体主要负责技术研发、产品设计与生产工作。智慧社区建设离不开物联网、宽带移动互联网、云计算、数据挖掘等新一代信息技术，其最终的承载体是社会社区运行管理与服务平台，也就是一系列基于信息技术的应用系统的集合。在具体操作中，需要建立信息管理平台、社区服务平台和应用平台，这些问题将主要由市场中的软件开发设计企业及通信企业完成。在智慧社区规划中，既要承认市场主体是作为"理性经济人"存在的事实，也应该关注其社会价值的存在，承认它是应用主体应用智慧平台的直接服务指导者。

（3）应用主体。应用主体包括社区、社会组织和家庭，是智慧社区建设中的受益者和基础设施的使用者。智慧社区建设需要有若干个应用主体配合才能具体落到实处，需要家庭配备终端系统、社区建立信息服务与管理平台，各个社会组织也要配备相应的服务平台。社区管理机构负责接受行政主体的政策支持与市场主体的技术服务，实现社区有限自治，完成智慧社区政务、智慧治安，与社区非营利组织一起提供智慧民生服务，并负责完善虚拟服务平台及提供实体服务。驻社区企业通过电子商务平台，为居民提供智慧商务服务。

项目三 智慧社区的建设规划

学习任务二 智慧社区的规划实施

※ 案例导入 3-2

江苏省丹阳广播电视集团智慧社区试点以"政府主导，政企共建，带动产业，服务社会，幸福民生"为总体原则，通过信息化公共服务平台、智能化民生服务平台、网络化跨屏服务平台三大信息平台，加快广电网络双向改造，开展各类增值业务，集城市管理、公共服务、社会服务、居民自治和互助服务于一体。它覆盖城市基础设施、资源环境、社会民生等领域，优化了可用资源，极大地提升了城市信息化水平和居民生活幸福指数。

与其他智慧社区试点相比，丹阳广播电视集团智慧社区的建设有着自己的特色和优势。经过多年的积累，丹阳广播电视集团已成功将传统数字电视机顶盒与互联网、信息化服务相结合，通过家庭智能信息终端将智慧社区服务推送到社区内部，形成了依托数字电视网络，融合物联网、云计算等技术，实现社区信息互动、远程医疗、智能家居、老人关爱、社区安防、物业管理等业务的综合性智慧信息平台。在此基础上，社区居民可以进行如周边交通实况查询、"淘丹阳"电子商务、水、电、气费查询缴纳等服务，这将进一步推进政府管理和市民生活智慧社区建设现状，也为全国智标委的智慧社区标准化工作带来了有益的借鉴。

下一步，丹阳广播电视集团将进一步和全国智标委展开紧密合作，在现有智慧社区的基础上，发挥广电网的优势，形成基于社区信息处理的新生活产业发展及社会管理模式，同时遵循规范标准进行建设，形成智慧社区代表性示范工程，面向未来构建全新的城市形态，为丹阳的智慧城市建设贡献力量。

思考：智慧社区规划的原则是什么？

（资料来源：智慧城市网 http：//www.zhihuichengshi.cn/xinwenzixun/wuliannews/20208.html）

一、智慧社区规划的目标和原则

1. 智慧社区规划的目标

基于物联网、云计算等高新技术的"智慧社区"是"智慧城市"的一个"细胞"，它是一个以人为本的智能管理系统。系统的建成将为智慧城市的建设打下基础，为社区服务及城市发展做出突出贡献，平衡社会、商业和环境需求，同时优化可用资源，最终使城市居民的工作和生活更加便捷、舒适、高效。

智慧社区系统是针对智慧社区信息系统的需求分析，在规划建设中围绕系统核心建设内容相互集成，将社区基础信息管理系统、社区交流服务系统、社区电子商务系统、物流服务系统、社区物业和综合监管系统、社区电子管理信息政务系统、社区智慧家居系统、医疗卫生管理信息系统、社区家政服务系统和决策支持系统 10 个功能各异的业务系统搭建成一个综合业务平台。智慧社区的规划建设的目标可以概括为以下四个方面。

（1）为智慧城市平台的建设提供良好的基础条件。智慧城市的建设需要智慧社区为依托,智慧社区的运作要基于综合完善的智慧社区系统规划建设。智慧社区系统建设是立足于长远的角度进行规划建设,在建设上述10个业务系统的基础上,利用物联网、云计算和SOA架构等技术搭建平台,并整合各信息平台资源,实现信息共享。建成后不但能为社区居民提供各项服务,也能为今后的智慧城市建设提供基础条件。

(2)促进社会和谐进步。社区作为社会的缩影,"智慧社区"既是社会建设的一种理念思考,也是新形势下探索社会公共治理的一种新模式。在项目规划中,要以智能、人文、服务为理念,以"管理精细化、服务人文化、运行社会化、手段信息化、工作规范化"为规划建设思路,以统筹各类服务资源为切入点,以满足社区居民、企事业单位、社会组织需求为落脚点,以信息化技术手段为支撑,努力在广大地区构建涵盖社会管理、社会服务、社区建设、社会动员、社会组织、社会领域等一体的智能化综合信息服务管理平台。

(3)加强政府工作。我国在社区中的行政机构主要包括街道办和居委会,智慧社区的规划也要立足于这样的行政特点来设计。如围绕政府在社区相关业务及相关需求,在智慧社区系统中构建电子政务模块,该模块的建成既能方便政府机构之间的协同工作,还可实现政府和社区居民之间的信息共享,并为居民提供简单快捷的相关服务。

(4)提高居民生活质量。居民是社区服务的最直接、最根本的对象,社区系统的建设目标,应本着"以人为本"的核心思想,建设过程中始终不离居民的生活现状与需求,提高现有的居民生活质量。

智慧社区系统规划主要从社区居民交流、社区居民文化、社区居民网购、社区居民与政府间沟通、社区居民安全保障、社区居民家居管理、社区居民医疗卫生、社区居民家政等方面进行规划建设,基本涵盖居民生活主要方面,能够为居民生活带来真正便利。

基于以上智慧社区规划建设目标分析,结合社区信息系统的设计特点,围绕核心业务,智慧社区规划建设的总体目标如下:

(1)整个系统的规划建设要提供全方位的信息服务,并注重运营效率、运营成本和服务质量;

(2)从社会、政府、城市、居民的角度出发,结合实际情况,注重需求分析、总体规划,确保系统的高效集成、总体优化、安全可靠;

(3)整体规划、分步进行设计,确保在总体上把握全局,没有疏漏;

(4)在进行系统软硬件配置时,尽量考虑采用国际上先进、国内一流的技术,确保所设计的信息系统能满足用户需求,并有一定的先进性和可扩展性。

2. 智慧社区规划的原则

智慧社区规划建设是一个庞大而复杂的系统工程,在系统建设上要采用先进的建设思想,不仅要满足当前用户的需求,而且能够随需求的增加而扩展,因此,智慧社区规划建设在保证系统经济适用的前提下,需按照如下原则:

(1)规范性。智慧社区信息平台必须支持各种开放的标准,无论操作系统、数据库管理系统、开发工具、应用开发平台等系统软件,还是工作站、服务器、网络等硬件都要符合当前主流的国家标准、行业标准和计算机软硬件标准。

(2)先进性。在系统构建过程中应尽可能地利用一些成熟的、先进的技术手段,使系统具有更强的生命力。

(3)可扩展性。社区信息平台的规划设计在充分考虑与现有系统的无缝对接的基础上,要考虑未来新技术的发展对平台的影响，保证平台改造与升级的便利性，以适应新的技术与新的应用功能的要求。

（4）开放性。社区信息平台应充分考虑与外界信息系统之间的信息交换，因为它是一个开放的系统，需要通过接口与外界的其他平台或是系统相连接，因此，智慧社区信息平台的规划设计要充分考虑到平台与外界系统的信息交换。

（5）安全可靠性。社区信息平台的业务系统直接面向广大用户，在业务系统上流动的信息直接关系到用户的经济利益，并且这些系统都是高度共享的，因此，要保证信息传输的安全性，只有保证系统的安全可靠，才能为用户的利益提供保证。

（6）合作性。社区信息系统需要整合不同部门的信息，需要政府、企业和信息系统开发商等多方参与系统的开发、维护和使用，要求参与各方统一规则、通力合作、积极参与才能取得良好的效益。

3. 智慧社区规划模式

鉴于国内外智慧社区规划建设方面的经验，智慧社区规划建设模式可以分为自主规划模式、外包规划模式、联合规划模式和采购引进模式四类。

（1）自主规划模式。自主规划模式主要是指智慧社区服务系统的规划者依靠自身的信息化队伍，结合自身的软硬件条件进行智慧社区服务系统的规划建设。这种模式需要智慧社区服务系统的规划者具有一定的信息化建设的软硬件基础，拥有一支专业的信息化队伍。需求明确、必须

微课：智慧社区规划模式

保证核心的业务秘密、自身拥有强大的开发和维护实力的企业可以采用这种规划模式。

企业内部规划可以很好满足企业的应用需求，建设符合企业业务流程的信息系统。但内部人员的软件水平无法和专业公司相比，而其人员数量也难以保证大量信息系统的开发，而且不能解决原有管理中存在的经营方式落后、组织结构僵化、管理流程低效的问题，从而难以吸收先进的管理理念和思想来提高管理水平，导致规划周期长、生命周期短的问题。

（2）外包规划模式。智慧社区服务系统的规划企业可以通过招标选择委托具有雄厚技术实力和丰富经验的软件公司、科研机构、高等院校等外部单位进行信息化建设。由受托方提供解决方案、成套设备、系统实施及技术服务。这种模式适合需求明确，但不具备开发维护实力的企业。

这种模式能够规划较高水平的系统，对企业经营管理有一定的改进，但如果受托方不了解企业的业务流程和真正需求，将增大开发风险。而软件系统平台的开发往往没有明确的边界，需要不停地进行修改。因此，到了软件实际建设过程中，即使是周期半年的中、小信息系统，也难免有新的变化，增加系统开发商的压力。

以现有的规划模式看，一般是用户提需求，软件公司进行分析、设计、开发、测试，最后部署上线。但问题在于在需求分析阶段用户往往没有明确的需求，系统上线后根据运行使用情况才会逐渐形成修改意见。周期延长，则软件公司的亏损风险就会增大，不得不减少人力、物力投入，引起双方纠纷。有的软件开发公司为了避免这种风险，就会采取用户提出需求，直接开发，边开发边修改的策略。这种办法用于小系统尚可，但用于大型信息系统则会导致系统越改越乱最终无法收拾。

此模式对企业信息技术水平要求不高，不利于培养自己的信息技术人员，这样项目后期的衔接就容易出现问题。软件公司在完成了项目建设之后，系统将继续接受修改维护，

除非系统建成即闲置。而在没有经费支持的情况下，软件公司无法承担修改维护费用。即使保证了经费，软件公司人员流动或软件公司自身出现了问题也将使得整个系统陷于瘫痪。只要企业自身没有控制项目全局的人员，这个风险就存在。

（3）联合规划模式。智慧社区服务系统规划企业与系统集成商、计算机软件公司合作，由系统集成商、计算机软硬件公司提供信息技术人员，企业自身提供需求人员，组成相对稳定的项目团队，互相学习，联合进行智慧社区服务系统的规划建设。

在具体实施过程中，由承担需求分析的本单位人员负责收集用户需求，负责管理团队，而系统集成商、计算机软硬件公司派遣的技术服务人员则专注智慧社区服务系统的各个系统设计、开发、测试和部署。双方根据企业信息化需求制定一个长远的建设规划，然后逐步推进各个信息系统的建设，整合资源。

在这种模式下，智慧社区服务系统的规划企业在智慧社区服务系统的规划建设中还可以学习先进的开发方法，锻炼和培养企业的信息技术人员。由于有本单位人员参与，系统使用和维护也比较方便，开发的信息系统实用性较强，风险较低。

（4）采购引进模式。企业从专业的软件提供商那里引进成套的商业信息系统软件。商业信息系统软件通常是由一批具有丰富经验的管理专家和高级专业计算机技术人员共同开发的，软件本身蕴涵了许多管理的先进思想和手段，针对行业特点为企业提供各个管理功能的模块，这些软件模块为企业流程优化与重组提供了可借鉴的参考模型，能够在较高层次上提升企业的管理水平。商业软件一般比较成熟和稳定，有一定的用户基础，质量有所保证；升级维护支持及时，有利于企业信息系统的更新。但商品软件追求通用化，其功能无论在范围上还是在深度上都只能使企业的需求得到部分满足，系统的适应性较差，项目实施的风险大，失败率高；由于没有源程序代码也不便于进行系统维护和二次开发；需要持续升级，成本较高。

表 3-1 为四种常见规划模式的比较。

表 3-1 智慧社区规划建设常见的模式

项目	开发模式			
	自主规划	外包规划	联合规划	采购引进
内涵	规划企业依靠自身的信息化队伍，结合自己的软硬件条件进行智慧社区系统规划建设	规划企业通过招标，选择委托软硬件公司、科研机构、高等院校等外部单位进行信息化建设	规划企业与系统集成商、计算机软硬件公司合作，联合进行智慧社区系统规划建设	规划企业从专业的软件提供商那里引进成套的商业信息系统软件
部署成本	很高	较高	较高	很高
开发周期	长	长	长	短
维护成本	高	高	高	中
升级成本	高	高	高	中
风险	高	中	高	中
个性化水平	高	高	较高	中
安全性	高	高	高	中
质量水平	中	高	中	高

4. 智慧社区规划的综合建设模式

智慧社区系统具有涉及面广、业务应用多、专业性强的特点，这决定了智慧社区系统建设要先有统一规划，再逐步实施。在实施过程中，根据应用系统的特点采用不同的规划建设模式。对于需求明确，必须保证核心业务秘密、自身具有强大的开合维护实力的系统，可以采取自主规划；如果是需求明确、自身开发力量弱、可进行一般的维护的系统，可采用合作规划；如果是需求明确、自身不具备开发维护实力的系统，可采用外包模式。对于通用性强的系统，可采用采购引进的模式，如政务系统。

通过对以上四种规划建设模式的分析，结合目前智慧社区系统的发展现状，智慧社区系统可以采用联合规划和采购引进相结合的综合建设模式。在该模式中，综合联合规划模式和采购引进模式的特点，智慧社区规划企业与已有成熟产品的系统集成商、计算机软硬件公司合作，由系统集成商、计算机软硬件公司提供信息技术人员，企业自身提供需求人员，组成相对稳定的项目团队，互相学习，联合进行智慧社区服务系统的开发建设。而对于这些公司已有的成熟的通用性较强的子系统，则可以直接进行购买，接受培训。智慧社区系统规划建设模式如图 3-6 所示。

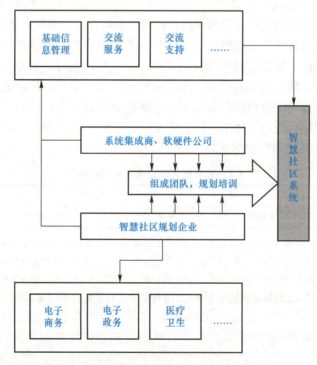

图 3-6　智慧社区系统规划建设模式

二、智慧社区规划结构和布局

智慧社区规划结构布局因地而异，但总体结构和布局是有规则的，通常智慧社区规划的构成见表 3-2。

表 3-2　智慧社区规划的总体构成

序号	部分	备注
1	规划的目标和原则	
2	智慧社区现状与分析	
3	规划内容	可分信息通信基础设施、智慧社区平台建设、智慧社区应用建设三大部分
4	保障体系	建设运行的体制和机制、规划建设与执行、资金投入
5	进度	

1. 基础设施建设

建设智慧社区需要提供通信系统承载能力、设施资源的综合利用能力。为了提高信息通信基础设施服务水平，首先，建立社区全覆盖感知网络，以及广泛的射频识别感知网络和视频监控网络，促进卫星定位系统和城市地理信息的结合应用，建立统一布局环境感知监控网络，完善无线电监测网络，实现城市动态实时感知。其次，需要建设 T 级骨干网、G 级接入网、宽带城域 IP 网，无线宽带城域网、地面数字电视单频网

授课视频：智慧社区规划结构和布局

(DTMB)、业务 IP 化的下一代高速融合网络，打造无缝连接的城域泛在网，形成多层次、立体化、高带宽的有线无线基础网络覆盖。最后，建立云数据中心，对智慧社区各种信息进行储存、处理、交换、装备、高性能计算等服务的基础支撑，是智慧社区平台的支撑基础。

2. 智慧社区平台建设

智慧社区从技术层面简单理解是由分散在大量不同部门、不同物理位置的信息系统和数据库组成，通过政务网、专用网、互联网、无线网、物联网等通信网络资源从信息通路上进行链接。如果部门之间、系统之间通过点对点的方式建立联系，一些共性的、基础的功能每个系统重复投入建设，对于整个智慧社区平台建设而言非常不经济。通过构建社区公共信息平台，实现统一规划、统一标准、统一技术、统一平台、统一运维，将大大提高"智慧社区"平台建设的实际成效，降低成本、提高能力、规范建设、平滑扩展。

3. 智慧社区应用规划

智慧社区应用应包括社区的方方面面，且具有全面感知、智能创新、协同高效、自我完善等特点的体系。智慧社区的应用规划，应充分利用新一代信息技术，加强建设、公共管理服务及资源环境多方面资源整合，结合社区的特点和实际情况，选取合适的应用类型，全面提升智能化水平。

实训任务　某社区的智慧社区建设规划方案

1. 实训目的

通过对项目的调研，进行智慧社区建设规划方案的撰写。

2. 实训要求

(1)调查某个社区项目。

(2)能介绍项目概况，对该社区进行需求分析，提出智慧社区总体建设模式，对组团进行总体规划，并提出总体设计目标。

3. 实训步骤

(1)准备调查的某个社区项目。

(2)分组实地现场调查，获取项目经济指标、项目鸟瞰图、项目规划图等相关资料；分组设计问卷调查表，对社区进行需求分析。

(3)分组对该社区总体建设模式、组团总体规划和总体设计目标进行 PPT 制作并讲解。

4. 实训时间

实训时间为 4 学时。

5. 实训考核

(1)考核组织。将学生分组，由指导教师进行考核。

(2)考核内容与方式。教师根据社区调查，对学生需求问卷表及分析进行评分；小组对社区总体建设模式、组团总体规划和总体设计目标进行评分(其中，自评占 20%，小组评定占 50%，教师评定占 30%)。

项目小结

(1)智慧社区规划具有规划结构的整体性、规划地域的特殊性、规划方案的预设性、规划体系的开放性和规划过程的动态性五方面特征。

(2)智慧社区规划的技术路线是基于智慧社区所涉及的业务进行分析，依据信息系统的建设基础和需求分析，在信息系统战略分析的前提下，对信息系统进行总体设计，从而进行详细的平台应用系统设计，完成系统示范工程配置(软硬件)、平台系统测试与综合评估等相关工作。

(3)智慧社区规划的内容包括基础设施层、基础环境层、感知层、应用支撑层、业务应用层和呈现层六个层次的规划设计。

(4)智慧社区规划的目标体系主要包括社区管理和服务应用体系、社区公共信息平台和社区信息化基础设施。

(5)我国智慧社区的规划主要是建立政府主体、市场主体和应用主体的协同机制。

(6)智慧社区的规划建设的目标是为智慧城市平台的建设提供良好的基础条件，促进社会和谐进步，加强政府工作，提高居民生活质量等。

(7)智慧社区规划的原则是规范性、先进性、可扩展性、开放性、安全可靠性和合作性。

(8)智慧社区规划建设模式包括自主规划模式、外包规划模式、联合规划模式、整体引进模式和综合建设模式。

(9)智慧社区规划的总体构成包括规划的目标和原则、智慧社区现状与分析、规划内容、保障体系和进度。

项目三　智慧社区的建设规划

课后习题　（总分100分）

一、单项选择题(25×2＝50分)

1. 对新建社区的规划称为（　　）。
   A. 社区规划　　　　　　　　　B. 社区设计
   C. 社区规划与设计　　　　　　D. 社区发展规划

2. 对建成社区的规划被称为（　　）。
   A. 社区规划　　　　　　　　　B. 社区设计
   C. 社区规划与设计　　　　　　D. 社区发展规划

3. 智慧社区规划并非对社区某一方面的发展部署和安排,而是对智慧社区全方位建设做出的结构上的战略部署,体现智慧社区规划的（　　）特征。
   A. 开放性　　　B. 预设性　　　C 动态性　　　D. 整体性

4. 智慧社区规划是对社区未来发展的一种设想、设计和设定,社区规划方案具有（　　）特征。
   A. 开放性　　　B. 预设性　　　C 动态性　　　D. 整体性

5. 智慧社区规划建设的核心内容包括（　　）
   A. 基础设施层　　B. 基础环境层　　C. 应用支撑层　　D. 感知层

6. （　　）的规划包括技术支持平台的规划和外部接入平台的规划。
   A. 基础设施层　　B. 基础环境层　　C. 应用支撑层　　D. 感知层

7. 全力打造智慧花园型城市国家的是（　　）。
   A. 日本　　　　B. 印度　　　　C. 荷兰　　　　D. 新加坡

8. 目前,我国智慧社区管理是由（　　）和物业公司共同管理的。
   A. 政府　　　　B. 居委会　　　C. 协会　　　　D. 民间自发组织

9. 我国智慧社区规划主要是建立三方协同机制,（　　）主要负责技术研发、产品设计与生产工作。
   A. 行政主体　　B. 市场主体　　C. 应用主体　　D. 基层主体

10. 智慧社区信息平台必须支持各种开放的标准,无论操作系统、数据库管理系统、开发工具、应用开发平台等系统软件,还是工作站、服务器、网络等硬件都要符合当前主流的国家标准、行业标准和计算机软硬件标准,体现智慧社区规划的（　　）原则。
    A. 规范性　　　B. 可扩展性　　C. 合作性　　　D. 开放性

11. 智慧规划设计在充分考虑与现有系统无缝对接的基础上,要考虑未来新技术的发展对平台的影响,保证平台改造与升级的便利性,以适应新的技术与新的应用功能的要求,体现智慧社区规划的（　　）原则。
    A. 先进性　　　B. 可扩展性　　C. 合作性　　　D. 开放性

12. 需求明确、必须保证核心的业务秘密、自身拥有强大的开发和维护实力的企业可以采用（　　）模式。
    A. 自主规划　　B. 外包规划　　C 联合规划　　D. 整体引进

13. 在智慧社区项目规划中，要以智能、人文、服务为理念，以"（　　）精细化、（　　）人文化、（　　）社会化、手段信息化、工作规范化"为规划建设思路。
   A. 管理—服务—运行　　　　　　　B. 管理—运行—服务
   C. 服务—管理—运行　　　　　　　D. 运行—管理—服务

14. 智慧社区信息平台的业务系统直接面向广大用户，在业务系统上流动的信息直接关系到用户的经济利益，并且这些系统都是高度共享的，因此，要保证信息传输的（　　）原则。
   A. 可扩展性　　B. 开放性　　C. 安全性　　D. 合作性

15. 智慧社区信息系统需要整合不同部门的信息，需要政府、企业和信息系统开发商等多方参与系统的开发、维护和使用，体现智慧社区规划的（　　）原则。
   A. 可扩展性　　B. 开放性　　C. 安全性　　D. 合作性

16. 在智慧社区规划建设模式中，自主规划模式开发周期（　　），风险（　　），质量水平（　　）。
   A. 长—高—中　　B. 长—中，中　　C. 短—高—中　　D. 长—高—高

17. 在智慧社区规划建设模式中，外包规划模式开发周期（　　），风险（　　），质量水平（　　）。
   A. 长—高—中　　B. 长—中—高　　C. 短—高—中　　D. 长—高—高

18. 在智慧社区规划建设模式中，个性化水平最低的是（　　）模式。
   A. 自主规划　　B. 外包规划　　C. 联合规划　　D. 采购引进

19. （　　）模式由于有本单位人员参与，系统使用和维护也比较方便，开发的信息系统实用性较强，风险较低。
   A. 自主规划　　B. 外包规划　　C. 联合规划　　D. 采购引进

20. 需求明确，但不具备开发维护实力的企业适合使用（　　）模式。
   A. 自主规划　　B. 外包规划　　C. 联合规划　　D. 采购引进

21. 政务系统通常采用（　　）模式。
   A. 自主规划　　B. 外包规划　　C. 联合规划　　D. 采购引进

22. 以下不属于智慧社区规划保障体系的是（　　）。
   A. 建设运行的体制和机制　　　　　B. 规划建设与执行
   C. 资金投入　　　　　　　　　　　D. 智慧社区平台建设

23. 以下不属于智慧社区规划内容的是（　　）。
   A. 信息通信基础设施　　　　　　　B. 智慧社区平台建设
   C. 智慧社区应用建设　　　　　　　D. 规划目标与原则

24. 以下不属于智慧社区规划应用设计的是（　　）。
   A. 经营活动管理　　B. 安全管理　　C. 机房工程　　D. 信息管理

25. 以下不属于智慧社区基础规划设计的是（　　）。
   A. 功能区布局　　　　　　　　　　B. 智慧公共管线布局
   C. 传输网络　　　　　　　　　　　D. 安全管理

二、多项选择题（10×2＝20分）
1. 智慧社区规划具有整体性、（　　）等特点。

A. 整合性　　　　　B. 地域性　　　　　C. 开放性　　　　　D. 动态性
2. 以下属于感知层的设备有(　　)。
A. 数字电视　　　　B. RFID　　　　　C. 采集器　　　　　D. 电子屏
3. 信息化基础设施建设包括(　　)的建设。
A. 自组网　　　　　B. 社区数据中心　　C. 条码识别　　　　D. 供电网
4. 应用主体包括社区、社会组织和家庭,需要密切配合,建立(　　)等平台。
A. 智慧商务　　　　　　　　　　　　　　B. 智慧政务
C. 智慧家庭终端设备　　　　　　　　　　D. 智慧安保
5. 智慧社区规划的技术路线首先对信息系统进行分析,对信息系统进行总体设计包括(　　)等。
A. 逻辑结构设计　　　　　　　　　　　　B. 网络拓扑结构设计
C. 关联结构设计　　　　　　　　　　　　D. 关键技术选择
6. 智慧社区规划的目标体系主要包括(　　)。
A. 社区管理和服务应用体系　　　　　　　B. 社区公共信息平台
C. 社区信息化基础设施　　　　　　　　　D. 社区政务平台
7. 市场主体主要是进行软件开发,构建(　　)三个平台。
A. 信息管理平台　　B. 社区生活平台　　C. 社区应用平台　　D. 社区服务平台
8. 智慧社区规划建设模式分为(　　)
A. 自主规划模式　　B. 外包规划模式　　C. 联合规划模式　　D. 采购引进模式
9. 智慧社区规划内容通常包括(　　)三个部分。
A. 信息通信基础设施　　　　　　　　　　B. 智慧社区平台建设
C. 智慧社区应用建设　　　　　　　　　　D. 智慧社区结构规划
10. 智慧社区规划建设的保障体系包括(　　)。
A. 建设运行的体制和机制　　　　　　　　B. 规划建设与执行
C. 技术投入　　　　　　　　　　　　　　D. 资金投入

三、简答题(5×4＝20分)

1. 如何理解智慧社区规划的预设性特点?
2. 简述应用支撑层的工作原理。
3. 简述我国智慧社区管理的协同机制。
4. 如何理解智慧社区规划的综合建设模式?
5. 简述智慧社区规划基础设施建设的步骤。

四、案例分析题(1×10＝10分)

上海陆家嘴智慧社区规划实例

陆家嘴街道地处浦东陆家嘴金融贸易区中心区域,辖地6.89 km²。东起源深路,南界张杨路,西北接黄浦江。辖区内有东方明珠、金茂大厦等上海标志性建筑;以小陆家嘴和新上海商业城为代表的标志性商务区坐落其中。陆家嘴金融、商贸、会展、旅游业繁华,是上海改革开放和经济建设最具活力的"窗口"地区之一。陆家嘴街道有户籍人口12.65万人(2018年),登记流动人口4.68万人,30个居委会和1个社工站,8 500多家企事业单位。辖区内有89幢商务楼宇以及一大批在浦东的改革开放和城市建设中形成的中高档住宅

项目三 智慧社区的建设规划

区与老公房住宅区在一起的差异化商住混合型社区。街道立足便民之需设置了 15 个服务机构，主要有社区事务受理服务中心、社区阳光驿站、社区生活服务中心、社区文化中心等。近年来，陆家嘴街道以"服务金融中心，建设共同家园"为目标，着力于建设美丽、平安、人文、智慧、和谐陆家嘴社区。社区建设和街道工作不断取得新成绩，获得了"全国文明单位""全国文化先进社区""上海市和谐社区示范街道"等多项国家级和市级荣誉。

2017 年，中国计划出版社曾出版《新型智慧城市发展报告》，其中陆家嘴部落的《浦东新区陆家嘴智慧社区建设案例》更是作为 47 个入围项目中以社区领域为中心的成功案例得到了专家委员会的关注。相较于其他金融、能源、旅游、安全监控领域，智慧社区建设更贴近老百姓的生活，是更接地气的实践案例。案例中对智慧社区建设在社区数据管理、智慧政务、社区安全管理、社会保障、社区养老、社区居民健康管理、小区停车环境管理、人们生活空间的拓展等领域提供了合理、可行的解决方案。

总结陆家嘴智慧社区案例的特色亮点有四个：

1. 智慧社区建设的两个路径

(1) 信息技术与政府治理和公共服务过程的整合，突出信息资源管理；
(2) 社群建设与群体创新素质的提升与智慧释放，突出信息运维。

2. 智慧社区建设公式

智慧社区建设 ＝ 公共服务通达 ＋ 社会管理有序 ＋社区经济活跃 ＋市民智慧参与

3. 智慧社区建设基因

社群、保障、创造、信息化。

4. 陆家嘴智慧社区建设模式创新

智慧社区建设中的模式创新，旨在用"最短的时间、最少的资源，让最多的人，得到最大的利益"；通过模式创新，实现"塑造一个人、培养一批人、带动一群人、影响一代人"的愿景。

问题：

(1) 结合陆家嘴的成功案例，请分析智慧社区规划中科技信息技术应当融合用于哪些方面？(4 分)

(2) 结合此案例，你认为智慧社区规划建设主要体现智慧社区的哪些核心竞争力？(6 分)

项目四 智慧物业管理（1）

学习目标

1. 了解智慧视频监控系统、智慧门禁系统、智慧停车场、智慧电梯、智慧消防、智慧客服管理的含义；
2. 熟悉智慧视频监控系统的演变历程、智慧门禁系统的类型、智慧停车场的特点、智慧电梯系统的功能、智慧消防的主要内容、智慧客服特点和作用；
3. 掌握智慧视频监控系统在智慧社区的应用、智慧门禁系统在智慧社区的功能、智慧停车场系统的组成、智慧电梯系统组成、智慧消防的实施和建议、智慧客服管理的主要内容与场景应用。

能力目标

1. 能用图、表、语言等多种方式表述智慧视频监控系统、智慧门禁系统、智慧停车场、智慧电梯、智慧消防、智慧客服管理的相关内容，培养归纳、总结的能力；
2. 能将智慧视频监控系统、智慧门禁系统、智慧停车场、智慧电梯、智慧消防、智慧客服管理的相关内容与实际案例结合分析，培养运用知识解决智慧物业管理问题的能力；
3. 能小组创新协作完成实训任务，培养组织能力和创造性思维能力。

素质目标

1. 在对本项目学习过程中培养学生具有追求真理、实事求是、勇于探究与实践的科学精神；
2. 在了解和掌握最新智慧物业管理技术的过程中，培养学生职业理想、安全意识与信息素养，能具有主动把握行业先进技术的态度和能力；
3. 在实训环节中培养学生职业道德，同时培养学生的团队协作、团队互助等意识。

项目四 智慧物业管理(1)

学习任务一 智慧视频监控系统与门禁系统管理

※ 案例导入 4-1

近年来,重庆市住房和城乡建设委员会大力实施以大数据智能化为引领的创新驱动发展战略行动计划,深入探索新一代信息技术在居住小区里的多元应用,积极推动智慧小区和智能物业协同发展,让更多市民在日常居住生活中也能分享到大数据智能化的发展红利。

微课:智慧视频监控系统管理

截至 2020 年年底,全市累计打造智慧小区 244 个,集成智慧安防、智慧停车、智慧家居等智能化应用 30 余项,为小区居民带来了更加安全、舒适、便捷的智慧化生活体验。按照计划,2021 年全市将再打造"智慧小区"120 个。

不用再在包里翻门禁卡了,"刷脸"便可以顺利进入小区;坐在家中拿出手机,便可以通过微信小程序给已经到楼下的"外卖小哥"开门……

除了便捷之外,安全是"智慧小区"建设的又一大突出贡献。例如,一些小区通过将门禁系统与公安机关的系统进行关联,实现对进出小区的人流、车流进行实时监管、实时预警;一些小区通过安装智能监控系统,大大降低了高空抛物事件的发生率;一些小区通过引入大健康物联网系统,实现了对老人、残疾人、小孩等人群的全天候健康管理和精准服务……

小区作为城市最基本的单元,也常常被称为城市居住生活的"最后一公里"。智慧小区建设,是智慧城市建设的缩影。提升人居环境、提高生活品质,是智慧小区建设最根本的目的,而居民,是"智慧小区"建设最直接的受益者。

(资料来源:重庆日报 集成智慧安防、停车、家居等 30 余项智能化应用市住房城乡建委:年内再添 120 个智慧小区,节选自重庆市人民政府网/要闻动态/今日重庆 2021—8—24 http://www.cq.gov.cn/ywdt/jrzq/202108/t20210824_9611970.html)

思考:智慧视频监控系统对于智慧社区管理有什么作用?

一、智慧视频监控系统管理

1. 智慧视频监控系统概述

视频监控系统能够实时、形象、真实地反映被监控对象,是现代化管理中一种非常有效的观察工具。视频监控系统最早主要应用在安防领域,是打击犯罪、维护治安的一项辅助手段。近年来,随着计算机技术的飞速发展,视频监控逐渐应用到很多领域,如社区、政府部门、教育、医疗、金融、交通和娱乐等。作为智慧物业管理的重要组成部分之一,智慧视频监控系统管理在智慧物业安防管理方面起着至关重要的作用。

智慧视频监控系统是指利用图像处理、模式识别和计算机视觉技术,通过在监控系统中增加智能视频分析模块,借助计算机强大的数据处理能力,实现对场景中目标的定位、识别和跟踪等,并在此基础上分析和判断目标的行为,从而得出对图像内容含义的理解,以及对场景的解释,并以最快和最佳的方式发出警报或触发其他动作,从而有效地进行事前预警、事中处理、事后及时取证的全自动、全天候、实时监控的智能系统。智慧视频监控系统应具备监测、甄别和分析三大主要功能,其与目标监测、目标跟踪、人脸识别、行人再识别等技术紧密相连。

传统的视频监控系统包括前端摄像机、传输线缆、视频监控平台。其主要任务是采集图像,基于人工操作进行监控与回看,存在对人极强依赖性、效率低下、数据浪费、错误率高等问题。与传统的视频监控系统相比,智慧视频监控系统较好地解决了传统视频监控的不足,其包含了高清摄像、移动终端、实时网络访问、视频存储、流媒体服务、Web 服务、视频识别、视频跟踪、视频分析等功能。随着科学技术的不断发展,更加高清化、网络化、集成化、智能化的视频监控系统将成为现在及未来的主要发展方向。

2. 智慧视频监控系统的演变历程

随着社会对智慧安防整体方案要求的逐渐提高,传统的视频监控系统方案已经不能满足社会发展的需求,这就催生了视频监控系统的不断发展。视频监控系统从出现发展到演变到现在总共经历了四个主要阶段,包括从早期的模拟视频监控到后来的数字视频监控,再到网络视频监控,最后发展到现在的智慧视频监控系统(表 4-1)。

表 4-1　智能视频监控系统演变历程

阶段	产生时间	主要特点
模拟视频监控系统	20 世纪 70 年代	视频、音频信号的采集、传输、存储均为模拟信号
数字视频监控系统	20 世纪 80 年代中期	使用硬盘录像机(DVR)替代了磁带录像机(VCR),模拟视频信号有 DVR 实现数字化编码压缩并进行存储
网络视频监控系统	20 世纪 90 年代末期	视频监控系统全面数字化、网络化
智慧视频监控系统	21 世纪	引入视频智能分析技术,使计算机在视频监控的基础上具备了视频分析、目标识别、异常报警等功能

(1)模拟视频监控系统(闭路电视监控系统 CCTV)。模拟视频监控系统最早产生于 20 世纪 70 年代,整个系统的构成包括了视频信息的采集、传输、控制和显示。一般模拟监控系统主要由摄像机、视频矩阵、监视器、录像机等设备组成,其传输方式主要是采用视频电缆,将摄像机采集到的模拟视频信息以模拟方式传送到监视器上,利用视频矩阵作为整个系统的主机进行切换和控制,使用磁带录像机进行视频录像。模拟视频监控系统具有发展较早、方案完善、部署简便、系统稳定等特点,但其也存在大量局限性:受模拟视频缆传输长度和缆放大器限制,只支持本地监控,监控能力有限;系统受视频画面分割器、矩阵和切换器输入容量限制,可扩展性有限;录像质量不高,随复制数量增加而质量降低;录像负载重,录像带需长期更换,且不易长期储存。

(2)数字视频监控系统(模拟-数字监控系统 DVR)。数字视频监控系统最早产生于 20 世纪 80 年代中期,整个系统主要由视频采集卡、视频编解码算法、存储设备、网络和软件接口体系等部分组成。其工作原理是先从摄像头采集到模拟信号,再将其转化为数字信号,然后利用一定的视频压缩算法对数字信号进行压缩,最后经过不同的传输线路连接到 PC 监控终端上,最后在监控终端上对视频数据进行解压缩并最终进行显示。相比之前的模拟视频监控系统,数字视频监控系统具有数据存储量大、图像质量高、传输范围广和监控范围大等优点。但仍存在大量局限:每个摄像机上仍需要安装单独视频缆,布线复杂;DVR 典型限制是一次最多只能扩展 16 个摄像机,可扩展性有限;需要外部服务器和管理软件来控制多个 DVR 或监控点,管理性有限;不能从任意客户机访问任意摄像机,只能通过 DVR 间接访问摄像机,远程监视控制能力有限;磁带存在发生故障风险,录像没有保护,易于丢失。

(3)网络视频监控系统(IP 视频监控系统 IPVS)。网络视频监控系统最初产生于 20 世纪 90 年代末期,是伴随着计算机网络的快速发展与视频监控的网络化需求而出现的。它采用嵌入式实时操作系统,能够把摄像机输出的模拟信号通过嵌入式编码器直接转换为数字信号,并通过有线 IP 网络或无线 IP 网络进行传输。它弥补了前两种监控系统无法通过网络获取信息的缺点,使用户可以通过网络中的任意节点接入和管理整个监控系统。网络视频监控系统可以通过局域网或者互联网进行数据的传输,打破了之前视频监控系统的区域性限制,实现了视频监控信息的跨区域管理与共享。同时,提高了图像的质量,能够对数字进行压缩,占用带宽小,可以对数字信号进行加密,使数据的存储更加方便。但其最主要的缺陷是需要人来判断视频内容,而且多用于事后处理的调查取证,从而并没能充分发挥视频监控系统的主动性。

(4)智慧视频监控系统。智慧视频监控系统是在 21 世纪兴起的第四代视频监控系统,同时也是视频监控系统未来发展的主要方向。相较普通视频监控系统,其主要特点在于引入视频智能分析技术,使计算机在视频监控的基础上具备了视频分析、目标识别、异常报警等功能,是数字图像处理、计算机视觉等技术与视频监控相结合的产物。随着社会视频监控范围的扩大,视频监控每天都产生着海量数据,完全依靠人力对视频内容进行监视和分析已经变得越来越难。因此,具有智能分析功能的视频监控系统可以作为辅助甚至替代人力完成一些烦琐的监控任务。

3. 智慧视频监控系统在智慧社区的应用

(1)对社区人、物 24 h 实时监控、录像与识别。对居住区的主要出入口、主干道及其他重要区域进行监控,非法入侵时可以对现场进行图像跟踪、记录与识别,主要识别监控系统关心的内容,包括人脸识别、车牌号识别、车辆类型识别等。录像信息自动保存,管理人员可以按照警情类型、时间、地点、设备编号查询或调用录像信息。

(2)视频监控和防盗报警有效联动。智慧视频监控系统依据虚拟警戒线、虚拟警戒区域、自动 PTZ 跟踪、人数统计、车流统计、物体出现和消失、人员突然奔跑、人员突然聚集等技术,对社区内某个监控过程进行判断。一旦发现了异常情况,如有人进入警戒区域、某区域有人迅速聚集等情况,就发出报警信息,提醒值班监控人员关注相应热点区域。对数据统计,及时发现异常情况,并对异常情况进行数量统计。同时,社区出入口视频监控设备可与安装在每栋楼的公用紧急求助按钮或现场红外、门磁等报警传感器实现联动,非法入侵或紧急事件求助时可以对现场进行图像跟踪及记录,发出报警信息。报警发生时,可自动转入报警录像模式,并弹出报警画面。

(3)远程监控、维护和配置。利用远程移动设备实时监控,并可远程直接对视频服务器的全部系统参数进行配置,远程制订录像计划,设置移动侦测。云台控制,如前端选用智能球型摄像机,可实现摄像机光圈、变焦、旋转等调节。现场跟踪拍照,具备尾随功能。

（4）对视频环境影响的正常监控。环境的影响主要包括雨、雪、大雾等恶劣天气、夜间低照度情况、摄像头遮挡或偏移、摄像头抖动等。智慧视频监控系统技术应用能够在恶劣视频环境情况下实现较正常的监控功能。受环境影响视频不清楚的时候，智慧视频监控系统能够尽早发现画面中的人，或者判断摄像头偏移的情况后发出报警。在各种应用场合下，其均能够较稳定地输出智能分析的信息，尽量减少环境对视频监控的影响。

二、智慧门禁系统管理

1. 智慧门禁系统概述

在智慧社区，出入控制系统不仅是安防系统中一个非常重要的部分，也是人们对出入自动化和重视自身安全问题的体现。早期，门禁依赖于人工值守。门禁锁具以钥匙为主，安全性不高，效率低下。随着计算机技术的发展，机械取代了人工操作，便有了门禁控制系统，门禁锁具也从易于复制、窃取的钥匙、密码、磁卡，变为了安全性较高的 IC 卡。虽然 IC 卡门禁系统有着方便使用、故障率低、易于维修等优点被普遍应

授课视频：智慧门禁系统管理

用，但一旦卡片丢失，门禁的安全防护将不存在。生物识别技术的发展助推了门禁系统的智慧化发展。生物识别技术是一种将信息技术与生物技术相结合的新技术，通过将计算机技术、光学、声学、生物传感器和生物统计学等高科技手段密切结合，利用人体生理特征（如指纹、人脸、虹膜等）或行为特征（如笔记、语音、步态等）来对个人身份进行鉴别。现在社会比较主流的智慧门禁系统识别方式有指纹识别、虹膜识别和人脸识别等。

智慧门禁系统将身份识别技术与门禁安全管理有效结合，涵盖了计算机控制学科、机械学科、光电检测学科和生物技术学科等内容。它是对进出的人或事物的通行允许、拒绝、报警和记录的智能自动控制系统，具备不易遗忘和丢失、不易伪造和被盗、可以"随身携带"、随时随地使用等优点。智慧门禁系统有多种构建模式，可根据系统规模、现场情况、安全管理要求等合理选择。智慧门禁系统的基本组成结构如图 4-1 所示。传统的门禁系统使用模拟或半模拟信号，而智慧门禁系统一般都采用全数字信号，室内机和门口主机都安装有彩色触摸屏幕，可以支持密码、刷卡和刷脸等多种生物识别技术进行开门解锁。

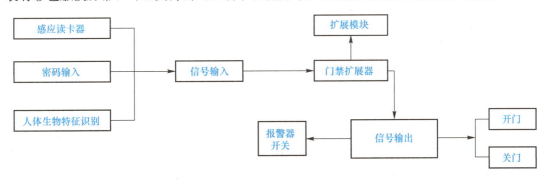

图 4-1 智慧门禁系统的基本组成结构

2. 智慧门禁系统的类型

根据不同的分类依据，智慧门禁系统的分类多种多样。智慧门禁系统一大关键技术便

是识别出入人员的身份是否被授权可以进出。智慧门禁系统按照识别来源,可分为卡片识别门禁系统、密码识别门禁系统和生物识别门禁系统三大类。卡片识别门禁系统能满足一般区域对安全要求管理的需要,密码门禁很少单独使用,一般联合刷卡提供更高一级的安全。由于磁卡、接触式IC卡对操作环境的要求较高,磁卡和接触式IC卡本身的工作有一定寿命期。再加之识别过程中操作者的动作和所需时间明显多于非接触式卡,因而,虽然磁卡、接触式IC卡、读卡器在门禁系统的应用中还有一部分市场,但从发展趋势上看,将逐步退出门禁系统市场。智慧门禁系统中的卡片识别将以非接触型为主,如被具有NFC功能及内置虚拟凭证卡的移动设备替代。生物门禁系统以人体生物特征作为辨识条件,有着"人各有异、终身不变"和"随身携带"的特点,因此,具有无法仿冒与借用、不怕遗失、不用携带、不会遗忘、有着个体特征独特性、唯一性、安全性的特点,适用高度机密性场所的安全保护。在目前的智慧社区门禁系统中,多以生物特征联合刷卡和密码的方式进行门禁系统的管理。根据生物识别技术所用人体生物特征的差异,可具体分为以下几种类型:

(1)指纹识别。指纹识别系统是以生物测量技术为基础,利用人类的生物特征——指纹来鉴别用户的身份。指纹识别是现在社会中生物特征研究较为热点方向,同样也是应用最早、最广泛的生物识别方法。19世纪初,人们就发现了指纹的唯一性和不变性,即人的指纹有两个重要特征:一个是两个不同手指的指纹纹脊的式样不同,另一个是指纹纹脊的式样终生不变。指纹是每个人所特有的东西,即使是双胞胎,两人指纹相同的概率也小于十亿分之一,而且在不受损伤的条件下,一生都不会有变化。由于指纹的特殊特性,指纹识别具有高度的保密性和不可复制性。指纹识别现实社会中的实用性较强,指纹取样也方便、快捷,而且具有设备小型化、成本低的优点;但也存在一定的缺点,如有些人指纹特征很少,难以成像,每次指纹采集后会在设备上留下指纹的纹理,这些纹理有被盗用的可能。

(2)语音识别。语音识别又称为声纹识别,也是现代社会中较为常用的一种生物识别技术。语音识别是根据人说话声音的物理特性来进行识别,通过对说话者录入的一句话或一小段话进行不断的记录,计算其声音波形的变化,然后与现场使用时的声音进行匹配来进行识别。技术优点为声纹特征获取方便、自然,系统的成本很低,也容易被市民接受,适合远程身份确认。其缺点是准确性太差,人的嗓音受外界干扰较多,而且声音易被录音设备存储,影响安全性。

(3)视网膜识别。视网膜位于眼球后部,是一层透明的薄膜。视网膜识别,是用红外线透过瞳孔拍摄视网膜血管的图像,利用视网膜血管分布的独特性进行身份识别。如果视网膜不受损,那么从3岁起就终生不变。视网膜血管分成两类:主要血管和毛细血管,前者特征比较明显,可用于身份识别;后者特征尺度太小,无法用于识别。其优点是因为其外观看不见,所以被复制的机会很小,且使用者不需要和设备进行直接的接触。但是,在眼底出血、白内障、戴眼镜的状态下无法辨识比照,且视网膜技术是否会给使用者带来健康的损坏,还需要进一步的研究。

(4)虹膜识别。虹膜位于眼球前部,是瞳孔周围的有色环形薄膜,位于眼球外部可视表面,被透明的角膜层覆盖,呈现出一种复杂的放射状纹理。这些纹理由很多褶皱、凹陷和凸起组成。虹膜识别,就是采集、提取、分析和比较这些环形复杂纹理的差异性。因为眼球的颜色由虹膜所含的色素决定,所以不受眼球内部疾病等影响。虹膜识别是利用虹膜终身不变的特性，通过一种近似红外线的光对眼睛的虹膜进行扫描生成图像作为信息采集，使用其差异性的特点来进行身份识别。对现有的生物识别技术来说，虹膜识别是精度最高的。其优点是虹膜识别分析方便、防伪性好和较高的稳定性，具有几十年不变的优势；其缺点是成本较高，普及较为困难。

（5）人脸识别。人脸识别技术是生物特征识别界较为热门的研究领域，通过使用计算机技术对人脸的特征信息进行提取，对提取的特征信息进行身份识别。人脸和其他的生物特征相比，具有非接触性、操作简单、结果直观等优点，在现代的社会中有着广阔的发展前景。随着技术的日益革新，人脸识别技术对图像的处理也逐步复杂，识别的精度也不断地提高。人脸最有效的分辨部位眼、鼻、口、眉、脸的轮廓和头、下巴、颊的形状和位置关系，以及脸的轮廓阴影等都可利用。它有"非侵犯性系统"的优点，可用在公共场合，对特定人士进行主动搜寻。人脸识别包含人脸检测和人脸识别两个技术环节。人脸检测的目的是确定静态图像中人脸前位置、大小和数量，而人脸识别是对检测到的人脸进行特征提取、模式匹配与识别。人脸识别系统主要用于人员身份的认证，但从实用性考虑，一是相似性不同个体之间的区别不大；二是易变性面部的外形很不稳定，同时要解决环境光线（如白天和夜晚、室内和室外等）、面部的遮盖物（如口罩、墨镜、头发、胡须等）、年龄等多方面因素对识别带来的影响；三是要能防范利用照片或视频播放来做假的可能，以提高系统的安全性。

3. 智慧门禁系统在智慧社区的功能

智慧社区的智慧门禁系统早已超越了单纯的门禁系统概念，逐渐向一卡通系统方向和大系统联网管理方向进行发展。在安防系统中，智慧门禁系统能实时、准确地定位到出入人员的身份信息，在系统应用中将更少地减少系统存储资源和快速地处理数据需求并得到及时的反馈；智慧门禁系统从单纯的门禁系统逐步延伸到考勤管理、巡更管理、会议签到管理、电梯控制系统、图书管理、信息资源管理、消费系统管理、停车场系统管理、照明等节能控制、信息发布、大气监测、资产管理和车辆管理等的应用，增加了门禁系统的附加值和技术含量，同时与视频监控系统和入侵报警系统联动组成立体安保系统，门禁系统的应用越来越成为安防系统的核心。智慧社区的智慧门禁系统根据其基本组成结构实现的功能可主要划分为识别功能、管理控制功能、门禁执行管理功能、系统设置功能。

（1）识别功能。识别功能应能通过识读现场装置获取操作及"钥匙"信息并对目标进行识别，并能将信息传递给管理与控制部分处理，接受管理与控制部分的指令；"识别率""识别相应时间"等指标，应满足管理要求；对识别装置的各种操作和接受管理控制部分的指令等，识别装置应有相应的声或光提示；识别装置应操作简便、识别信息可靠。

（2）管理控制功能。系统应具有对"钥匙"的授权功能，使不同级别的目标对各个出入口有不同的出入权限；应能对系统操作（管理）员的授权、登录、交接进行管理，并设定操作权限，使不同级别的操作（管理）员对系统有不同的操作能力；系统能将出入事件、操作事件、报警事件等记录存储于系统的相关载体中，并能形成报表以备查看，事件记录应包括详细的时间、目标、位置、行为，系统存储应满足管理者需要，经授权的操作（管理）员可对授权范围内的事件记录处理；与视频安防监控系统联动的门禁系统，应在事件查询的同时，回放与该出入口相关联的视频图像。

（3）门禁执行管理功能。门禁执行管理需对门禁系统正常运行在线监控，早发现、早解决；当出现异常运行事件时，需对异常信息进行记录，并提示报警；闭锁部件或阻挡部件在门禁系统关闭状态和拒绝放行时，其闭锁力、阻挡范围等性能指标应满足使用、管理要求；出入准许指示装置可采用声、光、文字、图形、物体位移等多种指示。门禁系统开启时，出入目标通过的时限应满足使用、管理要求，如图 4-2 和图 4-3 所示。

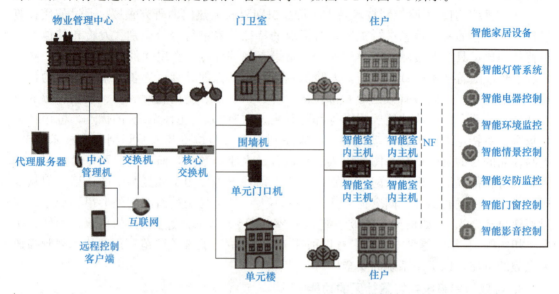

图 4-2　博力云智慧社区门禁系统应用

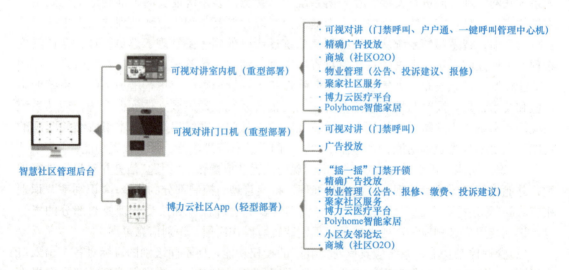

图 4-3　博力云智慧社区门禁系统实现功能

（4）系统设置功能。系统设置主要包括对数据库的管理和通信参数的管理。数据的管理主要包括数据库中数据的修改与查看设置功能；通信参数主要是软件和硬件之间的通信，管理员通过对控制器端口、控制器比特率、IP 地址、监听端口、控制器时间等进行设置。

学习任务二 智慧停车场与电梯管理

※ 案例导入4-2

海尚海服务集团推出的海e停智慧停车解决方案，引入ETC无感支付，车辆仅需1 s就完成识别、扣费、放行、通行，效率大大提升。这相比传统人工支付优势明显，相对"扫码支付"的提速效果也是显而易见的。对停车场管理来说，无感支付彻底释放了人力，不必再有专人值守，成本大大降低。对通行者来说，无感支付的采用减少了扫码支付的缴费慢等弊端，使得通行更加便利，彻底解决拥堵难题。

海尚海服务集团推出的智慧电梯解决方案——"梯之网"，它针对传统乘梯痛点，比如独自乘梯发生突发疾病如何救援？疫情期间电梯按键如何避免交叉感染等，推出"梯之眼""梯之屏""梯之肺""故障预测算法"四大智慧解决方案，给业主更放心的乘梯体验。在智慧电梯里，安装了轿厢AI摄像头，可实现实时监控、数据采集。如电梯出现抖动等现象，故障会提前信息化预警，提前维护，针对电动车上梯入户、用户在电梯内打闹、吸烟等行为，研发的"梯之眼"通过算法识别之后，会即时进行语音提醒报警，带来更放心的乘梯体验。另外，智慧电梯还具有行为分析功能。若业主独自乘梯发生突发疾病等状况，摄像头将会自动辨别并报警，为业主的安全提供有力保障。

［资料来源：海尚海服务集团．借助智慧力量重构社区服务新生态研究——以海尚海服务集团为例［J］．智能建筑与智慧城市，2021（03）：13—14＋8.］

思考：智慧停车场管理的主要内容是什么？

一、智慧停车场管理

1. 智慧停车场概述

车辆停放是道路交通中的重要内容，也是社区生活必不可少的内容。伴随着社区居民汽车保有量的迅速增加，社区汽车和停车位之间的矛盾日益突出。在稀缺的土地资源的限制下，地下停车场、地面多层停车场等占地少、容量大的场内停车设施越来越多地成为缓解停车压力的主要手段。然而，传统的停车场管理存在诸多问题，例如，车辆进出用卡效率不高问题；停车场内部构造复杂，获取停车空位信息难问题；车主返回停车场取车时的寻车难问题；管理者无法实时统计停车场内车位的使用数据，无法优化配置车位资源等问题。这些问题的产生，都催生着更加智能化停车场的出现，因此，智慧停车场的建设显得尤为重要。

微课：智慧停车场管理

停车场系统对于我国而言应用较早，这与市场刚需有关。在20世纪80年代，我国汽车保有量少，对停车场管理系统的需求有限，主要依靠引进国外停车场设备来满足这小部分的需求。随着改革开放的不断深入，我国经济开始腾飞，国内汽车保有量逐年上升，催生停车场设备的巨大需求。到21世纪初期，我国出现了一些停车场设备自主研发和生产的企业，由此正式开启了我国停车场管理系统行业，但当时以单纯的技术引进和模仿为主，

仍处于行业的早创阶段，不具备竞争力。近年来，许多企业结合国内行业现状和特点开发出较高技术水平的停车设备，相关技术得到大幅提升。这也助推了智慧停车场的建设。

智慧停车场是利用物联网、移动终端、GPS定位、GIS、云计算等先进技术对停车场进行管理，并将分散的终端数据汇总起来，通过对停车场的远程在线实时管控，实现便民利民的空位预报、车位预定、导航停车、错时停车、在线支付等功能，从而实现停车位资源利用率的最大化、停车场利润的最大化和车主停车服务的最优化。

与传统停车场相比，智慧停车场在收费模式、管理模式、数据收集方式、停车方式等方面都更加便捷、高效、智能。其实现了传统停车场诸多无法实现的功能，比如，车主可以利用线上平台获取指定地点的停车场车位空余信息、收费标准、是否可预订、是否有充电、共享等服务，并可实现预先支付、线上结账功能，线下停车时可快速通行，导航停车，找到合适的停车位，反向寻车，快速定位爱车，无感支付等(表4-2)。

表4-2 传统停车场与智慧停车场对比

对比项	传统停车场	智慧停车场
收费模式	人工收费	移动支付、无感支付
管理模式	本地封闭运行	联网管理，无地域限制
数据收集方式	人工勘察统计，数据本地保存	联网数据共享，数据云端同步保存
停车方式	车主自主寻找或人工引导	停车诱导、车位引导和反向寻车系统

2. 智慧停车场系统的组成

智慧停车场可以实现进出停车场无须停车刷卡，固定车位能受到保护，临时车辆能通过引导屏获知车场空车位数乃至空车位的具体位置，能实现车辆进出提示从而实现车辆防盗、自助缴费、反向寻车等功能。一般，在智慧停车场系统具体设计时，智慧停车场系统会包含停车场出入口子系统和停车场管理子系统的设计。

(1)停车场出入口子系统。出入口子系统的设计有采用IC卡管理系统，长期用户可用月卡，来访车辆可用临时IC卡。所有IC卡均经读卡机识别后自动收费。在小区的出入口设置摄像机，对来往车辆进行自动监控，把车辆的车牌号码、颜色等传输到控制中心。当有车辆离开时，司机所持有的IC卡必须和计算机中的资料一致时才能升杆放行。

更智能化的出入口子系统的设计无须卡片，其基于高清车牌识别技术，主要通过安装在收费岛上的高清车牌自动识别设备。当车辆入场时，可自动识别车辆的车牌信息，并由入口嵌入式智能控制机通过网络将其传送至后台管理中心服务器数据库中。当车辆驶出时，安装在出口的高清车牌识别设备可自动识别其车牌号码，并由出口嵌入式智能控制机通过后台管理中心服务器数据库查找与该车牌相关联的车辆信息，如月租缴交信息、入场时间、出场时间，自动判断该车是否缴费、缴费数额，将缴费信息显示在费额显示器上并控制自动栏杆的起降以拦阻或放行车辆，如图4-4和图4-5所示。

(2)停车场管理子系统。停车场管理子系统由车位引导系统、反向寻车系统和实时监控系统组成。实现帮车主最快速地找到空车位和最快速地定位到自己的爱车。

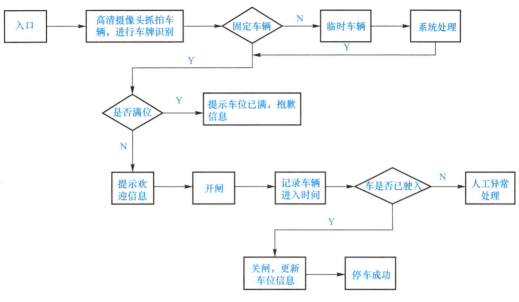

图 4-4 车辆入口识别流程图

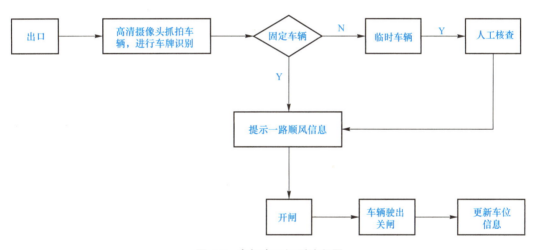

图 4-5 车辆出口识别流程图

车位引导系统是能够引导车辆顺利进入目的车位的指示系统。具体实现可通过在停车场内的每一个车位上布置一个超声波探测器,每个探测器上连接一个指示灯。探测器探测该车位是否被车辆占领。当有车辆在该停车位上时,指示灯显示红色,否则显示绿色。每个区域的探测器通过总线连接到一个数据采集器上,数据采集器通过交换机将底层的数据送至车位引导管理中心。场内每个分岔口设置室内 LED 引导屏显示方向指示和剩余车位情况,实时更改。场外出入口管理机所连接的大屏显示场内的剩余停车位数量以及到最佳停车位的路线图,如图 4-6 所示。

动画:智慧停车场

反向寻车系统的实现可通过在停车场出入口、电梯、楼梯出入口等人流聚集的区域安装自助寻车终端或安装手机 App 供车主查询。车主通过在自助寻车终端或 App 中输入车牌或车辆停放时间查询车辆停放位置，系统规划最优寻车路径，方便车主取车。同时，手机 App 还可支持支付功能，实现快速付款，如图 4-7 所示。

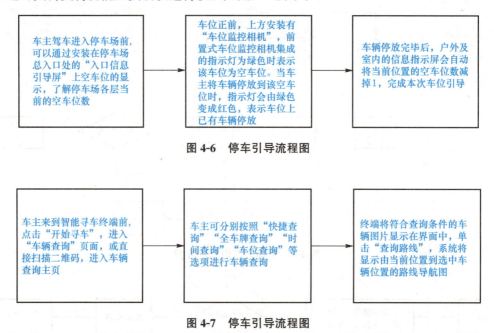

图 4-6　停车引导流程图

图 4-7　停车引导流程图

实时监控系统是寻车摄像机对每个车位进行实时监控，并将实时的视频数据上传到前端的寻车管理存储器上。当管理方、车主需要调阅某一车位的录像监控时，可在后台管理计算机上查询对应时段、对应车位的录像信息，即可了解到该时段车位的变化信息。

3. 智慧停车场的特点

（1）促进停车位的使用效率，引导泊车者方便、快速地停车。智慧停车场通过出入口系统、车位引导系统、反向寻车系统的构造，可实现快速的停车出入、准确的停车诱导、便捷的车位确定、快捷的自助付费。这些大大节约了车主的时间，解决了停车难、找车难、付费难等问题。

（2）逐步减轻对人的依赖性，无人化服务逐渐实现。随着我国劳动力成本的快速上升，过去靠人海战术管理停车场的方法越来越不可行。智慧停车场依靠物联网、GPS、云计算等技术，逐步实现了停车场的自动化、智能化，管理人员逐渐减少。

（3）智慧停车场系统的建设离不开移动终端的参与。移动设备的快速发展，带给了人们极大的便捷。生活中，人们的订餐、购票、下载优惠券、交友等都离不开手机、平板电脑等移动设备的参与，智慧停车场当然也不例外。目前，智慧停车场可通过手机等移动设备实现车位预定、车费支付、寻找车辆等功能。

（4）打破信息孤岛，实现停车场数据共享。智慧停车场不在于仅解决一个停车场的智能化问题，而在于通过智慧停车场系统的搭建，通过联网搭建更强大的城市智慧停车平台，实现停车场数据的共享，解决城市的停车问题。

二、智慧电梯管理

1. 智慧电梯概述

电梯作为含有高层建筑的住宅小区必备的垂直交通设备，在给人们出入带来便利的同时，电梯故障所造成的人员伤亡和经济损失也相当严重，因而，对其运行的安全性、可靠性有着特殊的要求。如何对电梯的安全运行实施有效的监控、及时排除各种电梯故障隐患，一直成为物业、电梯维保公司和监管部门致力解决的问题。

授课视频：智慧电梯管理

早期，我国的电梯以对进口电梯的销售、安装、维保使用为主。中华人民共和国成立后，在上海、天津、沈阳等地相继建起了电梯制造厂，我国开始了独立自主、艰苦的电梯研制生产工作。随着我国的改革和对外开放，吸取和引进国外先进的电梯技术、先进的电梯制造工艺和设备、先进的科学管理，组建中外合资企业，使我国电梯工业得到巨大发展。在此阶段，电梯在技术研制、科学教育、行业管理和政府监管上也有着长足的发展。随着电梯产业的发展，国内已形成较为完整的电梯产业链，我国也成为全球最大的电梯生产国和消费国。

随着市场的壮大，计算机技术和网络技术的不断发展，电梯智能化程度的不断提高。尤其是物联网技术、大数据分析技术的行业应用不断深入，为电梯智能管理系统的实现提供了必备条件。电梯智能管理系统的搭建，实现电梯监管的动态化、可视化，电梯安全信息实时、全天、远程的收集、监控，对电梯故障事故进行预报预警、分级响应和应急处理，及时掌握电梯运行和维护保养情况。电梯智能管理系统可以使电梯、电梯企业、质监部门、维保企业、配件企业、物业企业、电梯乘客、行业协会和房产企业之间进行有效的信息和数据交换，从而实现对电梯的智能化、统一化管理，保障电梯的可靠运行。

2. 智慧电梯系统组成

智慧电梯系统是一个社会性质的平台，关注的是维保、物业、质量技术监督及电梯乘客，实现多角色参与电梯管理。不同厂家的设备尽管实现功能相近，但是其控制方式有很大的不同。下面选取市面上较常用的一款物联网智慧电梯产品作为代表，简要说明智慧电梯系统结构。

智慧电梯系统的基本结构，可分为数据采集层、小区网络层、公共网络层和平台应用层。数据采集层在整个系统中属于核心角色，用于采集电梯的动静态数据、故障数据等信息，通过小区网络层和公用网络层推送给客户。小区网络层中包含通信节点、通信中继、通信网关及数据传输单元(DTU)。核心部件是通信网关和DTU，其稳定性与可靠性关系着整个智慧电梯系统能否可靠地工作。通信网关和DTU接收来自数据采集层的相关数据，经过相应处理后通过公用网络层传递到平台应用层，用户便可以方便地监控和管理电梯。平台应用层包含了如电体企业、物业企业、维保企业、配件企业及电梯乘客等门户，方便各个门户对电梯进行实时监控与管理，如图4-8所示。

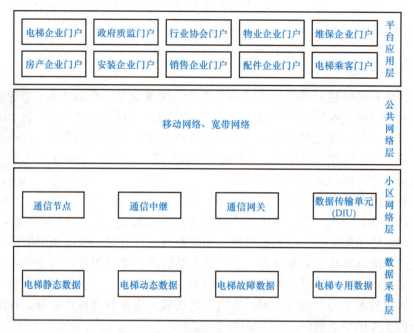

图 4-8 物联网智慧电梯基本架构

3. 智慧电梯系统功能

不同的智慧电梯系统所实现的功能会有所差异，总结目前市场上已有的智慧电梯综合解决方案，可将其实现的功能总结如下：

(1) 安全监控管理。安全监控管理是智慧电梯系统的基本功能。安全监控管理不仅可以随时掌握电梯运行情况和异常信息，为及时救助被困乘客提供信息和组织保障，而且为电梯设备的维修保养工作提供数据和信息依据，实现实时监控和问题响应。可以保证对运行电梯实时进行数据和信息监测，监控中心利用系统的管理平台可以进行电梯安全监管工作，物业单位和维保单位、质监部门也可以通过系统管理平台进行目标电梯的运行安全监控工作。当电梯发生运行异常或故障时，系统自动进行分析处理，包括信息记录、信息告知、工作提示等。当困人故障发生时，系统会自动启动应急反应措施。

(2) 维保工作管理。高质量的维保工作是电梯运行安全的基础和保障。只有有效地对维保工作进行管理，才能从根本上保证电梯的运行安全。系统可自动将电梯的待保信息、异常和故障信息进行分类，以提示的形式提供给相关的维保人员，作为工作提醒。同时，系统也可自动生成电梯的异常问题趋势信息，并发送给维保单位及相关人员，作为检查和维保的参考依据，避免严重故障的发生。系统还可记录维保人员、工作内容、对象电梯、工作时间等相关信息。具有编号的维保人员，在现场对电梯进行维保工作时，可在终端设备上进行身份确认和工作确认，保证现场维保工作质量。

(3) 应用管理。智慧电梯系统可实现对数据和信息的分析统计，全面掌握电梯的整体运行情况，充分了解电梯整体的运行问题和故障规律，也可全面掌握和准确评测维保工作情况。如系统中具备电梯的全面资料信息，可随需要生成各类准确的统计资料，保证对在网电梯运行的有效管理；可以对电梯的年检情况进行管理，及时提示未检电梯的信息，避免管理漏洞;可对异常和故障信息进行统计分析,可以全面了解电梯的运行故障情况,分析出电梯问题的关联性规律,对各维保单位进行有数据支撑的技术指导和工作要求,减少故障事件的发生,提供电梯安全运行率;可以对在网电梯的整体维保工作情况进行统计和归纳,掌握行业整体维保工作情况,还可以建立维保单位的工作评价指标,对各维保单位进行工作考核;利用本系统的维保单位信息和维保人员信息,管理部门可以进行维保单位和维保人员的资质监管。

(4)信息平台。智慧电梯系统可实现面向社会的信息公开、广告通道、便民服务。以系统为基点,可建立全新的社区公共信息平台,能提供多方面的应用服务,包括信息服务平台、电子商务等应用。如管理部门可以通过系统信息平台,发布公告和告知信息,由于是内部平台,既可以保证信息的送达率,还有一定的安全性;通常,在电梯运行正常情况下,轿厢内终端设备的屏幕就可以用作媒介平台,进行公共服务信息和商业广告信息的播放。播放的信息可以是视频、音频、图像、文字等各种形式的内容。平台的利用既可以作为项目管理单位的商业工具,也可以作为物业单位的信息发布平台。

(5)智慧呼梯。智慧电梯与家用智能终端设备结合,实现语音联动控制和电梯预约等功能。当用户准备出门乘坐电梯时,可在家通过智能终端设备下达所去楼层指令,并预约到达时间,帮助用户自动呼叫电梯至业主楼层,并将所去楼层点亮。智慧呼梯功能还可以和智慧门禁做场景联动。当用户通过门禁后,系统自动帮用户将电梯呼叫至一楼。

智慧电梯系统实现各用户的功能见表 4-3。

表 4-3　奥远电子智慧电梯系统实现各用户的功能表

单位	系统功能	内容				
质监部门	数据统计	品牌统计	运龄统计	故障统计		
	工作监督	年检管理	资质管理	维保监管		
	系统信息	通知管理	设备管理	单位信息	维保人员信息	
维保单位	故障报警	报警信息	故障信息			
	工作提示	维保提示	问题趋势	故障提示		
	工作管理	现场工作	问题电梯			
	系统信息	管理通知	电梯信息	单位信息	工作信息	交流平台
物业单位	故障报警	报警信息	维保人员信息	故障信息		
	工作提示	年检提示	维保提示			
	运行监控	电梯状态				
	系统信息	管理通知	电梯信息	单位信息		

学习任务三　智慧消防管理

※ **案例导入 4-3**

2021 年 6 月 20 日,南京市消防救援支队组织开展"媒体看消防"活动。采用智慧化、科技化的手段,大数据的应用与消防工作相结合,压降火灾起数,防范化解重大安全风险。

当天，南京"智慧消防"建设助推城市安全能级提升，给媒体记者带来深刻印象。

市消防救援支队指挥中心里，一块超高清分辨率的 LED 点阵大屏 24 h 显示全市警情情况。该指挥中心于 2020 年 11 月 9 日正式投入使用，整合了 119 指挥中心、联网监测中心、大数据研判中心的软、硬件设施，融合了防灭火工作数据，建强防火指挥调度、灭火指挥调度、力量管理、公众服务四大系统功能，堪称消防"最强大脑"。

授课视频：智慧消防管理

上午 9 点，一个报警电话被指挥中心接线员接起，报警人称在我市一处仓库外看见浓烟并伴有火光。在接线员询问报警人现场情况的同时，离起火点最近的消防车已得到准确位置并出发，此时离接警尚不足 1 min。

"通过预设的 450 万余条标准化地址库，系统对报警及灾害的定位已经精确至 10 m 以内。不需要询问报警人，消防车就可直接出发，大大缩短了出警时间。"市消防救援支队指挥中心主任何星辰介绍，目前移动指挥"一张图"已成现实，即定位后，着火点最近的消防车、周边重点单位、水源、道路通过率等信息都会清晰地显示在屏幕上。

"与原来的辖区负责制度不同，现在的派警模糊了辖区，系统掌握各个消防车的定位和实时路况，可以立刻计算出哪一辆到达时间最短，最大限度地减少救援路上的意外。"何星辰告诉记者："我们还在与交管部门研究'消防出警绿波带'方案，未来计划实现消防队从出警到现场'红绿灯全部置绿'。"

"灭火救援战时动态信息系统实现了扁平化指挥和信息完全共享。"市消防救援支队指挥中心工程师万军向记者展示了移动端 App，报警人、出警人、灾害类型、指挥命令和处置情况在手机上一览无余。

警情处理完毕后，系统还能进行实时战评复盘，全过程、全方位地展示作战指挥实时信息，按时间节点，收集记录处置全过程的文字、语音、图片、影像等信息……

[资料来源：马道军．配"最强大脑"，装备"高精尖"——我市"智慧消防"建设助推城市安全能级提升[N]．南京日报，2021-06-21.]

思考：智慧消防的主要内容是什么？

一、智慧消防的主要内容

消防建设是社区建设、城市建设的重要组成部分，是人民生命财产安全的一道屏障。随着城市建设的推进，气化燃料应用的推广、电器的普及和装修材料的多样化等都给社区消防、城市消防带来了更大的安全风险；城市高层建筑的增加、建筑密集度的增加等，也给建筑消防安全带来了许多问题。受智慧城市和智慧社区的启发，智慧消防应运而生，各城市消防部门都开始利用信息技术手段解决突发事件。智慧消防的建设需要依托于智慧社区、智慧城市的基础设施，利用信息资源和智慧产业的发展，进行智慧消防的建设。同时，智慧消防的建设也推动了智慧城市、智慧社区的发展完善。

"智慧消防"是一个全新的理念，是立足公众消防安全需求，利用物联网、移动互联网＋、传感器技术、智能处理等最新技术，配合全球定位系统、通信技术和计算机智能平台等，针对城市消防装备、应急预案、消防水源、建筑固定消防设施等信息进行智能采集、数据清洗、治理、分析及辅助决策，从而实现对城市消防安全的监测、预警、处置、指挥调度等功能，有效提升城市防灾减灾救灾能力。

智慧消防目前主要是利用物联网技术，进行消防远程监控；通过物联网传输终端和智能终端实现消防监控、消防设施与相关人员的沟通。这种人与物、物与物的沟通和交流实现了一体化的智能网络系统，其主要的内容如下。

1. 火灾预警的自动化

在各种灾害事故中，火灾是建筑中最频繁发生的灾害。一旦发生火灾，其造成的损失是巨大的。如何及时发现并报告火情、控制火灾的发展、及早扑灭火灾，是确保人身安全和减少楼宇设备财产损失的关键。在这些关键因素中，首当其冲的就是如何及时发现并报告火情。仅依靠人力，显然是费力、滞后的。唯有依靠科技的力量，实现火灾预警的自动化。即能实现全时段、全天候的监控城市消防安全运行情况，构建城市互联互通的火灾监控网络，从系统上、整体上对火灾风险进行分析和研判，有针对性地提高火灾预警能力。可通过建设城市火灾动态监管系统、火灾风险评估系统、消防信息宣传系统等实现。

2. 灭火救援指挥的智能化

火灾一旦发生，准确地了解火灾情况、控制火灾的发展、及早扑灭火灾显得尤为重要。当前，城市既面临高层、地下、化工、老式民宅等"老毛病"，又面临新建筑、新材料、新能源、新技术、新项目及人口老龄化等衍生出来的"新问题"；加之，灭火过程涉及的内容多，如要了解火灾实时发展情况、人员布局及设备、建筑物的地理信息和内部结构等。这都进一步增加了消防救援的难度。唯有实现灭火救援指挥的智能化，才能提高灭火救援的准确性、及时性，这需要多个平台的共同协作。可通过建立火灾和应急救援快速反应平台、火灾现场全面监控智能指挥系统、消防信息宣传系统等实现。

3. 日常部队管理精细化

参与救援第一线的是消防行政执法人员。作为政府依法行政的重要组成部分，其执法过程也需全程记录，以满足政府信息公开、部门联合监管的需求。同时，信息化的管理也能进一步提高消防执法的效率水平，为日益繁重的应急救援的社会消防安全管理任务提供保障。针对此项，可通过建立消防模拟训练系统、消防战勤智能保障系统、消防执法智能化系统等实现。

二、智慧消防的实施与建议

1. 智慧消防的实施

目前，全国各地都高度重视"智慧消防"的建设，各个地方都结合本地情况搭建消防的智慧化体系，根据智慧消防的火灾预警自动化、应急救援智能化、日常部队管理精细化的建设要求，具体的实施路径可归纳为以下几个方面（图4-9）：

（1）火灾预警自动化重点建设项目实施。

①建设城市火灾动态监管系统。主要加大监控力度，可建立远程监控视频、高空瞭望监控、重点区域监控、重点设施部件监控，实现实时监控消防报警设备、消防水系统、消防用电、防排烟等设备运行状态；实现对消防管理人员、工作人员的综合管理和动态管理；

实现对重点区域、社会单位内部重点部位的预防控制；实现全时段、智能化监测消防设施设备运行状态的监测，找准火灾防控的薄弱环节和重点防控对象。

②建设火灾风险评估系统。实现消防火灾的预先控制，重点以构造城市火灾风险评估模型为主。通过历史数据和实时获取的数据，查找、分析和预测各种火灾风险源和可能的火灾风险程度，根据排序高低、轻重缓急，最大限度地消除和降低各项火灾发生的风险，实现预防和控制火灾事故的发生。

③建立消防信息宣传系统。借助城市媒体，共建消防宣传平台，宣传消防安全信息；借助新媒体，共建消防安全信息互动交流平台；借助消防监管服务平台，打造全民消防知识库；借助公共移动通信网络为基础平台的安全风险提示短信发布系统，发布安全防范和逃生知识等消防短信。尤其发生重大火灾时发布消防逃生信息，最大限度地减少人员伤亡。

(2)灭火应急救援智能化重点建设项目实施。

①建立火灾和应急救援快速反应平台。将指挥调度平台、相关应急部(包括气象、卫生、医疗、供电、供水等)和所有消防应急救援(包括政府专职队、现役消防队、企业专职队、小型消防站、微型消防站等)对接成网，实现信息资源共享，统一指挥安排。指挥中心结合各类预案制作和力量调度等级，根据具体灾情自动生成救援方案，第一时间应急联动各单位人员和设备，满足城市综合应急救援指挥的需求。

②建立火灾现场全面监控智能指挥系统。通过城市天网监控系统、智能手持终端、车载传输装置、单兵无线图传等设备，实现战场动态信息无线图传、消防员现场轨迹跟踪，实时传送灾情，掌控救援现场情况，满足城市指挥中心实现可视化指挥需求。同时，搭建消防移动智能指挥平台，实现消防车辆、消防装备、消防水源、单位作战信息卡等各类后台支援信息的实时调用，满足灾害现场移动指挥需求。

③建立完善的消防地理信息系统。扩容消防地理信息数据，叠加遥感数据、实景数据和城市三维地理数据图层，制作超高层建筑、化工区、地下空间(地铁)及火灾风险较大区域的内部实景图，利用智能终端电子化采集消防和应急救援所需的道路、消火栓、天然水源、码头取水点及消防重点单位等地理信息，实现各类地理信息的实时化采集、即时化应用。

(3)日常部队管理精细化重点建设项目实施。

①建设消防模拟训练系统。通过构建消防监督网上模拟训练和消防灭火救援系统，让各级官兵能在模拟环境中真实体验实战状态，提高其实战水平和消防救援能力。同时，也可通过这样的模拟训练系统建设，进一步拓展该系统的模拟水平，增强其培训模拟效用。

②建设消防战勤智能保障系统。加强对消防车辆及特种设备的动态、精细化管控，可通过安装电子标签、定位系统、车载终端，实现日常器材装备检查的工作流程规范化和信息管理精细化，实现消防出警车辆的动态监控和管理功能。

③建立消防执法智能化系统。可通过为消防监督执法人员配备移动执法终端和便携式打印设备等方式，实现现场消防监督工作情况、单位消防隐患实时查询、记录和法律文书现场打印、实时上传。还可将执法裁决与多部门(公安、工商等行政部门)关联，获取违法违章信息作为处罚参考的同时，推送执法结果，实现共同监管、严厉打击违法行为。

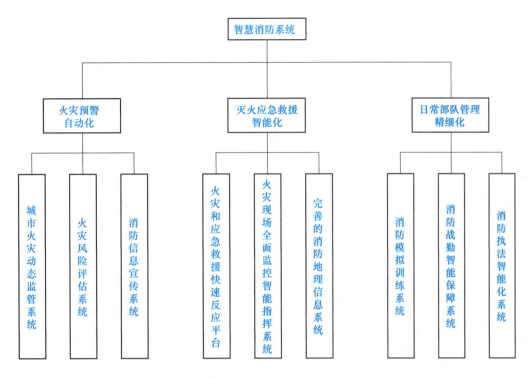

图 4-9 智慧消防建设内容

2. 智慧消防的实施建议

智慧社区是智慧城市的基础和重要组成部门，智慧消防的建设也是如此。智慧城市智慧消防的建设需要依托各个智慧社区的建设完善，这不是一蹴而就的事，需要根据社区自身的情况而定，逐步实现。但有一点可以肯定，智慧社区的智慧消防建设脱离不了智慧城市智慧消防建设这个大的体系。

智慧社区消防系统可通过感知层、传输层、平台层、应用层等进行平台搭建。感知层通过感知系统采集数据，把消防状态数据上传至平台，获取状态感知情况；传输层负责保障感知层的数据能及时、准确、安全地传输到平台层；应用层则负责具体的业务实施开展，如图 4-10 所示。

在小区重要场所安装智能感知设备，进行实时探测，并实时上报消防状态数据至监控平台。监管人员便可第一时间掌握相关信息并及时采取消防措施，极大地提高了消防预警和信息化管理水平，如图 4-11 所示。

在智慧消防的建设中，需要充分利用智慧社区的智能感知系统，保障对此区域的实时监控；需要加强消防安全意识宣传，可将宣传任务落实到社区，形成社区独有的消防宣传文化体系，如定期的消防安全知识讲座、信息推送；定期区域的消防救灾模拟训练；对区域单位和个体要求进行的安全知识培训等。智慧消防的核心是依赖于先进的科学技术，而科学技术一大特点就是发展迅速，智慧消防的构建也需紧跟时代，与时俱进。

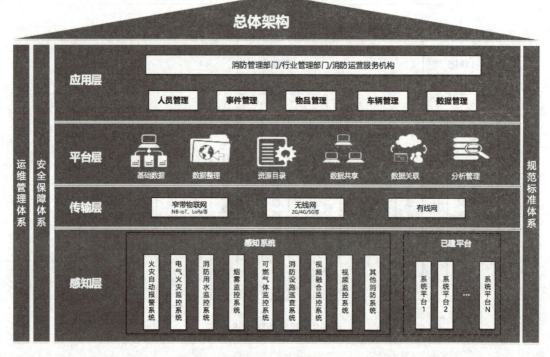

图 4-10　智慧小区消防系统总体架构图

(资料来源：应对疫情启发下的智慧小区发展白皮书　上海浦东智能照明联合会)

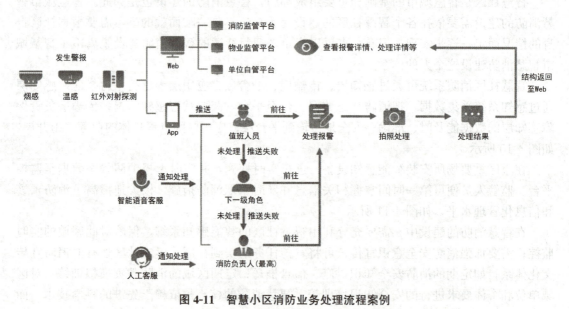

图 4-11　智慧小区消防业务处理流程案例

(资料来源：应对疫情启发下的智慧小区发展白皮书　上海浦东智能照明联合会)

学习任务四　智慧客服管理

※ **案例导入 4-4**

　　碧桂园服务进行数字化变革的核心目标是做到一切以客户为中心。能不能为客户提供更加贴心服务是衡量变革成功的唯一标准。首先，碧桂园服务需要更好地洞察和了解客户，做到"一人千面"；其次，为业主提供个性化的服务；最后，提供给业主极致的服务体验。

　　碧桂园服务首席信息官袁鸿凯提到，想要给客户提供更好的服务，就要先洞察客户的需求。每一位业主，在不同场景下、不同时间都会有不同的需求。碧桂园服务借助科技力量，围绕生活服务展开智能化场景建设，包括为业主提供全场景智能化服务，如人脸识别通行、语音报修；包括 AI 替代人工远程实时监察、AI 辅助人工全自动化服务；还包括物联网平台接入、大数据驱动的运营和管理模型等多元化场景应用。

　　通过这些智能场景化应用，碧桂园服务在整体社区内部署了众多的服务触点，线上和线下结合，线下包括智能安防、智能停车场、语音报修等，线上包括业主 App、微信小程序、微信群、社区商城等。

　　碧桂园服务将所有数据触点，与语音识别算法和人工智能算法得到匹配，及时发现和洞察到业主需求；然后，通过碧桂园服务的线下服务团队向客户提供个性化、定制化的服务，做到业主需求"一人千面"。此外，碧桂园服务还会将 400 系统、CRM 系统、客户分析系统、智能进行一一匹配，并投入大量算法工程师，对个性化服务匹配算法进行研究，不断优化和提升，加快响应速度，为客户提供极致的客户体验。

　　（资料来源：2021 中国新物业服务发展白皮书　中物研协/碧桂园服务）

　　思考：智慧客服管理的主要内容是什么？

一、智慧客服管理概述

1. 智慧客服的含义

　　物业服务企业作为服务企业，需要关注客户需求，提高客户满意度，而这离不开物业客户服务管理的参与。物业客户服务管理作为物业服务企业的窗口，直接面对业主，与业主沟通、交流、处理投诉与报修、催缴费用等。其服务的好坏直接影响业主对物业管理的满意度。传统的物业客户服务管理的方式，主要以人工进行，人力成本较高；同时，还存在着信息保密性差、查询归档困难、业务办理效率低等诸多问题。

　　随着物联网、大数据、云计算、人工智能等高新技术的发展，物业客户服务管理也借助其力量，解决业主和服务的痛点，重建智慧客服管理。智慧客服是指运用物联网、云计算、大数据、人工智能等技术，打造数字化、信息化、智能化的物业客户服务与管理，为业主提供安全、高效、便捷的智慧化服务体验。通过科技赋能，智慧客服管理不仅能满足业主基本的客户服务需求，如生活缴费、物业公告、报事报修、投诉建议、实时客服等，还紧紧围绕业主的潜在需求、真实需求构建物业客户服务新生态，从业主日常高频生活场景出发，在优化基础服务的基础上不断开拓创新服务，不断升级业主增值服务体系，为业主提供全新的物业客户服务体验，如提供家居美居、资产管理、空间服务、生活服务等。

2. 智慧客服的特点

（1）平台化。传统物业客户服务管理依赖于物业服务中心的存在，而智慧客户服务管理借助构建的服务平台，实现对物业客户服务内容的统一管理，打破了传统的物业组织架构与信息传递方式，将信息的存储与提取变得智能与安全，业务办理变得简单与高效。

（2）在线化。在传统的物业管理方式下，业主办理服务相关的事物主要通过原始电话和到物业服务中心进行。智慧客户服务管理则改变了传统服务模式，业主足不出户，只需借助提供了服务平台，就可以了解物业服务最新动态、随时投诉、提意见报修等。还可以享受生活品配送、洗衣、家政等其他服务内容，为业主提供了极大的便利。

（3）智能化。传统物业客服主要以客服工作人员承载能力为限，缺乏对客户数据完善的分析，人工成本高、缺乏较高的分析准确度和较强的解决问题能力。智慧客服借助人工智能与大数据，智能机器人可 24 h 在线，通过客户智能语音识别来预测客户行为，并利用智能知识库及时准确处理问题。客服人员也可根据不同业务分类，变被动服务为主动服务，快速解决业务办理、业务查询、定制服务等工作，实现数据地集中存储、统一维护、按需分配、阶层管理。

（4）定制化。社会不断发展，业主对生活品质要求越来越高，需求也越来越多样化。物业服务企业只有满足多样化的客户需求，才能更进一步提高客户的满意度。智慧客户服务从业主的实际需求出发，为业主提供基本服务的同时，拓展物业延伸服务，搭建多主体共赢互利生态圈，重新配置物业服务资源，为业主提供个性化定制物业服务。

3. 智慧客服的作用

（1）打破物业客户服务局限。传统物业客户服务严重依赖于既有制度和流程、纸质文件、过往经验和大量人力；而智慧客服管理的建设将打破传统物业服务局限，利用大数据、云计算、人工智能等先进技术，搭建智慧物业客户服务平台，与业主深度沟通，充分挖掘业主的潜在需求、真实需求，为业主提供各类以业主体验为中心的物业服务，对业主的物业需求积极响应。在业主需求的基础上，提供不断创新、具有竞争力的物业客户服务方案，为业主带来全新的物业服务体验。

（2）提高客户服务管理质量。物业服务质量不佳、业主满意度下降、物业费收缴率低等一系列恶性循环。智慧客服的建设，不仅能给物业服务企业带来管理价值，使得管理更加高效、智能、自动化；同时，也能够向社区生活中的其他方面包括衣、食、住、行等进行渗透。物业服务企业能够通过多种方式为业主提供更好的服务，从根本上改善业主生活质量，提升人们的生活品质。

（3）整合物业客户服务资源。物业服务企业在打造智慧客服管理中，可对公司内外部资源进行有效整合，打造适合自身发展的新模式。物业服务企业可凭借公司自身优势，整合社区资源，打造社区物业服务大平台，凝聚社区品牌力量，扩大自身物业服务差异化优势，继而整合更多的社区资源，实现物业服务长足增长。

项目四 智慧物业管理(1)

二、智慧客服管理的主要内容与场景应用

1. 智慧客服管理的主要内容

物业服务企业面临着生存发展压力,传统的物业服务由于管理手段落后,物业服务效率低,容易造成物业服务交易沟通不畅,交易双方产生矛盾;同时,经营性服务产品提供不足、质量不高,无法满足业主需求。物业智慧客服管理则将物业服务公司与业主紧紧连接在了一起,缩短了沟通距离和时限,提高了服务效率;同时,把握住业主需求,拓展物业客户服务,搭建多主体共赢互利生态圈,突破了原有的物业客户服务界限。

智慧客服管理的主要内容可以归纳为两个方面:一是基本物业客户的服务,满足业主最基本的物业刚需;二是社区增值服务,基于满足业主日常生活服务与资产运营需求等服务,见表 4-4 和表 4-5。

表 4-4　智慧客服管理的主要内容

序号	主要内容	服务内容	服务目的
1	基本物业客户服务	实现物业费、水费、电费、网费、电话费在线缴纳,在线展示各类缴费清单明细,在线申请物业维修、家电维修、工程维修,在线推送物业服务消息通知,智能物业管家问答与呼叫,在线投诉、建议等	从业主最基本的物业刚需出发,解决物业客户服务常见问题,将业主最基本的物业体验做到极致
2	社区增值服务	业主日常生活服务:家政服务、电商购物、社区养老、健康医疗、教育培训等; 资产运营:物业租售、车位经营、金融理财、公共空间资源运营等	围绕业主生活需求和资产运营需求,整合多方资源,提供多样化、定制化服务,延伸物业客户的服务体验

表 4-5　各物业公司的智慧生活服务平台

物企名称	服务平台	平台功能
幸福基业物业	幸福 e 管家	可实现客户报事报修、缴费、金融理财、管家服务、城市公告等多种功能
海伦堡物业	Hi 居 App	拎包入住、长短租管理、金融理财、家政/团购、汽车养护服务、健康管理服务
弘阳物业	弘生活 App	通过社区团购、社群管理、住商联动搭建惠生活体系,打造线上线下一体化服务流程
南都物业	悦嘉家小程序	疫情期间,于小程序上线"应急蔬菜包"、消毒湿巾等"防控物资",提供送菜上门等服务
世贸服务	茂家 App	包含智能家居的控制、缴纳物业费、停车费、公共服务费,报事报修、周边商户等模块
时代邻里	邻里邦 App	打造了社区一站式家庭服务平台,孵化出邻里星选、邻里出发、邻里优家、邻里到家等社区服务模式,涵盖社区零售、社区旅游、社区家政、房屋翻新、汽车配套服务、社区保险等增值服务

(资料来源:2021 中国新物业服务发展白皮书　中物研协/碧桂园服务)

2. 智慧客服管理主要场景应用

（1）呼叫物业管家。越来越多的物业服务企业引入物业管家的概念，通过管家与业主建立1对1的客户服务关系，让业主享受到及时、便捷、贴心的客户服务。但在传统的物业管家服务中，物业管家所面对的客户并非单一的一个业主，仍然存在人工处理的低效性。智慧客服管理在此类场景应用中，借助社区生活的智能客服助手，物业服务企业将常见的物业问题沉淀到数据中心。业主常见的问题咨询可以通过智能终端迅速得到反馈，极大地减轻物业管家的工作量。而业主也可借助智能终端，直接语音呼叫管家、查询管家的详细信息、对管家的服务进行评价等。

（2）社区通知。在传统的社区通知场景中，物业服务企业会借助微信群发、社区公众号或社区线下空间公示的方式，将社区通知传达给业主。但是，使用这些方式传达社区通知的效率较低，重复操作较多，差异化通知较难高效传达。智慧客服管理在此类场景应用中，物业服务者可以便捷地针对业主、楼栋、社区等不同群体进行社区通知推送；同时，社区通知可以图文、视频、定时任务、语音等多种方式触达到业主。

（3）物业费账单与缴纳。在传统的物业缴费场景中，物业服务者通过线下账单的形式通知业主进行缴费，业主则需要到物业缴费中心进行缴费，花费较多时间且十分不方便。而在智慧客服管理的此场景下，物业服务者可以方便地通过智能终端向业主推送账单信息；而业主则可直接在智能终端上进行费用缴纳，并形成清晰的缴费记录，方便物业服务者和业主对于缴费信息的管理和查询。

（4）房屋报修。房屋报修是物业服务的重要内容。传统报修场景需要业主联系或直接到物业客户服务中心进行报修，物业客户服务中心将报修单派发给维修部门，维修部门安排相应人员进行处理，处理完毕后反馈物业客户服务中心，物业客服人员再对维修情况进行回访。传统的报修流程比较烦琐，不够便捷。而在智慧客服管理的此场景下，业主可通过智能终端，线上便捷报修。物业服务者也可第一时间掌握报修信息，及时进行处理。当物业完成报修服务后，智能终端可直接进行服务评价，简化整个报修操作流程。

（5）增值服务。传统的物业客户服务中，有无偿服务与有偿服务之分。有偿服务种类往往较少，为物业服务企业创造盈利的能力不高。拓宽物业增值服务，不仅能满足日益增加的客户需求，提升客户满意度，还能发掘更多的收益渠道，开发出多元化的盈利模式，实现物业服务企业与业主的双赢。智慧客服管理在此情景下，以业主需求出发，整合多方资源，提供个性化定制服务，包括社区电商、家政服务、租售服务、社区金融等；且服务范围巨大，需物业服务企业结合自身优势、业主需求，开发相应的增值服务。

实训任务　认知智慧社区物业管理

1. 实训目的
通过对项目的调研，掌握智慧社区智慧门禁、智慧视频监控、智慧停车场、智慧电梯、智慧消防、智慧客服的主要内容。

2. 实训要求
（1）调查智慧社区项目。
（2）能分析智慧社区项目在智慧门禁、智慧视频监控、智慧停车场、智慧电梯、智慧消防、智慧客服等方面的具体实施方案。

3. 实训步骤

(1)准备调查的智慧社区项目。

(2)分组实地现场调查,并在网络上收集相关资料。

(3)结合课堂的讲解和图例,分析智慧社区项目在智慧门禁、智慧视频监控、智慧停车场、智慧电梯、智慧消防、智慧客服等方面的具体实施方案,并分析其优点和缺点,提出改进建议。

4. 实训时间

实训时间为2学时。

5. 实训考核

(1)考核组织。将学生分组,由指导教师进行考核。

(2)考核内容与方式。学生讲解调研智慧社区物业管理实施方案和改进建议,教师根据成果展示,提出智慧社区物业管理方面三个问题,由学生回答,然后给出实训考核成绩。

项目小结

(1)智慧视频监控系统在智慧社区的应用主要体现在对社区人、物24 h实时监控、录像与识别;视频监控和防盗报警有效联动;远程监控、维护和配置;对视频环境影响的正常监控。

(2)根据智慧社区智能门禁系统的基本组成结构,实现的功能可主要划分为识别功能、管理控制功能、门禁执行管理功能、系统设置功能。

(3)智慧停车场系统包含停车场出入口子系统和停车场管理子系统的设计。

(4)智慧电梯系统的基本结构,可分为数据采集层、小区网络层、公共网络层和平台应用层。其实现功能包括安全监控、维保工作管理、应用管理、信息平台、智慧呼梯。

(5)智慧消防主要内容包括火灾预警的自动化、灭火救援指挥的智能化、日常部队管理精细化。

(6)智慧社区消防系统可通过感知层、传输层、平台层、应用层等进行平台搭建。

(7)智慧客服具有平台化、在线化、智能化、定制化的特点。

(8)智慧客服管理的主要内容可以归纳为两个方面:一是基本物业客户服务,满足业主最基本的物业刚需;二是社区增值服务,基于满足业主日常生活服务与资产运营需求等服务。

课后习题 (总分100分)

一、单项选择题(25×2=50分)

1. 视频、音频信号的采集、传输、存储均为模拟信号,属于( )。

A. 模拟视频监控系统　　　　　　　B. 数字视频监控系统

C. 网络视频监控系统　　　　　　　D. 智慧视频监控系统

2. (　　)引入视频智能分析技术，使计算机在视频监控的基础上具备了视频分析、目标识别、异常报警等功能。
　　A. 模拟视频监控系统　　　　　　　B. 数字视频监控系统
　　C. 网络视频监控系统　　　　　　　D. 智慧视频监控系统
3. 以下不属于生物识别门禁系统类型的是(　　)。
　　A. 指纹识别　　　　　　　　　　　B. 人脸识别
　　C. 磁卡识别　　　　　　　　　　　D. 虹膜识别
4. (　　)识别又称为声纹识别，是现代社会中较为常用的一种生物识别技术。
　　A. 指纹　　　B. 人脸　　　C. 磁卡　　　D. 语音
5. (　　)是用红外线透过瞳孔，拍摄视网膜血管的图像，利用视网膜血管分布的独特性进行身份识别。
　　A. 指纹识别　　　　　　　　　　　B. 视网膜识别
　　C. 人脸识别　　　　　　　　　　　D. 语音识别
6. (　　)通过使用计算机技术对人脸的特征信息进行提取，对提取的特征信息进行身份识别。
　　A. 指纹识别　　　B. 视网膜识别　　　C. 人脸识别　　　D. 语音识别
7. (　　)是利用物联网、移动终端、GPS定位、GIS、云计算等先进技术对停车场进行管理。
　　A. 智慧停车场　　　B. 传统停车场　　　C. 智慧监控　　　D. 智慧门禁
8. 以下不属于智慧停车场可实现的功能有(　　)。
　　A. 空位预报　　　B. 车位预定　　　C. 不能导航停车　　　D. 在线支付
9. 停车场管理子系统不包括(　　)。
　　A. 车位引导系统　　　B. 反向寻车系统　　　C. 实时监控系统　　　D. 出入口子系统
10. (　　)是能够引导车辆顺利进入目的车位的指示系统。
　　A. 车位引导系统　　　B. 反向寻车系统　　　C. 实时监控系统　　　D. 出入口子系统
11. 一般在智慧停车场系统具体设计时，智慧停车场系统会包含停车场(　　)和停车场管理子系统的设计。
　　A. 车位引导系统　　　B. 反向寻车系统　　　C. 实时监控系统　　　D. 出入口子系统
12. (　　)在智慧电梯系统中属于核心角色，用于采集电梯的动静态数据、故障数据等信息，通过小区网络层和公用网络层推送给客户。
　　A. 数据采集层　　　B. 小区网络层　　　C. 公共网络层　　　D. 平台应用层
13. (　　)中包含了通信节点、通信中继、通信网关和数据传输单元。
　　A. 数据采集层　　　B. 小区网络层　　　C. 公共网络层　　　D. 平台应用层
14. 通信网关和DTU接收来自数据采集层的相关数据，经过相应处理后通过(　　)传递到平台应用层，用户便可以方便地监控和管理电梯。
　　A. 数据采集层　　　B. 小区网络层　　　C. 公共网络层　　　D. 平台应用层
15. (　　)包含了如电梯企业、物业企业、维保企业、配件企业和电梯乘客等门户，方便各个门户对电梯进行实时监控与管理。
　　A. 数据采集层　　　B. 小区网络层　　　C. 公共网络层　　　D. 平台应用层

16. 智慧消防的主要内容不包括（　　）。
A. 火灾预警的自动化　　　　　　B. 火灾预警的全程化
C. 灭火救援指挥的智能化　　　　D. 日常部队管理精细化

17. 智慧社区消防系统平台搭建中不包括（　　）。
A. 探测层　　　B. 感知层　　　C. 传输层　　　D. 平台层

18. （　　）通过感知系统采集数据，把消防状态数据上传至平台，获取状态感知情况。
A. 感知层　　　B. 传输层　　　C. 平台层　　　D. 应用层

19. （　　）负责保障感知层的数据能及时、准确、安全地传输到平台层。
A. 感知层　　　B. 传输层　　　C. 平台层　　　D. 应用层

20. （　　）负责具体的业务实施开展。
A. 感知层　　　B. 传输层　　　C. 平台层　　　D. 应用层

21. （　　）物业客户服务管理作为物业服务企业的窗口，直接面对业主，与业主沟通、交流、处理投诉与报修、催缴费用等。
A. 物业客户服务管理　B. 物业保洁管理　C. 物业维修管理　D. 物业绿化管理

22. 智慧客服的作用不包括（　　）。
A. 打破物业客户服务局限　　　　B. 不再需要人工参与
C. 提高客户服务管理质量　　　　D. 整合物业客户服务资源

23. 以下不属于智慧客服提供的基本物业客户服务内容的是（　　）。
A. 在线缴费　　　　　　　　　　B. 在线推送物业通知
C. 在线投诉　　　　　　　　　　D. 电商购物

24. 以下不属于智慧客服提供的社区增值服务内容的是（　　）。
A. 在线维修申请　　　　　　　　B. 家政服务
C. 物业租售　　　　　　　　　　D. 金融理财

25. 拓宽物业（　　），不仅能满足日益增加的客户需求，提升客户满意度，还能发掘更多的收益渠道，开发出多元化的盈利模式，实现物业服务企业与业主的双赢。
A. 增值服务　　B. 基础服务　　C. 维修服务　　D. 保洁服务

二、多项选择题(10×2＝20分)

1. 智慧视频监控系统应具备（　　）三大主要功能。
A. 监测　　　B. 甄别　　　C. 录影　　　D. 分析

2. 视频监控系统主要经历的阶段有（　　）。
A. 模拟视频监控系统　　　　　　B. 数字视频监控系统
C. 网络视频监控系统　　　　　　D. 智慧视频监控系统

3. 现在，社会比较主流的智慧门禁系统识别方式有（　　）。
A. 钥匙　　　B. 指纹　　　C. 磁卡　　　D. 人脸

4. 按照识别来源的不同，门禁系统可分为（　　）。
A. 卡片识别门禁系统　　　　　　B. 密码识别门禁系统
C. 生物识别门禁系统　　　　　　D. 人脸识别门禁系统

5. 智慧停车场利用的技术有（　　）。
A. 物联网　　B. 移动终端　　C. GPS定位　　D. 云计算

项目四 智慧物业管理(1)

6. 智慧停车场管理子系统包含( )。
A. 车位引导系统　　B. 出入口系统　　C. 反向寻车系统　　D. 实时监控系统
7. 智慧电梯系统是对电梯的( )。
A. 智能化管理　　B. 单一化管理　　C. 统一化管理　　D. 事中管理
8. 智慧电梯系统的基本结构,可分为( )。
A. 小区网络层　　B. 数据采集层　　C. 公共网络层　　D. 平台应用层
9. 智慧消防系统实现了对城市消防安全的( )。
A. 监测　　B. 预警　　C. 处置　　D. 指挥调度
10. 智慧客服特点包括( )。
A. 平台化　　B. 在线化　　C. 智能化　　D. 定制化

三、简答题(5×4=20分)

1. 智慧门禁系统在智慧社区的功能有哪些?
2. 智慧停车场的特点有哪些?
3. 智慧电梯系统功能有哪些?
4. 智慧消防的主要有哪些内容?
5. 智慧客服管理主要场景应用有哪些?

四、案例分析题(1×10=10分)

智慧物业管理项目案例

[来源:倪红慧.智慧物业管理的思考与应用[J].住宅科技,2021,41(07):58-61.]

江西省南昌市某住宅项目,总建筑面积213 193.6 m²,其中,住宅建筑面积92 122.09 m²,LOFT公寓建筑面积63 754.19 m²,商铺建筑面积8 745.14 m²。该项目于2018年6月交房,共有1 850家住户,另有商铺106套,车位1 270个。由于该项目业态比较复杂,物业公司接管后,建立了智慧物业服务平台,结合智能可视对讲、智慧车辆管理、智慧门禁管理、智慧设施管理等功能,为业主打造便捷、安全、健康、科技的和谐宜居环境。

该项目采用车牌识别车辆管理系统,实现各车库出入口车辆出入统计、车牌识别、进出时间记录等。小区主出入口设置身份识别卡、智慧社区App两种门禁管理系统,用户可自行选择门禁出入方式。在顶层通往屋顶处设置门禁,防止人员进入屋顶层;并在重要的设备机房(配电房、水泵房等)、消防安保机房等区域设置门禁。门禁系统与消防及视频监控系统联动,当发生非法开门、撬门、开门超时,可实现本地和远程报警,并进行图像抓拍及事件前后各10 s以上的录像,所有信息均存储于后端,以备事后查询;当发生火警报警时,该组内的所有控制器又可联动打开逃生门。门禁系统能实时显示门禁开关状态,便于物业管理人员掌握各位置门禁状态,及时开关门。本项目设置了社区商城系统。106家商铺经营者可以在平台上发布商业信息;业主也可以通过平台足不出户订购商品,完成线上支付。该小区物业管理的多种业务系统实现了信息平台化,并集成了微信、手机App(业主App、管家App、维修工App)和业主PAD,实现多入口访问。业务系统与楼宇门禁管理系统、社区商城系统、车辆管理系统、客服系统等进行对接,实现了信息的实时数据交互。将小区打造成智慧安全社区,业主可以实现手机开门、平台缴费、公告查看、报失报修等,并由物业公司进行专业后台管理。

问题:请根据案例资料,结合本项目所学,分析本项目中智慧物业管理是如何实施的。(10分)

项目五 智慧物业管理（2）

学习目标

1. 了解智慧设备设施的运行、智慧楼宇的起源、智慧社区服务与智慧消费；
2. 熟悉智慧设备设施的种类、智慧楼宇的定义及特点、智慧维保的特点和方式、智慧环保的特点和方式；
3. 掌握智慧楼宇的主要管理内容、智慧消费数据管理、智慧收费管理、智慧维保的主要管理内容、智慧环保的主要管理内容。

能力目标

1. 能将智慧消费与时代特征相结合，形成有效进行智慧消费数据管理、智慧收费管理的能力；
2. 能运用智慧维保和智慧环保的主要管理内容，培养理论与实践相结合、帮助解决现实问题的能力；
3. 通过完成实训任务，培养独立思考和动手实操的能力。

素质目标

1. 在对本项目的学习过程中，培养学生爱岗敬业的职业精神，严格遵循行业标准，树立良好的职业道德；
2. 培养学生的信息素养与创新思维，具有把握国内、外行业发展动态和市场变化的能力；
3. 在认知智慧消费的实训环节，培养学生自主学习、终身学习的意识。

项目五 智慧物业管理(2)

学习任务一 智慧设备设施运行管理

※ 案例导入 5-1

设施设备的管理水平直接影响一个社区的安全和生活品质。龙湖智慧服务总经理曾××曾说:"今天的龙湖智慧服务已经把所有的设施设备都纳入物联网管理平台。每一台设施设备,都可以通过物联网集成到后台智能化管理。"

以龙湖智慧服务自主研发的RBA(远程楼宇自控系统)为例。在进行设备房环境、消防、供配电等运行数据实时监测的同时,物业工程师在手机端即可进行报事和自主接单,确保故障第一时间得到响应和处理。

授课视频:智慧设施设备运行管理

据悉,仅在2018年,龙湖智慧服务就投入31个外拓项目的智能化改造,配备了185个监测设备房,增设RBA设施设备监控系统设备595台,监测点位6 013个。据统计,2018年外接项目通过RBA产生告警数据66 656条,成功监测提排泵故障50多次,消防管网漏水8次。

全国统一的客户服务中心集成了全国所有项目的共享服务,2018年所有外接项目通过客服电话共产生近60 000条报事,一次性接通率97.18%。而业主App除前面提及的门禁出入及报事报修外,还可以实现社区信息查看、物业账单查询、小区访客管理、乐购生活服务等功能。

此外,随着"慧眼"系统的逐步接入,外接项目园区品质管控也逐渐纳入龙湖统一品检平台。坐在龙湖集成指挥中心的品检专家,可以在计算机或者手机端随时清晰地查看任何一个项目的现场运营品质,实现集中、即时、高效的标准化管理。

在龙湖接管的重庆万州茶庄印象、成都汉安天地、上海慧芝湖等全国多个社区,持续推进智慧化建设,先后引入业主App、智能车管、自助缴费机等,便捷业主生活的同时,完成FM&RBA系统、慧眼系统的搭建,实现了园区设施设备的智能化管理。

思考:智慧设施设备的种类有什么?

(资料来源:https://m.fang.com/news/cq/12188_33526295.html)

一、智慧设备设施的种类

智慧设备设施是以智能系统为平台,以各种办公、家电、影音设备为主要控制对象,利用综合布线技术、网络通信技术、安全防范技术、自动控制技术、音视频技术,将与家居生活有关的设施进行高效集成,构建高效的设施与日常事务的控制管理系统,提升生活工作环境智能、安全、便利、舒适性能,并实现环保控制。智慧设备控制系统是智慧城市的核心,是智慧设备控制功能实现的基础。

智慧设备的主要设备有中央控制器、智能空调、智能调光板、智能LED灯泡、信号/协议转换器、智能开关、智能插座、遥控器、智能电视、监控设备、冰箱、洗衣机、热水器、电烤箱、火灾探测器、水浸探测器、燃气报警器及其他设备等。这些设备主要分为智能控制设备、检查探测设备和执行输出设备三类,但现在很多设备兼具控制、探测等功能于一体。下面对常用的智慧设备进行简要介绍。

1. 中央控制器

中央控制器是基于无线射频技术开发的智慧控制主机,兼容性强。用户可以使用计算机、手机、平板电脑、RF遥控器、触控面板等多种方式,控制灯光、窗帘、电视、空调、影音等设备,同时该类系统主机支持电话、短信报警发送及联动控制。多组情景模式自由搭配,实现个性化智慧生活,可应用于家庭、办公、展厅和酒店等场所。

中央控制器主要是收集系统中各个设备传递过来的数据,对收集来的数据进行分析整理。中央处理器具有响应各种查询的功能、协调各设备正常工作的功能,也具有和其他系统配合工作的能力。中央控制器通过不断地记录/统计不同场景模式、不同时间段、不同季节用户的常用设置,以及用户的个人喜好来设置合理的控制模式(如睡眠状态室内温度应保持为 20 ℃～25 ℃,湿度为 50%～60%等)。如用户每一次在某个时间设定了某个温度,它都会进行记录。经过一段时间后,它就能学习和记住用户的日常作息习惯和温度喜好,并利用算法自动生成一套设置方案。只要用户的生活习惯没有发生变化,就不再需要手动设置中央控制器。

2. 智能空调

(1)智能远程控制:可以随时通过远程终端(平板电脑/手机/PAD等设备)上的 App 软件查询空调的运行状态,给空调设置不同的运行模式和温度。

(2)智能检测:自动清除室内 PM2.5,同时定期自动发送电量报告,达到节能、低碳的效果。

(3)睡眠控温曲线:在夜间睡眠前,用户可以选择夜间睡眠模式,系统为其智能匹配睡眠曲线。用户也可自动编辑睡眠曲线,按个人入睡时间及睡眠习惯智能控温,从 24 ℃的凉爽温度,到 27 ℃的入睡温度,空调温度自动调节,使人能够进入良好的睡眠状态。

(4)智能适应:空调专用能效系统将对家居冷暖系统的运行状态、运行参数及屋内外环境温湿度实行全天候的自动监测,同时根据室外温湿度变化,在不同季节自动改变温度设定值。

3. 智能调光板

可以手动旋钮调节亮度、触摸滑动调节亮度、无级调节亮度。支持对 LED 灯/白炽灯 0%～100%调光亮度调节、带亮度热键、定时关机等功能。支持状态实时反馈,LED 支持多种亮度/颜色配置。支持通过远程终端(便携设备)进行控制。

4. 智能 LED 灯泡

智能 LED 灯泡能够连接至局域网中,和智能手机或计算机进行通信。支持远程 Wi-Fi/ZigBee 控制亮度和颜色、远程状态反馈、定时设置(开启/关闭)等功能。

智能 LED 灯泡比传统的白炽灯有更高的光能转换效率。用户可以利用手机或计算机对灯泡的亮度和颜色进行远程控制,甚至还可以对灯泡进行编程,以达到最大的节能目的,能够大幅减少使用费用。例如,可以让其在一天当中的特定时间关闭电源;对于经常出差的人们来说,还可以通过开启或关闭灯泡来吓退潜在的盗贼。

5. 信号/协议转换器

中央控制器需要控制不同厂家的设备,有些设备之间还需要相互通信,中央控制器不可能支持所有设备的协议和信号。例如，现在大多非智能电视/空调采用红外控制方式，信号转发器支持把 RF/Zigbee 信号转换成电视盒空调能够识别的红外线信号，不同家电设备之间 Wi-Fi 到 Zigbee 协议的相互转换。

6. 智能开关

（1）远程控制：用户可以通过远程终端远程监控智能开关的状态（开/关），可以远程打开/关闭智能开关。

控制模式：支持红外/无线/手动/光感/声音等控制方式。

（2）安全保护：在受到有超过额定电压（雷电等）能够自动断电，保护家电设备；开关面板为弱电操作系统；开启或关闭灯具时无火花产生，老人及小孩使用时安全系数很高。

（3）高效节能：在检测到用户断电后，自动关闭智能开关起到节能的作用并通知用户。

（4）自动夜光：智能开关能够自动采用夜光方式，避免夜间无法找到开关位置。

（5）记忆存储：内设 IIC 存储器，所有设定自动记忆。

7. 智能插座

插座设置为"主控"插孔和"受控"插孔。静态时（插座不用时）插座没有电源输出，工作指示灯不亮，是无电的状态。此时，插座中电极与电源是完全断离状态，具有很高的安全性。插座接收到红外线/RF/ZigBee/Wi-Fi 等信号后，会自动接通电源，便可正常使用电器。关闭电器后插座内部的智能双核 IC 芯片会在线检测电流变化，从而实现一段时间（30 s、5 min、30 min 等）后自动断电。此时，插座上的工作指示灯灭，恢复无电状态。智能插座支持实时状态反馈，可将电器工作状态实时反馈到客户端，支持多个定时任务的设置。手机客户端可对多个智能插座进行控制。

智能插座内设防雷电、防高压、防过载、防漏电的功能。一旦有瞬间雷击感应高压进入，插座会自动吸收雷电感应高压。若超过其本身能吸收的范围，智能插座会自动断电；智能插座设置额定电压 220 V，最高可承受电压 250～265 V，超过此范围会自动断电，否则会烧坏电器；智能插座利用电子式线圈对火线进行实时监控，一旦发生过载，便会自动断电；智能插座用电子式线圈对火线和零线电流，一旦出现漏电，便会自动断电。

8. 监控设备

（1）支持 24 h 全天候录制。

（2）可以连接上所有的无线网络：支持 802.11 b/g/n，支持 2.4 GHz 和 5 GHz。

（3）支持极强的夜视功能、高清录制功能，具备更漂亮的外壳及 130°的大视野。

（4）支持云计算的无线网络视频监控，视频存储方式更简单且容易实现；无论用户在哪里，都能对想监控的地方进行查看，并可进行双向通话和远程观看；支持内设储存卡设备。

（5）支持摄像头前面有动静标记，甚至可以提醒用户。

（6）内置的麦克风和扬声器可以让用户听到声音，还能与闯入者对话。

（7）记录下家里的场景和声音，随着时间的推移，它会增强适应性，了解用户和其他经常到家中来的客人的行为。

（8）支持智能区分家庭成员中的孩子、宠物和进入家中未注册的陌生人。

（9）只有必要时相机才会运作，这样不仅节省能源而且不会因为闯入者而发出假警报，或者毫无理由地连续记录。用户也可以调整标准，通过连接 Android 或 iOS 移动 App，让设备重新开始运行。

9. 热水器

(1)燃气热水器。远程安防监控：智能云热水器可以远程监控家中安全，一旦出现CO泄漏或者甲烷泄露，热水器将会通过中央控制器发出报警提醒。

①智能热水云适应：根据四季环境、室温，以及个人偏好、智能记忆、自行调整适应，彻底解决调温麻烦。无论在哪个季节，都能智能设置合理的水温。

②专属定制功能：智能云家电可以做到无微不至，根据不同喜好定制每个人的专属用水模式，包括浴缸注水量、水温、水流量。

③自动温度调节功能：根据检测水温与预设定温度的差值，通过调整燃气的大小和冷热水的比例自动控制出水温度，使运行过程中一直保持舒适、安全的水温。

(2)电热水器。

①智能远程操控：远程操控让用户享受快人一步。无论身处何处，都能随时查看热水器的运行状态，并可远程操控所有功能，方便、快捷。

②个性化热水定制：根据不同的需求(洗澡、泡脚、洗菜等)，用户可以个性化定制热水，任意添加、选择各种用水模式，充分满足多变需求。

10. 探测报警设备

(1)火灾探测器。火灾探测器是消防火灾自动报警系统中对现场进行探查，发现火灾的设备。其按对现场的信息采集类型，可分为感烟探测器、感温探测器、火焰探测器、特殊气体探测器。火灾探测器是系统的感觉器官，其作用是监视环境中有无火灾发生。一旦有了火情，就会将火灾的特征物理量，如温度、烟雾、气体和辐射光强等转换成电信号，并立即动作向中央控制器发送报警信号；在正常状态，定时向中央控制器发送探测器状态，或者收到中央控制器的查询反馈探测器状态或取消重置报警。

(2)水浸探测器。普通接触式水浸探测器，利用液体导电原理进行检测。正常时，两极探头被空气绝缘，在浸水状态下探头导通，传感器输出干接点信号。当探头浸水高度超过设定值后，即产生告警信号。智能水浸探测器必须具有双向通信的功能，既能接受中央控制器的控制，又能反馈探测器的状态和发出可靠的报警信号。

(3)燃气报警器。燃气报警器就是气体泄露检测报警仪器。当环境中可燃或有毒气体泄露时，气体报警器检测到气体浓度达到爆炸或中毒报警器设置的临界点时，燃气报警器就会发出报警信号，以提醒采取安全措施。燃气报警器相当于自动灭火器，可驱动排风、切断、喷淋系统，防止发生爆炸、火灾、中毒事故，从而保障安全生产。燃气报警器可以测出各种气体浓度。智能燃气报警器具有双向通信能力，可以和其他设备配合使用，能够接收控制命令并做出反馈。

(4)温度探测器。温度探测器是利用热敏方式来检测环境温度进行报警的探测器，用于检测被测物体和环境的温度。当超出或低于标准值时，发出报警。温度探测器是一种独立式的智能型探测器，拥有温度探头故障诊断报警精度高、可靠性强、简单实用、安装方便等特性。

(5)湿度探测器。探测用户家中不同区域的湿度(卧室、客厅、厨房、卫生间等)，并反馈给中央控制器。

二、智慧设备设施的运行

主机系统一般采用 RF、Wi-Fi、TCP/IP、485 等协议进行数据传输，通过无线方式来发送指令。灯光、插座、窗帘、家电、微控控制采用 RF 传输命令，所有开关安装方法与原机械开关一致；监控采用 2.4G 无线网络摄像机，安防探测器使用 RF 无线报警方法，即装即用；系统本身自带背景音乐功能，音乐文件存放在 TF 卡内；操作终端，如平板电脑、手机、个人计算机，通过 Wi-Fi 或网络与本智能系统相连接。所有设备无须重新布线，大大节省了安装的难度与调试时间。

动画：智慧设施设备的运行

主机一般可以连接以下硬件设备：1~120 路视频监控；120 路无线智能报警；120 路灯光控制；120 路窗帘控制；120 路电器控制；120 路插座控制；120 个联动控制管理。外围终端设备主要采用跟主机所配套的设备。

远程监控摄像头采用室内高清云台机 6024-M，最高分辨率为 720 P，支持双向语音功能，内置麦克风；内置 Wi-Fi 模块，可支持 802.11 b/g/n，方便接入 Wi-Fi 无线路由器；支持左右 350°、上下 100°的旋转；报警输出提供开关量信号输出，可控制外接的报警设备；SD 卡插槽可插入 SD 卡，报警时可实现视频录像到 SD 卡。

智能灯控开关采用 CS-862x 轻触系列、CS-862 xM 触摸系列、CS-865 x(M)大功率系列、CS-862 xT 调光系列、CS-866 x(M)轻触/触摸系列、CS-868 x(M)大功率系列、CS-867 x(M)调光系列等，工作电压用 AC220 V±10%50/60 Hz，待机功耗小于 0.02 W，采用 RF 无线射频技术，空旷控制距离可达 30 m，可直接替换机械开关，无须重新施工布线，安装方便。智能插座输入电压 AC220 V±10% 50/60 Hz，输出电压 AC220 V±10% 50/60 Hz 可远程控制，操作方便。窗帘控制器采用 RF 无线射频技术，可接收来自遥控器、智能主机发送的无线指令，搭配窗帘限位电机和导轨，对窗帘进行手动、遥控、远程操作。

无线红外转换器是智能家居系列产品之一。其功能是将无线射频信号转换为红外信号，从而实现无线设备对红外遥控设备的集中遥控控制，如空调、投影仪、电视机、机顶盒、DVD、音响、功放机、电风扇等电器设备。

报警探测器有无线红外探测器、无线门磁探测器、无线烟雾探测器、无线燃气探测器、无线水浸探测器等，无线安装便捷，可远程查看、操控。

套装设备一般配备 4 键情景遥控器、24 键情景遥控器和墙壁情景发射器，支持用户自定义按键响应，方便、快捷，体现了生活家居的随意性和舒适性。

学习任务二　智慧楼宇运行管理

※ 案例导入 5-2

2017 年，美的和西门子楼宇科技达成技术合作协议，标志着美的正式涉足智慧楼宇领域。经过多年的发展和布局，2020 年 11 月，剥离零售业务后的中央空调事业部正式更名为暖通与楼宇事业部，形成了涵盖暖通空调、电梯、能源在内的全线硬件设备供应和以楼宇

项目五　智慧物业管理(2)

自控系统、智能化设计施工、数字化解决方案为主的全生命周期软件服务。硬件+软件综合能力的提升，意味着美的楼宇业务完成了从单一硬件设备供应商向智慧楼宇整体解决方案提供商的转型。

2020年底，美的将原有的4大业务板块升级为包括智能家居事业群、机电事业群、暖通与楼宇事业部、机器人与自动化、数字化创新业务在内的5大业务板块。暖通与楼宇业务站在了和智能家居、机电等业务同等重要的战略高度，标志着楼宇业务成为未来美的发力B端、走出差异化竞争路线的一个重要方向。

对美的来说，现阶段布局智慧楼宇业务最主要的优势体现为集团软硬兼施的综合能力。

在硬件端，依托于美的在中央空调领域多年的深耕，目前暖通产品形成了以美的、Clivet双品牌为主打，涵盖水机、氟机在内的业内最齐全的暖通产品线；在传统优势业务基础之上，2020年10月，美的成立美通能源，12月与菱王电梯达成战略合作，陆续将能源、电梯产品融入智慧楼宇的整体解决方案，不断完善楼宇业务在智能硬件领域的全线布局。

在软件端，2019年，美的将美控智慧建筑拆分为独立经营主体，专注于楼宇自动化和智能化技术的开发和应用；2021年，成立楼宇科技研究院，进一步完善楼宇数智化平台的搭建。通过美控和楼宇科技研究院，美的为智慧建筑构建起完善的神经系统（分别为以楼宇自控系统为代表的自主神经；深耕细分建筑业态弱电智能化业务的周围神经；以及面向使用者体验的建筑全生命周期数字化业务为代表的中枢神经），赋予建筑思考、协调和感知的能力，助力美的更好地去解决C端和B端用户在楼宇使用过程中所面临的智能化体验、节能环保、运营维护等全生命周期的问题。

综合来看，美的在智慧楼宇领域硬件和软件综合实力的提升，为楼宇注入更多的"智慧"力量，助力于建筑物本身以及人、建筑、场景之间的协同高效运转。

思考：什么是智慧楼宇？其特点是什么？

（资料来源：微信公众号：36氪Pro《发力智慧楼宇，美的能否破局？》

https://mp.weixin.qq.com/s?__biz=MzUxOTA3MzMzOQ==&mid=2247541076&idx=2&sn=3e59e52102d33f6ab4015ef80cfc0d51&chksm=f9fd5a00ce8ad3166ddc1fe9cb053358bcdbdc03466ca6112faf497b9e71afbd6721c1d4eaee&mpshare=1&scene=23&srcid=0902rIUBmIIexVF9uaDPv1DG&sharer_sharetime=1630573430930&sharer_shareid=70a867333ca3bf37364d21fb8891b8bb#rd）

一、智慧楼宇的特点和方式

1. 智慧楼宇的概念与起源

智慧楼宇起源于最早由美国人提出的智能建筑概念。1984年1月，美国联合科技集团的UTBS公司在康涅狄格州哈伏特市建成了世界上第一座智能大厦。它是由一座旧金融大厦改建而成的都市大厦。在这座3层高，总建筑面积达10万多 m^2 的建筑里，客户不必自己添置设备，便可获得语言通信、文字处理、电子邮件、市场行情信息、科学计算和情报资料检索等服务。另外，大厦实现了自动化综合管理，楼内的空调、供水、防火、防盗供配电系统等均由计算机控制，使客户真正感到舒适、方便和安全；同

授课视频：智慧楼宇的特点和方式

117

时，改造后的大厦在出租率、经济效益等都取得较大的成功。自"智能建筑"以实物形态出现在公众视野，世界各地很快掀起了一阵智能建筑热潮。多国政府纷纷制定了智能建筑发展规划，成立了有关机构和学术团体，带动了一大批相关产业的快速发展，甚至希望以此来拉动整个国家的经济。因此部分学者认为，智能建筑发展情况是国家经济发达程度的一个重要标志。

在智能建筑领域，美国始终保持技术领先的势头。美国自20世纪90年代以来新建和改建的办公大楼约有70%为智能化建筑；为加速智能建筑的发展，美国公布了《21世纪的技术：计算机、通信》研究报告书。专家认为，网络技术、控制网络技术、智能卡技术、可视化技术、流动办公技术、家庭智能化技术、无线局域网技术、数据卫星通信技术，以及双向电视传输技术。这些高新技术将在21世纪的美国智能建筑中，具有广泛的应用和持续的发展前景。

在欧美以后，日本很快跟上发展的步伐，但走的是另外一条路。日本在1986年建造的东京本田青山大厦和NTT品川大厦等，大体上是大公司建造的自用办公大楼，因此，对其设备自动化、通信网络的建设等就更有针对性。由于目的明确，所以在大楼建设中同时将其内部的办公网络(OA)系统及相应的应用系统一起建设起来。在这个基础上，形成了后来所说的智能建筑的"3A"体系。日本最早的一批智能大楼多数是一些大公司，特别是大型电子公司如NEC、松下、三菱、东芝等办公大楼，它们具有完善的设备系统，设备与建筑设计配合融洽。这些大公司建设这些系统主要是为了自己使用，提高工作效率，同时也是为了改善企业形象。在亚洲，新加坡政府为推广智能建筑拨巨资进行专项研究，计划将新加坡建成"智能城市花园"。另外，印度也于1995年起在加尔各答的盐湖开始建设"智能城"。

我国智能建筑起始于1986年，国家"七五"重点科技攻关项目——"智能化办公大楼可行性研究"，1991年通过鉴定，主要针对一些涉外酒店、高档公共建筑和特殊需要的工业建筑。其主要技术依靠国外引进，涉及机电设备控制、管理；计算机网络、火灾报警、有线电视等，系统相互独立。中国台湾地区的智能大楼起步较早，1989年竣工最多，1991年已建成约1 300栋，其中有233栋具有较高智能化，以中国台湾地区的台北市智能大楼密度最高，其中101大厦是中国台湾地区乃至世界智能大楼的典范。中国香港地区的智能建筑建得也较早，相继出现了汇丰银行大厦、立法会大厦、中银大厦等一批智能化程度较高的建筑。1989年，北京发展大厦的建成，标志着我国第一幢智能建筑的问世。北京发展大厦涵盖BA/OA/CN(CA)，但是不完善，三个系统没有实现统一控制。广州1993年建成的广东国际大厦(总建筑面积183 600 m^2，63层)可称为内地"首座智能化商务大楼"，有较完善的"3A"系统。智能建筑的建设在20世纪90年代中后期形成高潮，通过在传统建筑上配备基于信息化改造的5A系统，使得智能建筑更符合新型城镇化和智慧城市的发展范畴。受此推动，智能建筑行业得以快速发展，并不断向智慧楼宇演进。

近年来，随着物联网、人工智能、大数据、边缘计算等新兴技术的快速兴起，智慧楼宇的计算方法从分布式智能控制理论转变为人工智能计算理论。整个建筑在强调自动化和智能化的同时，更加注重系统整体的协调性和集成性；与此同时，随着"人和空间"因素的引入，也赋予了智慧楼宇更深层次的内涵，使其在安全、舒心、便捷、低碳、增效的方向不断优化，行业整体进入高速发展阶段。从当前国内的具体需求来看，智慧楼宇行业的需求主要由两部分组成：一是新建建筑的智能化应用；二是既有建筑的智能化改造。2019年，我国既有建筑的智能化规模为3 242.4亿元，同期新建建筑的智能化规模为5 973.6亿元，楼宇智能化市场规模合计达9 216亿元，5年复合增速达到10.1%，行业增长空间广阔。

2. 智慧楼宇产生背景

智慧楼宇的产生不是偶然的，而是有其深刻的经济、社会和技术背景的。归纳起来，有以下四个方面的主要原因：

(1)技术背景。计算机技术、通信技术、控制技术的发展，为智能建筑的实现提供了技术保证。自动化仪表技术、网络技术的发展，使自动控制技术从过去分散、个别的控制系统发展成分散控制、集中管理的集散型系统分散控制。

(2)经济背景。第三产业的迅速崛起(第一、二产业发展已相对平缓)，世界经济全球化，经济由总量增长型向质量效益增长型转变。

(3)社会背景。信息时代的到来，社会发生变革，国家垄断经营的交通、邮电等行业转向自由竞争，国际贸易和市场开放，使得信息技术市场的竞争日趋激烈，为智慧楼宇的技术和设备选择提供了更多的机会。

(4)工作和生活的客观需求。随着现代生活水平的提高，人们对生产、生活提出更高的要求；而智慧楼宇的出现正迎合了这种需求，提供了更加方便、舒适、高效和节能的生产与生活条件。

3. 智能建筑的定义

作为建筑工程与艺术、自动化技术、现代通信技术和计算机网络技术相结合的复杂系统工程学科——"智能建筑"的定义，是在不断地发展、补充和完善的。

美国智能建筑协会的定义：智能建筑是通过优化其结构、系统、服务、管理四个基本要素及其相互关系来提供一个多产的和成本低的环境。同时，又指出：没有固定的特征来定义智能建筑。事实上，所有智能建筑所共有的特性是其结构设计可以适于便利、降低成本的变化。

欧洲智能建筑集团的定义：创造一种可以使住户有最大效率环境的建筑，同时该建筑可以有效地管理资源，而硬件设备方面的寿命成本最小。

国际智能工程协会的定义：在一座建筑中设计了可提高响应的功能，以及适应用户对建筑物用途、信息技术要求变动时的灵活性。智能建筑应该是安全、舒适、系统综合、有效利用投资、节能和具备很强使用功能的建筑，可以满足用户实现高效率的需要。

日本电机工业协会智能建筑分会的定义：

(1)作为收发信息和辅助管理效率的轨迹。

(2)确保在建筑里工作的人们满意和便利。

(3)建筑管理合理化，以便用低廉的成本提供更周到的管理服务。

(4)针对变化的社会环境、复杂多样化的办公及主动的经营策略，做出快速、灵活和经济的响应。

中国学术界对智能建筑的定义：智能建筑系统是指利用系统集成方法，将智能计算机技术、通信技术、信息技术与建筑艺术有机结合，通过对设备的自动监控，对信息资源的管理和对使用者的信息服务及其与建筑的优化组合，所获得的投资合理、适合信息社会需要，并且具有安全、高效、舒适、便利和灵活特点的建筑物。

国家标准《智能建筑设计标准》(GB 50314—2015),对智能建筑做出了如下的定义:智能建筑是以建筑物为平台,基于对各类智能化信息的综合应用,集架构、系统、应用、管理及优化组合为一体,具有感知、传输、记忆、推理、判断和决策的综合智慧能力,形成以人、建筑、环境互为协调的整合体,为人们提供安全、高效、便利及可持续发展功能环境的建筑。

4. 智慧楼宇的特点

智慧楼宇是在传统建筑平台上为实现智能化而进行全方位改进的产物,从而使冷冰冰的混凝土建筑物成为温暖的、人性化的智慧型建筑。智慧楼宇与传统建筑相比,不但功能更多、更强,而且更节约资源,适应性和灵活性更强。

智慧楼宇与一般建筑的区别在于:①工程规模和总建筑面积都比较大,如中、高层建筑,小区,广场,运输枢纽中心等;②具有重要性质或特殊地位,如电视台、报社、政府、军队、公安的指挥中心,通信枢纽楼宇等;③应用系统配套齐全,如网络、安全、环境等服务功能完善;④资金和技术密集,是现代化的高科技产物,需要一个强大的工程部门来管理;⑤总体结构复杂,配合协调较多,是一个综合的集成系统。

智慧楼宇的新功能需求:①对环境和使用功能的变化具有感知能力,如室温、光照的感知等;②具有传递、处理感知信息的能力,如温控、闭路监控等;③具有综合分析、判断的能力,如根据用户授权提供不同的信息访问能力;④具有做出决定并且发出指令信息,提供动作响应的能力,如消防处理系统;⑤低碳、环保,能取得较好的节能效益。

智慧楼宇的主要特点如下:

(1)高度集成。从技术角度看,智慧楼宇与传统建筑最大的区别就是各智能化系统的高度集成,将建筑中分散的设备、子系统、功能、信息通过计算机网络集成为一个相互关联的统一协调的系统,实现信息、资源、任务的重组和共享。智慧楼宇安全、舒适、便利、节能、节省人工费用的特点,必须依赖集成化的建筑智能化系统才能得以实现。

(2)绿色、节能。以现代化商厦为例,其空调与照明系统的能耗很大,约占大厦总能耗的70%。在满足使用者对环境要求的前提下,智慧楼宇应通过其"智能",尽可能利用自然光和大气冷量(或热量)来调节室内环境,以最大限度地减少能源消耗。按事先在日历上确定的程序,区分"工作"与"非工作"时间,对室内环境实施不同标准的自动控制,下班后自动降低室内照度与温湿度控制标准,已成为智慧楼宇的基本功能。利用空调与控制等行业的最新技术,最大限度地节省能源是智慧楼宇的主要特点之一。其经济性也是该类建筑得以迅速推广的重要原因。

(3)节省运行维护的人工费用。根据美国大楼协会统计,一座大厦的生命周期为60年,启用后60年内的维护及营运费用约为建造成本的3倍。再依据日本的统计,大厦的管理费、水电费、煤气费、机械设备及升降梯的维护费,占整个大厦营运费用支出的60%左右;且其费用还将以每年4%的速度增加。所以,依赖智能化系统的智能化管理功能,可发挥其作用来降低机电设备的维护成本,同时由于系统的高度集成,系统的操作和管理也高度集中,人员安排更合理,使得人工成本降到最低。

(4)安全、舒适和便捷的环境。首先,智慧楼宇确保人、财、物的高度安全,以及具有对灾害和突发事件的快速反应能力。其次,智慧楼宇提供室内适宜的温度、湿度和新风,以及多媒体音像系统、装饰照明、公共环境背景音乐等,可大大提高人们的工作、学习和生活质量。再次，智慧楼宇通过建筑内外四通八达的电话、电视、计算机局域网、因特网等现代通信手段和各种基于网络的业务办公自动化系统，为人们提供一个高效便捷的工作、学习和生活环境。智慧楼宇一体化集成管理的能力是其最重要的特点，是区别智慧楼宇与传统建筑的分水岭。同样一体化集成管理的能力大小，也反映了智慧楼宇的"智商"程度。

二、智慧楼宇的主要管理内容

1. 智慧楼宇的功能构成

智慧楼宇除有一般的电力供应、给水排水、空气调节、采暖、通风等设施外，主要还包括具备较好的信息处理及自动控制能力，其基本系统主要有3A——楼宇自动化系统(BA)、通信自动化系统(CA)、办公自动化(OA)。我国部分房地产商将楼宇自动化里的信息管理自动化系统(MA)和消防安保自动化系统(FA)独立出来，因此，也有5A的说法，可称为"5S智能大厦"，即楼宇自动化系统(BAS)、通信自动化系统(CAS)、办公自动化系统(OAS)、计算机网络系统(CNS)和建筑物综合布线系统(PDS)。某办公建筑智慧楼宅系统组成示意如图 5-1 所示。

动画：楼宇智慧的功能构成

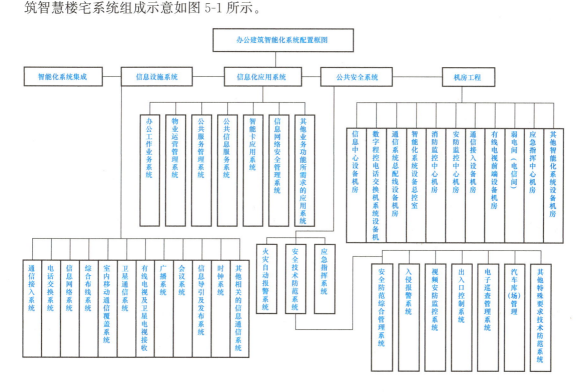

图 5-1　某办公建筑智慧楼宇系统组成示意

（1）楼宇自动化系统。楼宇自动化系统是将建筑物内的供配电、照明、给水排水、暖通空调、保安、消防、运输、广播等设备通过信息通信网络组成分散控制、集中监视与管理的管控一体化系统，随时检测、显示其运行参数，监视、控制其运行状态，根据外界条件、环境因素、负载变化情况自动调节各种设备使其始终运行于最佳状态，从而保证系统运行的经济性和管理的科学化、智能化，并在建筑物内形成安全、舒适、健康的生活环境和高效节能的工作环境。

此系统包括环境控制系统和防灾与保安子系统。环境控制管理子系统又包括暖通空调控制系统、给水排水系统、运输设备控制系统、电气控制系统、资源循环利用系统、能源管理系统等。防灾与保安子系统包括消防报警及联动控制、防盗报警系统、闭合电视监控系统、出入口控制系统、访客对讲系统、电子巡更系统。

（2）通信自动化系统。通信自动化系统主要提供建筑内的一切语音和数据通信，既要保证建筑内语音、数据、图像的传输，又要与建筑外远程数据通信网相通，从而达到资源的共享。通信系统包括以程控交换机为核心，以多功能电话、传真、各类终端为主要设备的通信网内局域网、工作站、高速主干通信网等。它包括语音通信、无线通信、数据通信和图形及图像通信。

（3）办公自动化系统。办公自动化系统是服务于具体办公业务的人机交互信息系统，它是利用先进的科学技术，不断使人的部分办公业务活动物化于人以外的各种设备，并且由这些设备和办公人员构成服务于某种目标的人机信息处理系统。其目的是尽可能充分利用信息资源，完成各类电子数据处理，对各类信息进行有效管理，提高劳动效率和工作质量，同时能进行辅助决策。

传统的办公系统和现代化的办公自动化的本质区别就是信息存储和传输的介质不同。传统的办公系统是使用模拟存储介质，所使用的各种设备之间没有自动的配合，难以实现高效率的信息处理和传输。现代化的办公自动化系统是利用计算机把多媒体技术和网络技术相结合，使信息以数字化的形式在系统中存储和传输。办公自动化技术的发展将使办公活动朝着数字化的方向发展，最终实现无纸化办公。

（4）计算机网络系统。计算机网络系统是智慧楼宇的最高层控制中心，监控整个智慧楼宇的运转。系统集成中心具有通过系统集成技术、汇集各个自动化系统信息、进行各种信息综合管理的功能。它通过综合布线系统将各个自动化系统连接成为一体，同时在各子系统之间建立起一个标准的信息交换平台。系统集成中心把各个分离的设备、功能和信息等集成为一个相互关联的、统一的、协调的系统，使资源达到充分的共享，从而实现了集中、高效和方便的管理和控制。

（5）建筑物综合布线系统。建筑物综合布线系统是建筑物内所有信息的传输通道，是智慧楼宇的"信息高速公路"。综合布线由线缆和相关的连接硬件设备组成，是智能建筑必备的基础设施。它采用积木式结构、模块化设计，通过统一规划、统一标准、统一建设实施来满足智能建筑信息传输高效、可靠、灵活性等要求。综合布线系统一般包括建筑群子系统、设备间子系统、垂直干线子系统、水平子系统、管理子系统和工作区子系统六个部分。

2. 智慧楼宇系统管理的内容

智慧楼宇在我国已成为建筑市场的大趋势，也是建筑业中新的"经济增长点"。各类建筑（楼、馆、场等）的智能化工程投资，占工程总投资的5%～8%，有的已高达10%；居住小区的智能化系统建设投资平均在每平方米60元左右（占土建投资的5%～8%），如按全国每年竣工面积计算总投资为几十亿元。智慧楼宇这个新的"经济增长点"促成相关企业迅速增长。粗略估计，目前全国从事楼宇智能化的企业超过3 000家，产品供应商近3 000家。全国有152家设计院和127家系统集成商具有专项设计资质。

在深圳，智慧楼宇随着经济的持续稳健增长，其数量和水平正逐年提高，深圳居民对智慧楼宇的认可度也越来越高。目前，深圳的安防覆盖率居全国之首。深圳还是国家发改委选定的全国社区信息化建设试点城市，深圳信息化社区的技术装备程度走在全国前列。深圳智能建筑及相关行业的企业有数千家，一些国际上最新的技术、产品都能在深圳同步上市。

智慧楼宇最初由单一系统向多系统拓展和延伸，逐步形成了完善的产品体系，其技术性能、产品质量以及开放性、兼容性、可靠性逐年提高。系统的信号采集、传输、存储、显示由模拟、数模混合向全数字化发展。系统按需集成被广泛认可，从上往下系统集成是发展趋势，将有利用户提高管理水平，开展增值服务。

智慧楼宇工程应用由商业建筑(酒店)智能化向各种类型建筑拓展，并向相关行业延伸。经过多年的发展，初步奠定了智慧楼宇产业基础，智慧楼宇产品国产化仍有较大的发展空间，行业企业应积极关注。

智慧楼宇涉及的系统如下：

(1)楼宇自控系统(系统软件及应用软件、控制器及通信网络及其组件、各类传感器、各类执行机构)，如图5-2所示。

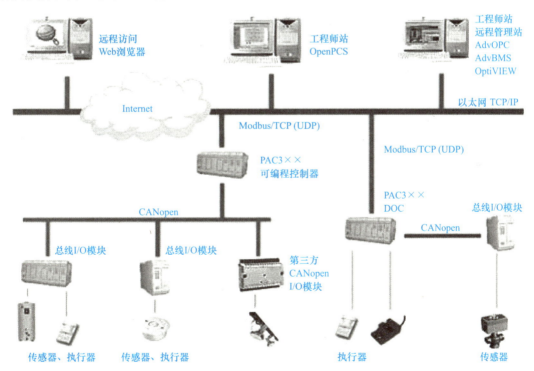

图5-2　楼宇自控系统组网图

(2)综合布线系统[光纤/铜缆/大对数线缆、面板模块、配线架(数据/语音)、19寸工业标准机柜，如图5-3所示]。

(3)计算机网络系统(路由器、交换机、网管软件)，如图5-4所示。

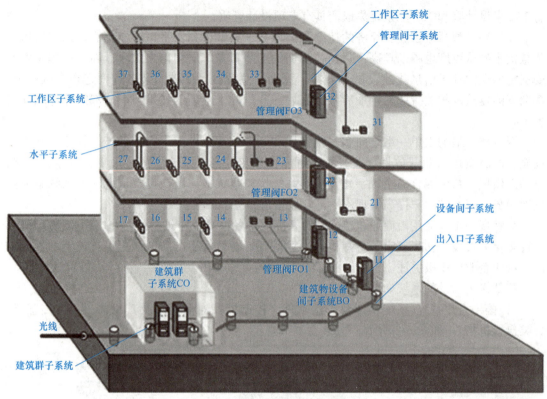

图 5-3 综合布线系统示意

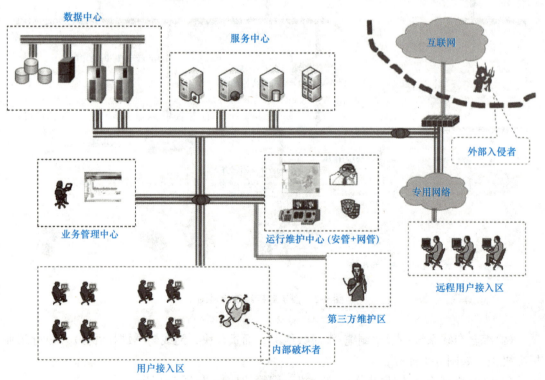

图 5-4 网络系统示意

(4)语音通信系统(PBX)如图 5-5 所示。

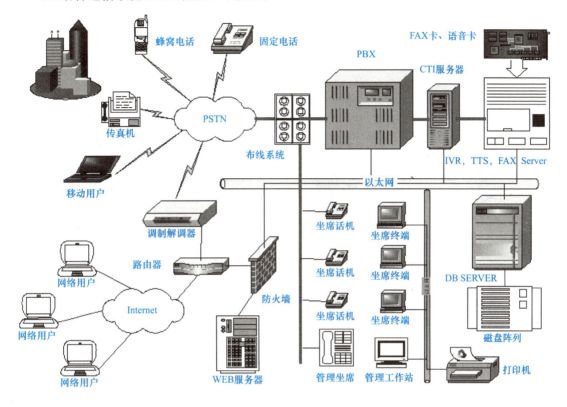

图 5-5 语音通信系统示意

(5)视频监控系统(硬盘录像机、编解码器、视频矩阵、监控显示器、各种摄像头、管理软件及操控设备),如图 5-6 所示。

(6)防盗报警系统(报警管理软件、各类探测器、报警主机)如图 5-7 所示。

(7)出入口控制系统[读感器及其控制器(卡、指纹等)、执行机构(电动门锁、门磁、按钮等)],如图 5-8 所示。

(8)停车场管理系统(管理软件、出入口控制设备、道闸、摄像及显示设备),如图 5-9 所示。

(9)火灾自动报警系统(报警控制器及各类模块、探测、声光报警器、消防电话、广播系统、联动控制器),如图 5-10 所示。

(10)有线电视系统(前端系统、传输系统、分配系统),如图 5-11 所示。

(11)信息发布查询系统(显示设备、MT 终端控制器、触摸屏),如图 5-12 所示。

(12)大屏幕显示系统(显示单元、视频控制客户端、控制软件),如图 5-13 所示。

(13)电子会议系统(会议发言及讨论系统、同声传译系统、远程视频管理系统、集成控制系统),如图 5-14 所示。

(14)公共广播系统(前端音源及播出设备、功率放大器、控制设备、扬声器),如图 5-15 所示。

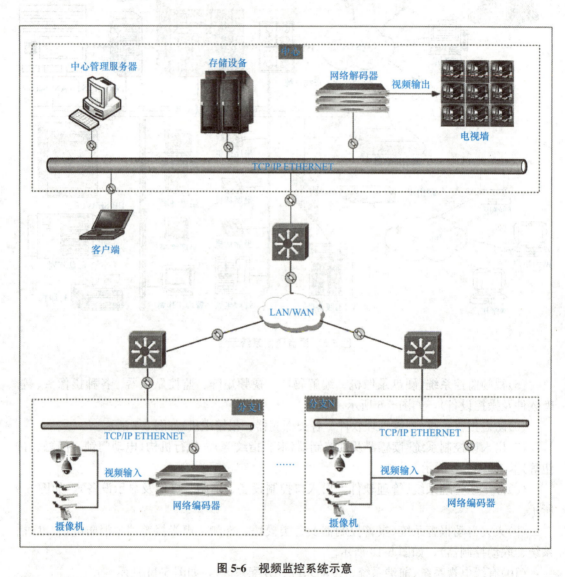

图 5-6 视频监控系统示意

项目五 智慧物业管理(2)

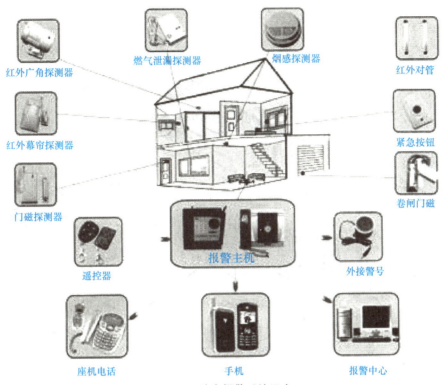

图 5-7 防盗报警系统示意

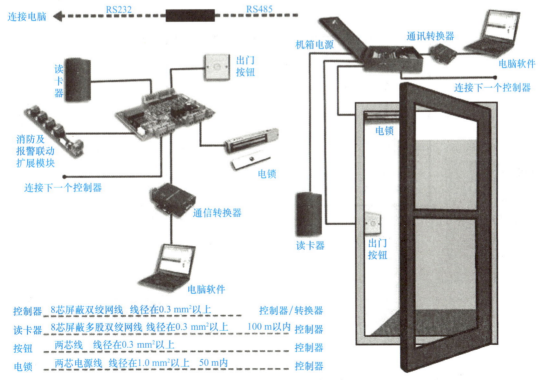

图 5-8 出入口控制系统示意

项目五 智慧物业管理(2)

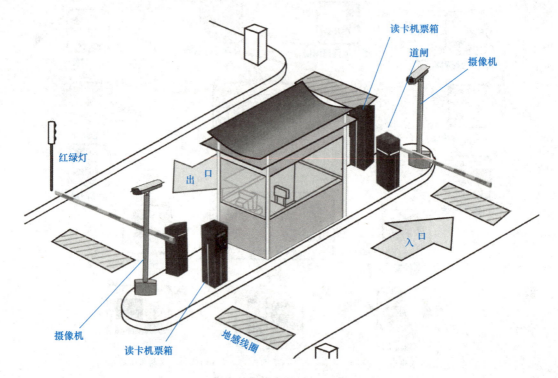

图 5-9 停车场管理系统示意图

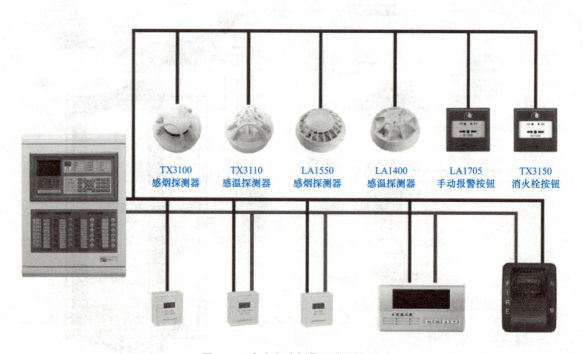

图 5-10 火灾自动报警系统结构图

项目五　智慧物业管理(2)

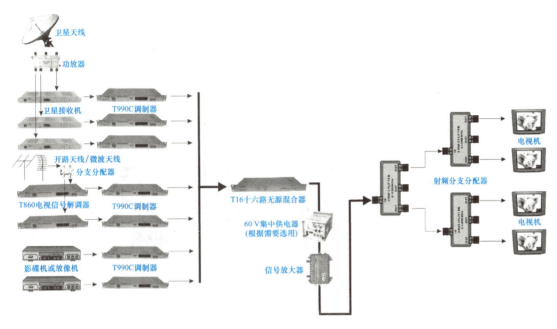

图 5-11　有线电视系统结构图

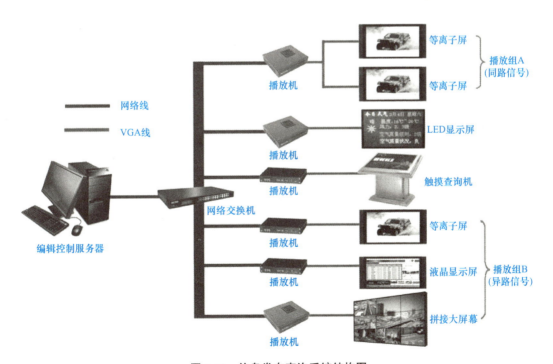

图 5-12　信息发布查询系统结构图

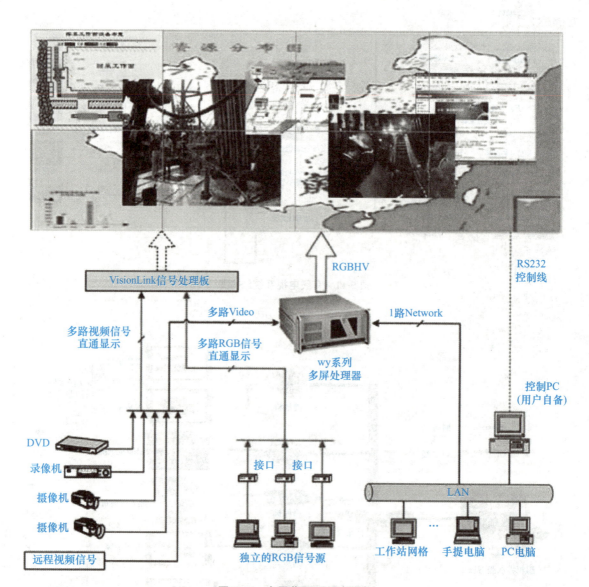

图 5-13 大屏幕显示系统示意

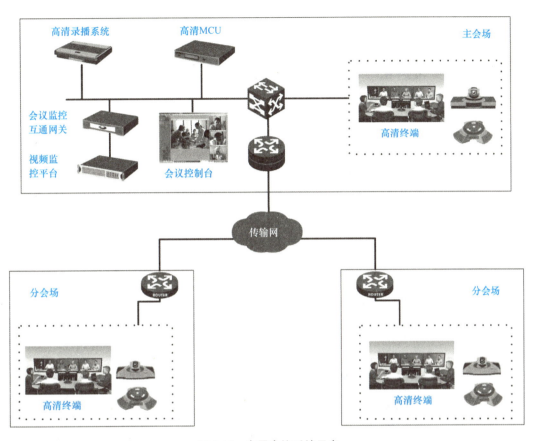

图 5-14 电子会议系统示意

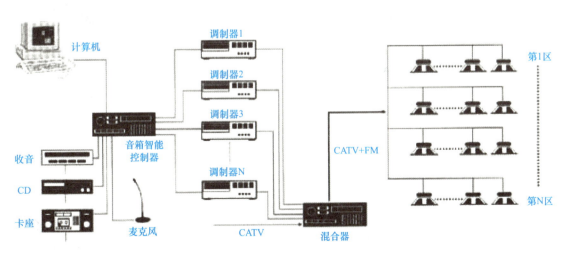

图 5-15 公共广播系统示意

(15)访客对讲系统(管理软件及硬件设备、壁挂可视分机、监控摄像头、适配器等),如图 5-16 所示。

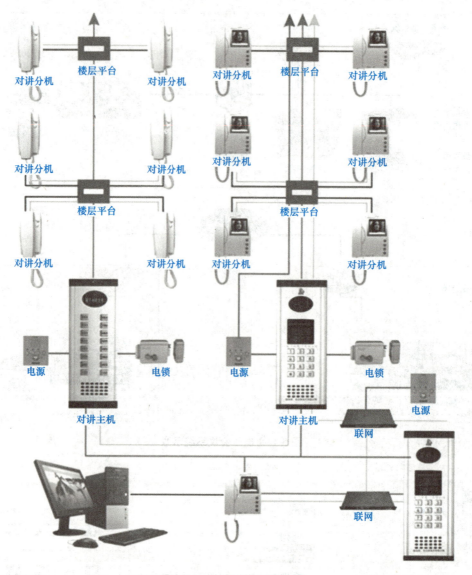

图 5-16　访客对讲系统结构

(16)通用设备及软件[计算机(含台式机、笔记本等)、服务器、打印机、信号浪涌保护器、麦克风、液晶显示器、投影机、投影屏幕、弱电线缆]。

3. 智慧楼宇主要涉技术

(1)综合布线系统。综合布线系统是语音、数据、视频图像和各类控制信号的综合性线缆传输系统。由于目前大多是用于传输语音、数据信号,有的文献称其为结构化布线系统。它为智慧楼宇的通信网络和办公自动化系统设立了支撑平台,是智慧楼宇的"神经中枢"。

(2)设备自动化技术。依靠综合布线系统(集散系统)、现场总线、工业以太网等技术,对楼宇各类机电设备进行自动化管理。由于智慧楼宇中机电设备种类繁多，监控范围很广，集散系统通常采用二级计算机网络和四级控制装置的组成结构。

（3）二级计算机网。

①一级网：一般是局域网 LAN，采用 10 Mb/s、100 Mb/s 的以太网或 2.5 Mb/s 的 ARCnet 网。

②二级网：工业控制总线（如 RS485）或现场总线。

（4）四级控制装置。

①一级：由中央监控计算机、大型显示屏、文件服务器、打印机等连在一级网上构成。

②二级：接于一、二级网之间，称为主控制器或网络控制器，实现一、二级网的通信。协调与第三级现场控制器之间的动作，存储各现场控制器的数据，并发出报警信息。

③三级：连接于二级网上的现场控制器，含有 CPU 卡、通信卡、I/O 卡，可以实现 DDC 控制并与上级管理机交换信息。有通用型的，也有专用型的（用于照明、空调、变风量、消防、保安等）。

④四级：现场的传感器和执行器。

（5）系统集成技术。系统集成技术可以分为 IBMS、I2BMS、I3BMS。

①IBMS(Intelligent Building Management System)是在 BAS、OAS、CNS 各自完成子系统集成的基础上，以大厦的智能管理为目标进行的大厦级系统集成。

②I2BMS（Integrated Intelligent Building Management System）是用客户机/服务器（client/server）为中心的分布信息处理模式实现系统集成。

③I3BMS(Intranet Integrated Intelligent Building Management System)是用浏览器/服务器（Browser/Server）代替客户机/服务器模式，基于大厦内部企业网 Intranet 和外部 Internet 网建立起来的集成系统。

④接入网技术：宽带 LAN、电信网、移动通信（GPRS、CDMA、3G）、有线电视网、无线网（蓝牙、Wi-Fi、Wimax）、电力网载波等。

学习任务三　智慧消费与收费管理

※ **案例导入 5-3**

华润物业科技延续华润集团"与您携手改变生活"的品牌主张，以及华润置地的"高品质战略"，以"科技＋服务"的理念为业主和客户提供专业解决方案，研发并运营全新产品体系——悦＋智慧生活服务平台，涵盖全流程解决方案的品质物业、资产托管、智慧物联、平台创新，从线上到线下，从员工到客户，以智慧服务生活。

目前，悦＋智慧生活服务平台已建立健全了覆盖各服务板块的悦＋收费系统、客服系统、悦家 App、智慧停车平台、悦家物联云平台等，将智慧社区的各个子系统串联起来，形成一个整体系统，并且根据实际业务需求，不断迭代完善。其中，悦家收费系统已经完成了系统建设和项目推广，并实现了公司在管全国所有住宅项目的全面覆盖。

悦＋收费系统改变了物业缴费方式，服务的便利性有了明显提高。通过悦＋收费系统将物业费的收取由线下转移到线上，实现了物业服务公司最重要环节（收费业务）的在线化变革，显著提升了财务数据的准确性，同时也大大减少了财务核算的工作量。此系统是华润物业科技智慧物业建设的一个特色，因时下多数物业公司的收费系统是购买服务商的标准系统，而悦＋收费系统是根据华润物业科技自身的财务需求、管理需求完全自主研发的一套收费系统，在收费模式以及创新性方面都处于行业前列。

思考：智慧收费的特点是什么？

（资料来源：https://m.sohu.com/a/317157268_288623）

一、智慧消费的特点和方式

1. 消费的概念

消费是指利用社会产品来满足人们各种需要的过程。消费又分为生产消费和个人消费。本书内只讨论个人消费。

个人消费是指人们为满足自身需要而对各种物质生活资料、劳务和精神产品的消耗，它是人们维持自身生存和发展的必要条件，也是人类社会最大量、最普遍的经济现象和行为活动。

个人消费的对象主要包括用于个人及其家庭消费所购买的衣、食、住、行、用等方面的消费品。这部分消费与劳动者个人的贡献紧密相连，并构成社会总消费中的主体部分。在个人消费中，每个人有着不同的特点、兴趣、爱好和习惯，因此，个人消费总是多种多样、千差万别的。个人消费不仅可以满足个人的不同需要，而且还可以实现劳动者的个人物质利益，调动劳动者的生产积极性。

处于信息化社会这一新形态中，人们的消费方式也在发生着根本性的改变。

2. 信息化社会与"互联网＋"

当今世界正处于信息化时代，信息技术对人们的生活产生了深远的影响，人类社会的生存方式发生了根本性的变化。而智慧社区与智慧消费也是这一新时代的产物。

（1）信息化社会。信息社会也称信息化社会，是脱离工业化社会以后，信息将起主要作用的社会。它以信息产业在国民经济中的比重、信息技术在传统产业中的应用程度和信息基础设施建设水平为主要标志。

（2）"互联网＋"技术。"互联网＋"是信息化社会的重要标志，也是互联网思维的进一步实践成果，推动经济形态不断地发生演变，从而带动社会经济实体的生命力，为改革、创新、发展提供广阔的网络平台。通俗地说，"互联网＋"就是"互联网＋各个传统行业"，但这并不是简单的两者相加，而是利用信息通信技术及互联网平台，让互联网与传统行业进行深度融合，创造新的发展生态。它代表一种新的社会形态，即充分发挥互联网在社会资源配置中的优化和集成作用，将互联网的创新成果深度融合于经济、社会各域，提升全社会的创新力和生产力，形成更广泛的以互联网为基础设施和实现工具的经济发展新形态。2015年7月4日，国务院印发《国务院关于积极推进"互联网＋"行动的指导意见》。2016年5月31日，教育部、国家语委在北京发布《中国语言生活状况报告(2016)》。"互联网＋"入选10大新词和10个流行语。

3. 信息社会对个人消费的影响

（1）信息设备的发展趋向。在信息时代，消费者的消费行为依赖于其拥有的信息设备，从最早的有线互联网到现在的移动互联网。而在移动互联网高度发达的今天，作为信息设备消费网络基础的信息设备呈现了以下特点：

①设备的移动化、便捷化。移动互联网是信息设备的移动化、便捷化，使用随时随地是移动互联网的重要特征。因此，移动互联网的应用场景是随时切换的，移动终端让人们接触互联网的地点从室内到室外再到无处不在的任何一个角落，而进一步扩大互联网的应用范围，这种扩大最直接的作用就是同时增加了人们使用互联网的时间。

②本地化服务。依托基于移动网络的本地化服务，用户能够方便地找到身边所需的服务，甚至可以通过移动终端依据相同位置建立起用户之间的互动联系。有了移动互联网之后，这样一个本地化的趋势就很自然地形成了，比如，在一个地方购物之余想了解一下周边哪一家餐厅的食物好吃、在开车时想找到最近的购物中心或者停车场的入口等，这一切移动互联网都已经帮用户实现了。而人们天生有一种被认可被采纳的需求，即社交的需求，这在马斯洛需求理论里面也有提及。因此，各种应用如果能够有助于使用者得到他人的肯定，促进社交关系的发展，那一定也会蓬勃发展。

③简单化、操作方便。因为移动设备的便捷化、简单化，操作方便是至关重要的。新时代的消费者更青睐简单、快捷、便利的服务，如扫描二维码等快捷操作。烦琐、复杂的操作模式必然被市场所淘汰。

（2）消费者的消费特点。伴随着信息设备的更新换代与互联网的进一步延伸和发展，信息时代的消费者展现了许多与过去不同的消费特质。

①自主性更强：消费者为自己打算，对于自己的价值认识不断提升。他们对于企业营销有所了解，不再总是相信品牌向他们灌输的信息内容。在消费心理方面，网购的消费者正在变得更有主见、更易怀疑。大多数消费者表示网络上第三方发表的评价比品牌厂商自己发布的信息更加真实可靠，同样越来越多的消费者认为自身的需求与感受和别人有很大不同，在选择品牌与产品时，自己会更有主见，较少听信品牌厂商的宣传介绍。另外，网购消费者更加注重对信息真实性的把控，而不再只听厂商自我宣传，消费者会经常查看或关注那些由真实用户发表与分享的产品使用体验与回馈，据此全面了解从不同管道得到的各种品牌/产品信息。消费者认为这样获得的信息会更加真实和可靠。

②决策意愿更加强烈：信息时代，消费者有自己的思想，明白企业的营销策略会干扰他们的消费决策，甚至有时会发起一场"对抗营销"的讨伐；如果一个品牌厂商不断通过各种广告宣传来试图影响或改变消费者的想法，那么消费者就会感到厌烦并有逆反情绪。今天，消费者已经被各种工具"武装"起来，现在科技就在消费者兜里或包里，令他们可以与大量的信息实时相连，厂商、零售商相对于消费者的竞争优势正在大幅削弱。越来越多的消费者表示非常乐于使用科技产品/服务（如计算机、手机、互联网等）来获取信息，帮助自己做出"聪明"的购买决策并认为如果没有尽力对品牌/产品进行充分的了解与比较就做出购买决定，通常会有一定的风险。大多数消费者会查看与比较同一产品在不同销售渠道（如网店、大卖场、折扣店、品牌专卖店）的价格，在外出购物前或购物时，他们会借用计算机或手机来帮助查询或确认相关的产品/服务信息（如价格比较、店铺推荐等）的行为、活动。

③自我表达欲望更强，注重实时联系与信息分享：消费者生成海量、自发、不受限、非结构化的评论与信息。越来越多的消费者喜欢与那些有共同兴趣或话题的人建立联系，倾听他们的经验与建议，并积极分享自己的看法与感受。这也意味着企业/品牌不得不改变

与消费者沟通、对话的方式，找出与这些"极富经验"的消费者进行有效互动的新方式。无论是营销者还是市场研究者都要力图利用他们的知识，而不是试图漠视或回避，要吸引消费者，与他们进行长期、开放的对话与协作，充分利用消费者分享交流的兴趣以及参与的积极性。

4. 社区消费现状：网络经济与传统零售业的结合

(1) 传统零售业和电商并存的现状。传统零售由来已久，在很长一段时间里，居民要想满足衣、食、住、行的所有需求都需要在实体零售店内完成。而对于居民居住的社区，某些产品的消费特性（如中国人习惯的生鲜食品等）决定传统零售仍是消费生活必不可少的一部分。传统零售业的缺陷在于其经营场所的固定性和现场面对面的交易模式，限制了其市场规模。

随着互联网的迅速发展，人们生活时间逐渐呈碎片化，传统零售的固定服务式场景已经不符合大部分人的生活方式。由此，互联网巨头开始另寻商机，从电商入手。网购的发展，节约了地租、人力成本，消费者通过线上查看价格，移动支付就可以完成交易，纯线上的交易方便、快捷。渐渐地，网购不仅仅是年轻人的"专利"，不少老年人也对"网购"乐此不疲。随着网购的快速发展，其自身的问题也在不断暴露，如虚假宣传、售后服务差、假冒伪劣等现象也层出不穷。线上电商急需实体产品体验来满足顾客的需求。

当传统实体店与电商的缺点难以满足消费者的生活需求，线上线下融合发展的商业业态应运而生。目前，多家电商业的大型企业开始在社区新零售发力，如叮咚小区、社区001、顺丰嘿客等。同时，大型物业公司也依托品牌优势，开始进军零售业，如"彩生活+"、龙湖电商等物业品牌的社区商店。

(2) "最后一公里"的机遇与挑战。随着当今消费市场的快速转型，人们的生活方式也在发生着改变，商业业态逐渐从商业中心大型百货商场转变为大型超市、郊区仓储市场和各种类型的社区商业。

虽然物质生活日益充裕，但不少消费者仍然面临着资源与信息不对称的难题。而根据目前社区商店的运营分析，在既有用户的前提下，利用大数据集采的方式可以和产品的直接源头即生产方达成直接合作，减少很多不必要的中间环节。以大数据为通路，践行 B2B2C 模式，为用户提供个性化的筛选、品质及信誉的担保，让消费者更加省时、省力、省钱。

消费转型升级时代，社区商业在政策和资本的加持下，将出现前所未有的大发展。新零售是线上、线下、物流、数据、供应链的一个整合，物流在整个新零售中扮演着重要角色。物流可以说是新零售发展过程中必不可少的基础设施之一，可以说哪家企业优先解决这个问题，哪家在新零售时代就能率先获得优势地位。

社区新零售有别于传统实体店、电商，企业纷纷抓住社区生活"最后一公里"的商业机遇。可以预见，未来社区商业领域将迎来更多的入局者，具有卓越的战略眼光，拥有核心竞争力，真正扎根社区、服务社区的企业将迎来良好的发展契机，并在激烈竞争中迅速占据头部位置。

(3) "一刻钟"社区商圈。社区商业以社区范围内的居民为服务对象，以便民、利民，满足和促进居民综合消费为目标。它所提供的服务主要是社区居民需要的日常生活服务，这些服务具有经常性、便利性，但不一定具有价格低的特点。因此，社区商业具有稳定的市场基础，并将随着居民收入水平的提高得到更大的发展。

目前的社区商业正朝着信息化、标准化、规范化、集约化以及和电子商务相结合的方向发展，从统一规划、科学选址、集中布置的商业规划可以看出，今后居民日常消费商圈将在居住地 500 m 到 3 km 范围内完成，各行各业将采取超市、便利店、专卖店、连锁店、专业店等先进业态形式，满足传统衣、食、住、行的需要，更能适应新型消费需求。

2016 年 10 月，由商务部、民政部、国土资源部、住房和城乡建设部、国家质量监督检验检疫总局五部委联合印发了《关于推进电子商务进社区促进居民便利消费的意见》（以下简称《意见》），《意见》指出发展社区电子商务是推动社区商业创新发展、转型升级的重要方式，是完善城乡社区服务体系的重要任务，有利于适应和满足居民个性化、多样化消费需求，对扩大消费、提高居民生活品质具有重要意义。力争到 2020 年，基本形成布局合理、功能完善、便利高效的社区商业综合服务体系，电子商务在社区商业领域的应用水平显著提升，居民生活消费需求基本可以在"一刻钟"社区商圈内得到满足，形成一批具有带动引领作用的示范社区。

（4）锁定特定消费客群。从 2014 年的 O2O 到当下"社区＋电商"的结合，新零售都在凸显互联网与线下实体融合的业态，新零售的本质就是为了适应新消费需求而产生的新模式。当消费者快速转型升级后，势必增大传统企业的包袱，改变也将日益艰难。

目前，商超市场面临着消费升级的巨大转变，消费者从单纯的关注价格转向对个性品质的需求。天天低价的策略在消费水平提升后，正在面临着挑战。转型的商家都在用心思考一个问题："消费者到底要什么？"

那么，当下年轻人的购物习惯是什么呢？当下"80""90""00"后的特征需求，是社区商业中不可小觑的消费群体，对他们来说，过多的囤货意味着浪费，他们的想法也是当下商家营销需要考虑的理念。

（5）数据应用将改变消费行为习惯。对于社区商业来说，关注品质的年轻人已是商家非常重要的客户群体。在传统商超，大家强调的是大包装，让用户囤货。而新数字技术正通过数据改变消费者的行为，也通过支付模式来改变消费者对于钱、对于消费的认知。绝大多数消费者，对于这一改变还是表示支持与欢迎的。线上与线下的最好比例是 2∶8，线上的订单最好达到线下的 5 倍。这样可通过大数据做到精准营销，千人千面，更好满足消费者的需求。例如，可以依托支付宝、微信等平台，顾客只要扫面部识别，就可以完成支付等。

一次买一顿所需要的菜最新鲜，在很多商品上通过供应链的优势，也可以做到让利于消费者。通过悬挂链系统，把大卖场与后仓配送合为一体，共享库存，保证消费者线上、线下购买商品品质达到统一。主打一站式购齐，满足一顿饭的商品采购模式。线上下单，小包装商品，3 km30 分钟内送达，解决家里的一顿饭需求。之所以这样设置送达标准，是因为吃是随机性很强的一种需求，不同场景的变化会影响不同购物需求的产生。所以在如何更加高效地满足不同场景的购买需求这个问题上，"快"就是最核心的竞争力。

（6）社区商业未来的发展趋势。未来的社区商业市场竞争，肯定不是一个人能解决的，甚至不是一家小公司能解决的，它将涉及供应链、营销体系、仓储配送体系、生鲜冷链体系、产品开发迭代、品牌形象设计、大数据分析、无人零售、增值服务等一系列的相关问题。零售是最底层的行业，也是最具入口价值的行业，因此，社区新零售市场有非常大的成长空间。

二、智慧消费数据管理

在社区消费产生海量数据的同时，大数据技术将使管理者在分析社区情况、争夺市场份额方面占据有利地位。那么，大数据技术应该如何在市场中应用呢？

大数据应用真正的核心在于挖掘数据中蕴藏的情报价值，而不是简单的数据计算。那么，对于消费品行业来说，管理者应该如何来借助大数据为产品行业的运营管理服务呢？对此，以下四个方面整理总结了大数据在消费品行业的创新性应用。

1. 大数据有助于精确市场定位

成功的品牌离不开精准的市场定位，可以这样说，一个成功的市场定位，能够使一个企业的品牌加倍快速成长，而基于大数据的市场数据分析和调研是企业进行品牌定位的第一步。企业可以从大数据中了解行业市场构成、细分市场特征、消费者需求和竞争者状况等众多因素，在科学系统的信息数据收集、管理、分析的基础上，提出更好的解决问题的方案和建议，保证企业品牌市场定位独具个性化，提高企业品牌市场定位的行业接受度。

2. 大数据成为市场营销的利器

今天，从搜索引擎、社交网络的普及到人手一机的智能移动设备，互联网上的信息总量正以极快的速度不断暴涨。每天在 Facebook、Twitter、微博、微信、论坛、新闻评论、电商平台上分享各种文本、照片、视频、音频、数据等信息高达几百亿甚至几千亿条，这些信息涵盖着商家信息、个人信息、行业资讯、产品使用体验、商品浏览记录、商品成交记录、产品价格动态等海量信息。这些数据通过聚类可以形成行业大数据，其背后隐藏的是行业的市场需求、竞争情报，闪现着巨大的财富价值。

无论是产品、渠道、价格还是顾客，可以说每一项工作都与大数据的采集和分析息息相关，而以下两个方面又是消费品行业市场营销工作中的重中之重。一是通过获取数据并加以统计分析来充分了解市场信息，掌握竞争者的商情和动态，知晓产品在竞争群中所处的市场地位；二是企业通过积累和挖掘消费品行业消费者档案数据，有助于分析顾客的消费行为和价值趣向，便于更好地为消费者服务和发展忠诚顾客。

以企业在对顾客的消费行为和趣向分析方面为例，如果企业平时善于积累、收集和整理消费者的消费行为方面的信息数据，如消费者购买产品的花费、选择的产品渠道、偏好产品的类型、产品使用周期、购买产品的目的、消费者家庭背景、工作和生活环境、个人消费观和价值观等。如果企业收集到这些数据，建立消费者大数据库，便可通过统计和分析来掌握消费者的消费行为、兴趣偏好和产品的市场口碑现状，再根据这些总结出来的行为、兴趣爱好和产品口碑现状制定有针对性的营销方案和营销战略。因此，可以说大数据中蕴含着出奇制胜的力量，如果企业管理者善于在市场营销加以运用，将成为消费品行业市场竞争中立于不败之地的利器。

3. 大数据支撑行业收益管理

收益管理作为实现收益最大化的一门理论学科，近年来受到消费市场行业人士的普遍关注和推广运用。收益管理意在把合适的产品或服务在合适的时间以合适的价格，通过合适的销售渠道出售给合适的顾客，最终实现企业收益最大化目标。要达到收益管理的目标，需求预测、细分市场和敏感度分析是此项工作的三个重要环节，而这三个环节推进的基础就是大数据。

需求预测是通过对建构的大数据进行统计与分析，建立数学模型，采取科学的预测方法，使企业管理者掌握和了解消费品行业潜在的市场需求，未来一段时间每个细分市场的产品销售量和产品价格走势等，从而使企业能够通过价格的杠杆来调节市场的供需平衡，并针对不同的细分市场来实行动态定价和差别定价。需求预测的好处在于可提高企业管理者对消费品行业市场判断的前瞻性，并在不同的市场波动周期以合适的产品和价格投放市场，获得潜在的收益。细分市场为企业预测销售量和实行差别定价提供了条件，其科学性体现在通过消费品行业市场需求预测来制定和更新价格，最大化各个细分市场的收益。敏感度分析是通过需求价格弹性分析技术，对不同细分市场的价格进行优化，最大限度地挖掘市场潜在的收入。

4. 大数据创新产品行业需求开发

随着论坛、博客、微博、微信、电商平台、点评网等媒介在 PC 端和移动端的创新和发展，公众分享信息变得更加便捷自由，而公众分享信息的主动性促进了"网络评论"这一新型舆论形式的发展。微博、微信、点评网、评论版上成千上亿的网络评论形成了交互性大数据，其中蕴藏了巨大的产品行业需求开发价值，值得企业管理者重视。

网络评论最早源自互联网论坛，是供网友闲暇之余相互交流的网络社交平台。在微博、微信、论坛、评论版等平台随处可见网友使用某款产品优点点评、缺点点评、功能需求点评、质量好坏与否点评、外形美观度点评、款式样式点评等信息，这些都构成了产品需求大数据。同时，消费者对企业服务及产品简单表扬与批评演变得更加客观真实，消费者的评价内容也更趋于专业化和理性化，发布的渠道也更加广泛。作为消费品行业企业，如果能对网上消费品行业的评论数据进行收集，建立网评大数据库，然后利用分词、聚类、情感分析了解消费者消费行为、价值趣向、评论中体现的新消费需求和企业产品质量问题，以此来改进和创新产品，量化产品价值，制定合理的价格及提高服务质量，就能从中获取更大的收益。

三、智慧收费管理

基于现代信息技术、移动通信技术、电子金融系统、大数据等新型技术开发的智慧收费系统将取代传统人工收费。其更智慧、快捷、便利的运营方式，将使人们的生活变得更加智慧。目前，投入使用的智慧收费系统主要集中在零售业和交通收费领域。

1. 智慧社区收费管理

针对智慧社区而言，日常收费是社区进行有效日常管理、维持社区基本运营的根本保障，包括社区物业管理费、代收水电费等费用。其中的社区物业管理费指的是物业产权人委托物业服务单位对其居住的小区内的设备、环境绿化、治安及卫生方面进行日常的维护和修缮提供相关服务而收取的费用。

授课视频：
智慧收费管理

过去，普通的物业社区一般要求业主直接去小区的相关办事处交纳物业费，很多业主因为工作时间的问题很难准时交纳，导致出现各种各样的催款单，甚至直接上门催款，严重影响了业主及家人和邻居的日常生活。而相关费用不能按时收缴，也会影响社区的服务质量。

智慧社区物业管理不再采用人工收费这种低效的收费方式，利用社区建立的网站或 App 平台，让业主能够在网站或 App 上直接看到自己的物业费用，然后进行缴纳。一般来

项目五　智慧物业管理(2)

说，新的智慧付费方式不需要业主重新办理银行卡，可以直接登录到相关网站或App，选择物业费，然后选择相对应的分户账号，就可以选择任何一张银行卡进行缴费。另外，不少社区还开通了使用支付宝或其他移动支付系统网上缴纳物业费。

2. 社区商业收费系统

(1)快捷支付系统。便利店是社区商圈的重要组成部分，其特点是距离业主最近，有商品可选择。而便利店装备的快捷支付系统，可以大大提高收费的效率，让人们的生活更智慧。现在社区便利店普遍采用扫描支付系统，用户通过手机客户端扫描二维码，便可实现与商家支付账户的支付结算。最后，商家根据支付交易信息中的用户收货、联系资料，就可以进行商品配送，完成交易。

(2)无人便利店。无人便利店是一种免排队、自助结账的服务。全自助的购物过程包括以下几个步骤。第一步，扫描门上的二维码进行实名认证后即可进入店内。第二步，选择自己想要的商品。第三步，将所选商品放在收银台的"商品识别区"，显示屏会立即显示金额以及支付二维码。第四步，手机支付完成，取走付款商品，店门自动开门。整个购物过程非常流畅智能，即使小孩也可以轻松完成。

无人便利店／无人超市极大地减少人工，应用场景多，同时还可以做到无人便利店＋O2O模式(电商)＋茶饮水果吧(体验式消费)＋广告(店面外卖做直播广告)＋消费金融……效率高、成本更低。

(3)智慧停车收费系统。基于"移动互联网＋车牌识别＋电子发票"的不停车移动支付模式，相比传统技术，该模式具有通行识别率高、免车载设备安装、充值查询便捷、自助打印发票、实时路况查询等技术优势。

传统停车收费系统需要人工进行收费，效率低，工作高峰期拥堵现象时常发生，人工成本高。为了收费的效率和质量，新型互联网不停车收费系统应运而生。在传统系统收费成熟应用的基础上融合移动互联网技术，通过"车牌识别＋不停车收费＋移动支付"的新型收费模式，新型系统拥有预缴费、数据推送、发票打印、信息查询等功能服务。

不停车收费系统，实现移动支付功能，车主可以通过微信、支付宝、中国银联等方式对系统的App账户进行充值，缴纳费用，车主无须准备零钱和排队缴费，极大地提高了车库的效率。

学习任务四　智慧维保与环保管理

※ **案例导入 5-4**

江苏哥伦布商业物业管理有限公司(以下简称"哥伦布物业")成立于2009年，主要提供购物中心、公寓、写字楼、住宅等领域的设计、施工、运营管理的全过程物业服务。

由于物业管理的决策过程都靠人实现，对人的能力、薪资水平等的依赖程度很大，例如物业服务公司传统的工程管理以工程部基层员工现场管理，第三方专业公司定期维保的模式，平时现场员工进行日常巡检，发现问题由专业维保公司来解决。日常巡检员工通常专业技能较弱，不能及时发现设备的问题，等到设备问题积累之后，再由维保工程师进行处理。此举浪费了人力，同时设备得不到及时维护保养，要等到出了故障才能解决，最终缩短了使用寿命。对于物业服务公司来说，这是一种效率低、反馈慢、成本高的管理模式。

项目五　智慧物业管理(2)

借着科技飞速发展的东风，哥伦布物业在不断摸索中突破传统模式的瓶颈，打磨出一款适用各类型物业服务公司(购物中心、写字楼、住宅、公寓)的工程运维服务产品——哥伦布智慧云。该产品由专业的管理工具、标准化管理流程、专业的运维团队组成，起到降低设备能耗、提高作业安全性、提升管理效率的作用，为物业服务公司在工程维保方面降低15％以上的成本，颠覆传统物业维保模式。

该产品拥有专业的维保团队：团队由专业空调、消防、弱电的技术工程师组成，工程师均具备多年设备维修维保经验，同时形成了一套工程操作规范，对下属的工程团队员工进行培训，确保每个项目工程部员工，都具备专业的运维知识。

该产品拥有高科技运维系统：哥伦布物业自主研发智慧运维系统，总部监控中心通过该系统的物联网监控，可实时了解项目各类设备运行状况，收集项目设备运行数据，并对其进行参数分析，提前发现问题、解决问题，从而提升效能，降低成本。

"哥伦布智慧云"产品内容如下：

(1)编制消防系统维护、保养、巡检计划及实施；
(2)编制电扶梯维护、保养、巡检计划及实施；
(3)编制给水排水系统维护、保养、巡检计划及实施；
(4)编制监控系统维护、保养、巡检计划及实施；
(5)编制中央空调系统维护、保养、巡检计划及实施；
(6)编制公共广播系统维护、保养、巡检计划及实施；
(7)编制楼宇自控系统维护、保养、巡检计划及实施；
(8)设施、设备维护保养及检修；
(9)增建、更新和改造工程的设计及施工；
(10)土建、装饰维护、维修；
(11)装修手续办理及现场管控；
(12)高低压配电室、机房值班、巡视；
(13)服务范围以外的有偿服务。

(资料来源："哥伦布商业"微信公众号.《是谁在颠覆物业公司的传统维保模式？》https://mp.weixin.qq.com/s?__biz=MjM5Njc4NjMzMw==&mid=2651359757&idx=1&sn=5436fcea41274370fe53901a51e17a01&chksm=bd1fd3ff8a685ae9d8372f5af038d57f2ebc4b11ff570b46aaceb1b4e178338ee6eb5665a3a4&mpshare=1&scene=23&srcid=09022crti6pB6yRlsWrcJGHJ&sharer_sharetime=1630581587296&sharer_shareid=70a867333ca3bf37364d21fb8891b8bb#rd)

一、智慧维保管理

1. 智慧维保的特点和方式

(1)智慧维保的特点。维保即"维护保养"，是指对设施设备的检查、试验、修理、配装、分级、回收等。社区的维护与保养主要包括对住宅楼、电梯、水电卫生设备等的维修与保养服务。智慧维保是运用先进的科学技术对设施设备及维保人员进行高效的智能化管理。智慧维保有信息记录电子化、现场管理便捷化、责任主体明确化三大特点。

授课视频：
智慧维保管理

141

①信息记录电子化。维保人员可以通过计算机或手机等智能终端在设施设备的维护保养过程中采集相关信息，由信息系统生成电子维保记录，从而代替以往的纸质维保记录，监察部门和社区居民可通过登录智慧平台查询相关维保数据。

②现场管理便捷化。维保智慧监管平台通过记录维保工作人员活动轨迹、保存维保现场照片等技术手段，来确认维保工人到达现场、维护保养时间及保养后设施设备的状态等情况，以实现维保单位对维保工作人员工作质量的管理。

③责任主体明确化。维保工作人员将所保养的设施设备维修保养前存在的问题、维修保养过程中的情况以及维修保养后的状态，以照片形式上传智慧平台，在平台系统中留下鉴证资料，以分清维保、使用和管理等多方的责任。

(2)智慧维保的方式。

①建立社区智慧监管平台，整个社区使用统一的维保信息化管理系统。

②将有资质的维保人员的相关工作信息录入平台，同时在维保设施设备上加装维保工作过程和质量管理芯片并与平台绑定。

③维保人员在开展维保工作中通过划卡或扫描方式将其工作内容输入管理芯片。

④监管部门通过计算机或手机终端，随时调取平台管理的芯片所采集的信息，实现对设施设备维护保养质量的监督管理。

2. 智慧维保的主要管理内容

(1)维保合同的履行情况。社区通过智慧监管平台实现对设施设备、维保人员的电子监管，能够有效解决维保工作过程不清、人员与设备状况不明、各方责任落实不到位、应急处置和救援能力不强等诸多难题。同时，约束维保单位严格依照安全技术规范和标准要求，按时、高效、准确地完成所承接的维保业务工作。从而提高维保工作效率，实现双方管理工作的便捷化，促进维保合同的高效履行。

微课：智慧维保的主要管理内容

(2)设施设备实时状态及维保状态。智慧监管平台对设施设备状态进行实时监控，设施设备出现故障可及时被发现并得到迅速处理，从而降低设施设备损坏和引发更坏情况的概率，提高设施设备的完好性。同时，平台系统中的设施设备状态监控记录及维保电子记录是公开透明的，可以提供客观、准确的依据，及时化解基于维保所产生的设备故障纠纷。

(3)维保工作人员的状态及工作细节。智慧监管平台系统中包括火灾自动报警系统、灭火系统、视频监控系统等智能化子系统，维保工作人员可通过平台设置设备巡检周期自动提醒，也可通过手机、计算机等智能终端全程关注设施设备的状态，出现故障能够及时发现并达到现场处理情况。维保人员对设施设备进行维护保养的全过程在系统中记录并自动统计，可追溯，便于随时查询。实现设施设备维护保养工作的标准化，实现人员素质、设施保障、技术网络的整体协调，确保维保工作实现精细化管理。

二、智慧环保管理

1. 智慧环保的特点和方式

(1)智慧环保的特点。"智慧环保"是"数字环保"概念的延伸和拓展，它借助物联网技术将感应器和装备嵌入各种环境监控对象(物体),通过超级计算机和云计算将环保领域物联网整合起来,可以实现人类社会与环境业务系统的整合,以更加精细和动态的方式实现环境管理和决策的智慧。智慧环保主要有技术智能化、决策精细化、对象广泛化三个方面的特点。

①技术智能化。相较于数字环保采用的数字化技术,智慧环保获得数据的手段更加智能化,主要以先进的物联网技术、智能GIS技术、云计算技术、天空一体化遥感监测技术、海量数据挖掘技术及环境模型模拟技术等为支撑。通过先进的智能化技术手段可以把过去复杂的海量环境监测数据进行整合,提供给环境管理决策部门和公众。

动画:智慧环保管理

②决策精细化。数字环保强调环保决策办公的无纸化、自动化和数据的采集管理,即更注重计算机网络、地理信息系统等信息技术的作用。智慧环保更加注重智能数据采集、数据挖掘、模型模拟、智能综合性决策等问题,如环境形势分析与预测、环境情景模拟分析、政策模拟分析等,通过环境信息智能化促进环境管理决策的科学化、精细化。

③对象广泛化。信息技术发展必然会促使智慧环保从概念形成走向全社会的参与。智能环保可以很好地满足公众对于环境状况的知情权,公众可通过环境信息门户网站了解当前环境的各种检测指标,通过环境污染举报与投诉处理平台向环保部门提出投诉与举报,从而帮助环保部门更加有效地保持环境良好。

(2)智慧环保的方式。智慧环保工程建设主要内容包括环境监测监控体系、预警与辅助决策体系、环境监察应急体系等部分,细分可分为燃煤锅炉环境管理系统、环境气象监测服务系统、建设项目环境影响评价系统、环保双随机系统等多项内容。

智慧环保工程管控体系分为环境感知层、信息传输层、平台支撑层系统和管理应用层四个层次。要实现从数字环保到智慧环保的跨越,关键是要重点加强环境感知系统与智能环境信息处理平台的建设。一是利用物联网技术,建设实时、自适应进行环境参数感知的感知系统,智慧环保的基础是物联网,构建环保领域覆盖全国的物联网系统,是实现由"数字环保"向"智慧环保"转化的第一步;二是利用云计算、模糊识别等各种智能计算技术,整合现有信息资源,建设具有高速计算能力、海量存储能力和并行处理能力的智能环境信息处理平台,为最终实现智慧环保的各项应用服务提供平台支撑与信息服务。

智慧环保的具体方式如下:

①构建全面覆盖的感知网络,建立智慧型信息化平台,实现环境数据的无缝融合、信息的综合分析。

②建设覆盖全面的、规划统一的在线监测监控系统,实现环保事件及时预警,提高重特大环境事故的应对与处置能力。

③使用信息化工具自动监管,为相关部门提供环保工作的辅助决策。

④单点采集多点利用,实现泛环保部门和单位对监测数据进行共享。

⑤及时利用监测数据进行分析决策,包括解决视频、污染源在线、环境监测的系统分割状态,提高监管部门及被监管单位的数据互动、临场互动能力,使监管更加准确、有效,增强对紧急事件的应急处理能力。

授课视频:智慧环保管理

2. 智慧环保的主要管理内容

智慧环保是采用先进的信息化手段,提供环保状态感知、环保信息存储、环保事件检测、环保状态评估及预测等功能,以达到污染源控制、治理、消灭的目标,为环保政策制定、检验、评估、修正提供依据,并进一步探究环境问题成因的综合性公共服务平台。

智能环保平台由数据采集硬件和数据中心软件系统两部分组成。数据采集硬件负责采集现场的各种环境数据并将数据传输到数据中心,数据中心安装智能环保软件系统,软件系统负责对数据进行存储、分析、汇总、展现和报警。

智慧环保的主要管理内容如下:

(1)更透彻的感知。采用各种先进的感知工具全面感知环境,如区域环境在线监测设备及监控视频、污染源排放口在线监测设备及监控视频、污染治理设施状态传感器、射频识别等。

(2)更全面的互联互通。通过各种信息化设备、网络与先进的感知工具进行连接,将感知的信息进行实时的传送,如移动和手持设备、GPS和定位设备、计算机和多媒体终端、宽带和无线移动通信网络等。

微课:智慧环保的主要管理内容

(3)更深入的智能化应用。综合使用传感器、先进的移动终端、高速分析工具和集成IT等技术设备,通过环保系统物联网数据管理平台实时收集并分析环保领域的所有信息,相关机构及时做出决策并采取适当的措施。环保行政管理部门、污染源方、公众和相关方接入同一个环保物联网数据管理平台,按权限和使用功能分级参与。

实训任务　认知智慧消费

1. 实训目的

通过对智慧消费与传统消费的区别,掌握智慧消费的内容。

2. 实训要求

(1)调查两个不同的智慧消费项目。

(2)能分析不同智慧消费项目的目标群体、功能定位、运营方式等方面的异同点。

3. 实训步骤

(1)准备调查的两个不同的智慧消费项目。

(2)分组实地现场调查,并在网络上收集这两个不同的智慧消费项目的相关资料。

(3)结合课堂的讲解和图例,从目标群体、功能定位、运营方式等方面分析这两个不同的智慧消费项目,总结出两者之间的异同点。

4. 实训时间

实训时间为2学时。

5. 实训考核

(1)考核组织。将学生分组,由指导教师进行考核。

(2)考核内容。学生根据智慧消费项目调查,提出智慧消费项目的运营方式、针对对象,教师根据学生调研内容提出其存在的三个问题,由学生回答,然后给出实训考核成绩。

项目小结

(1)智慧设备设施是以智能系统为平台,以各种办公、家电、影音设备为主要控制对象,利用综合布线技术、网络通信技术、安全防范技术、自动控制技术、音视频技术将与家居生活有关的设施进行高效集成，构建高效的设施与日常事务的控制管理系统，提升生活工作环境智能、安全、便利、舒适性能，并实现环保控制。

（2）智慧设备设施的种类包括中央控制器、信号/协议转换器、智能空调、智能LED灯泡、智能调光板、智能开关、智能插座等。

（3）智慧设备设施的运行包括主机与路由器、摄像头、智能开关、智能插座、智能窗帘、报警传感器等的连接、安装和设置。

（4）智能建筑是以建筑为平台，兼备建筑设备、办公自动化及通信网络系统，集结构、系统、服务、管理及它们之间的最优化组合，为人们提供一个安全、高效、舒适便利的建筑环境。

（5）智慧楼宇的主要特点是高度集成、绿色节能、节省运行维护的人工费用，以实现安全、舒适和便捷的居住环境。

（6）智慧消费是伴随着信息社会和人们生活的智慧程度而发展的。信息社会中消费者的消费行为从意识到方式都更智慧。商业企业必须适应这样变化，推出更智慧的产品和服务，不然将被淘汰。

（7）智慧收费是让人们的生活更轻松，无须预约、无须排队，用户的信息设备即可完成。快捷的支付方式能免去传统收费方式的诸多问题。

（8）智慧维保有信息记录电子化、现场管理便捷化、责任主体明确化三大特点。

（9）智慧维保的主要管理内容包括维保合同的履行情况，设施设备实时状态及维保状态，维保工作人员的状态及工作细节。

（10）智慧环保主要有技术智能化、决策精细化、对象广泛化三个方面的特点。

（11）智慧环保的主要管理内容包括更透彻的感知、更全面的互联互通、更深入的智能化应用。

课后习题 （总分100分）

一、单项选择题(25×2＝50分)

1. 中央处理系统主机是基于(　　)开发的智慧控制主机。
   A. 嵌入式技术　　　　　　　　B. 无线射频技术
   C. 传感器技术　　　　　　　　D. 信息处理技术

2. 相对于传统的白炽灯而言，智能LED灯泡(　　)。
   A. 光能转换效率更高　　　　　B. 无远程状态反馈
   C. 需手动控制亮度和颜色　　　D. 同样不和智能手机进行通信

3. 智能云热水器(　　)。
   A. 可智能识别室温，但无法记忆个人偏好　B. 需手动设置合理的水温
   C. 可远程监控家中安全　　　　D. 需手动设置水流量

4. 火灾探测器按对现场的信息采集类型可进行分类，不包括(　　)。
   A. 湿度探测器　　　　　　　　B. 感烟探测器
   C. 感温探测器　　　　　　　　D. 特殊气体探测器

5. 智能水浸探测器必须具有（　　）通信的功能，既能接受中央控制器的控制，又能对反馈探测器的状态和发出可靠的报警信号。

A. 单向　　　　　　B. 双向　　　　　　C. 三向　　　　　　D. 四向

6. 无线红外转换器功能是将（　　）转换为红外信号，从而实现无线设备对红外遥控设备的集中遥控控制。

A. 红外信号　　　　B. 紫外信号　　　　C. 无线传输信号　　D. 无线射频信号

7. （　　）不属于智慧设备的三大分类。

A. 智能控制设备　　B. 检查探测设备　　C. 执行输出设备　　D. 传统设备

8. 智慧楼宇起源于最早由（　　）提出的智能建筑概念。

A. 德国人　　　　　　　　　　　　　B. 美国人

C. 法国人　　　　　　　　　　　　　D. 中国人

9. 我国智能建筑起始于（　　）年，国家"七五"重点科技攻关项目——"智能化办公大楼可行性研究"，1991年通过鉴定。

A. 1982　　　　　　B. 1984　　　　　　C. 1986　　　　　　D. 1988

10. 智慧楼宇产生的技术背景是指（　　）。

A. 计算机技术、通信技术、控制技术的发展

B. 世界经济全球化

C. 信息技术市场的竞争日趋激烈

D. 人们需求更加方便、舒适、高效和节能的生产与生活条件

11. 智慧楼宇有绿色节能、节省运行维护的人工费用、（　　）等主要特点。

A. 高度集成　　　　　　　　　　　　B. 工程规模小

C. 总体结构不复杂　　　　　　　　　D. 总面积小

12. 现代化的办公自动化系统（　　）。

A. 利用计算机把多媒体技术和网络技术相结合，使信息用数字化的形式在系统中存储和传输

B. 使用模拟存储介质，各设备之间没有自动地配合

C. 主要提供建筑内的一切语音和数据通信

D. 是智慧楼宇的最高层控制中心

13. （　　）是建筑物内所有信息的传输通道，是智慧楼宇的"信息高速公路"。

A. 计算机网络系统　　　　　　　　　B. 通信自动化系统

C. 建筑物综合布线系统　　　　　　　D. 楼宇自动化系统

14. 信息社会也称信息化社会，是脱离工业化社会以后，信息将起主要作用的社会。它的主要标志不包括（　　）。

A. 信息产业在国民经济中的比重　　　B. 信息技术的更新速度

C. 信息基础设施建设水平　　　　　　D. 信息技术在传统产业中的应用程度

15. 在移动互联网高度发达的今天，作为个人消费网络基础的信息设备呈现的特点不包括（　　）。

A. 设备的移动化、便捷化　　　　　　B. 本地化服务

C. 简单化、操作方便　　　　　　　　D. 体积庞大

16. 信息时代的消费者们有着自主性更强、（　　）等与过去不同的消费特质。
   A. 自我表达欲望减小　　　　　　　　B. 认为实时联系不重
   C. 决策意愿更强烈　　　　　　　　　D. 不愿信息分享

17. 目前的社区商业正朝着信息化、标准化、规范化、（　　），以及和电子商务相结合的方向发展，今后居民日常消费商圈将在居住地500 m到3 km范围内完成，更能适应新型消费需求。
   A. 单一化　　　　B. 分散化　　　　C. 独立化　　　　D. 集约化

18. 大数据应用真正的核心在于（　　）。
   A. 快速进行数据计算　　　　　　　　B. 挖掘数据中蕴藏的情报价值
   C. 提升生活便利度　　　　　　　　　D. 提高计算精确度

19. 企业可以从大数据中了解行业市场构成、细分市场特征、消费者需求和（　　）因素。
   A. 竞争者状况　　　　　　　　　　　B. 对手商业机密
   C. 消费者隐私　　　　　　　　　　　D. 消费者心理活动

20. 相对于传统人工收费而言，快捷支付系统（　　）。
   A. 收费效率低　　B. 容易出错　　　C. 收费效率高　　D. 支付烦琐

21. 基于"移动互联网＋车牌识别＋电子发票"的不停车移动支付模式，相比传统技术，该模式具有（　　）自助打印发票、实时路况查询等技术优势。
   A. 需车载设备安装　B. 免充值查询　　C. 通行识别率低　　D. 通行识别率高

22. 社区的维护与保养主要包括对电梯、住宅楼、（　　）等的维修与保养服务。
   A. 社区外道路　　B. 绿化　　　　　C. 水电卫生设备　　D. 业主家中设备

23. 智慧维保的主要管理内容不包括（　　）。
   A. 维保合同的履行情况
   B. 维保工作人员的状态及工作细节
   C. 设施设备实时状态及维保状态
   D. 信息记录的真实性和及时性

24. （　　）不属于智慧环保的主要管理内容。
   A. 环保工作人员的状态及工作细节　　B. 更透彻的感知
   C. 更深入的智能化应用　　　　　　　D. 更全面的互联互通

25. 智慧环保的主要特点不包括（　　）。
   A. 责任主体明确化　B. 技术智能化　　C. 对象广泛化　　D. 决策精细化

二、多项选择题(10×2＝20分)

1. 智能开关有（　　）作用。
   A. 远程控制　　　　B. 控制模式　　　C. 安全保护　　　　D. 高效节能

2. 主机系统一般采用（　　）协议进行数据传输。
   A. RF　　　　　　　B. Wi-Fi　　　　　C. TCP/IP　　　　　D. 485

3. 智慧楼宇的产生主要有（　　）方面原因。
   A. 技术背景　　　　　　　　　　　　B. 经济背景
   C. 社会背景　　　　　　　　　　　　D. 工作和生活的客观需求

4. 消费是指利用社会产品来满足人们各种需要的过程，分为（   ）和（   ）。
   A. 群体消费   B. 生产消费
   C. 个人消费   D. 生活消防
5. 社区投入使用的智慧收费系统主要集中在（   ）收费领域。
   A. 零售业   A. 养老
   C. 医疗   D. 交通
6. 基于（   ）等新型技术开发的智慧收费系统，将取代传统人工收费。其更智慧、快捷、便利的运营方式，将使人们的生活变得更加智慧。
   A. 现代信息技术   B. 移动通信技术
   C. 电子金融系统   D. 大数据
7. 智慧维保是运用先进的科学技术对（   ）及进行高效的智能化管理。
   A. 设施设备   B. 车辆通行   C. 维保人员   D. 空气质量
8. 智慧维保有（   ）三大特点。
   A. 对象广泛化   B. 责任主体明确化
   C. 信息记录电子化   D. 现场管理便捷化
9. 智能环保平台由（   ）组成。
   A. 检测系统   B. 信息自动记录系统
   C. 数据采集硬件   D. 数据中心软件系统
10. 智慧环保通过采用先进的信息化手段，提供（   ）功能。
    A. 环保状态感知   B. 环保事件检测
    C. 环保信息存储   D. 环保状态评估及预测

三、简答题(5×4＝20 分)

1. 智慧设备的主要设备有什么？
2. 简述"一刻钟"社区商圈。
3. 中国学术界对智能建筑的定义是什么？
4. 社区通过智慧监管平台实现对设施设备、维保人员的电子监管，能够有效解决什么问题？
5. 智慧环保的具体方式有哪些？

四、案例分析题(1×10＝10 分)

藏在"无人便利店"的"智慧管家"

国内首家小程序无人便利店是"EasyGo"，用户通过 EasyGo 可以购买未来便利店内商品，并通过该小程序结算，短短一个月，小程序访问量就已经超过 5 000 次，购买率达到 80%以上，开业首月即实现盈利。

无人便利店的本质：自助收银＋无人值守，其中自助收银，没有收银员让门店全数字化，这是新零售时代便利店的重点经营方向；而无人值守，减低了便利店管理者成本，这也对便利店运营者提出了新的要求，必须靠商品与用户体验来打动消费者。但在小程序之前，无人便利店提升用户体验最大的障碍在于：技术识别问题。目前，国内有些无人便利店采用了人脸识别技术，但是一旦不满足脸部的露出条件要求，就无法进行，极大影响用户体验。为了提升用户体验，未来便利店利用小程序做了如下"改造"：

1. "扫一扫"秒杀"人脸识别"

未来便利店在门店的入口贴上了"请扫码开门"的提醒,用户只要轻松一扫后,手机上立刻出现"未来便利店"的小程序,并提醒用户"门已打开",整个过程,快速便利,且用户无须下载任何应用,从用户使用门槛来看,这也比"Amazon Go"必须让用户先下载应用才能使用来得轻。

2. "微信支付+3 s 结账"

在未来便利店,用户可以看到,每件商品上都粘贴了一个"未来便利店"小程序码的白色贴纸,每张贴纸都印有 RFID 标签,用户只要拿着想买的商品,走到结算区,两边的机器就会通过射频技术,对商品上粘着的 RFID 标签进行扫描,3 s 内识别用户手里拿的商品,小程序会立刻显示购物清单和最终金额,用户单击确定,就可完成支付。

支付成功后,用户在小程序中单击"确定",未来便利店的门就被打开了,整个购物过程中,用户只进行三步操作:扫码进店—挑选商品—用小程序支付,真正实现了买完即走。

未来便利店还开通了微信免密支付功能,用户走到结账区就能自动识别推送清单到小程序,用户无须确定即可自动扣款完成支付,实现真正的"无感支付"体验。

3. 数据成为每个门店配货的参考

用户数据成为未来便利店运营决策的一个依据。小程序让线下精准用户有了消费轨迹,未来便利店通过分析用户每次使用小程序购买商品数据,作为每个门店配货的参考。比如,商圈附近的用户更喜欢啤酒、零食,而居住在社区的用户更喜欢家居生活或母婴类用品。用户进店消费一次后,小程序会通过模板消息能力给用户提供喜欢的商品优惠券,引导用户二次转化。

4. 以"人"为本,提供"定制化"产品

"未来便利店"通过线下+线上的数据积累和用户精准定位,就可以为每个区域甚至每位用户奉上"定制"化商品,比如,由于商圈周围有电影院,可以向经常于晚上8点钟在商圈消费的用户,推送薯片或啤酒等适合电影院休闲的食品。而新型社区年轻人较多,可以更多地推送进口母婴产品,流感季节时,也可以推送小儿降温贴等产品。以此,让每家便利店更懂人性,更有温度。

5. 倒逼便利店商品供应变革,补货也能一键触达

在无人便利店运营中,商品是打动消费者的关键环节,为了倒逼供应链变革,未来便利店把后台数据免费开放给供货商,这样供货商掌握精准地理位置下的用户消费数据后,便可根据这些数据直接供货、补货。除此之外,还减少"未来团队"的运营(10家店只需配一个巡场人员做日常的巡查工作即可)和囤货成本。数据显示,EasyGo未来便利店毛利率维持在35%,远超同业水平。

EasyGo未来便利店的模式在无人零售行业具有先锋意义,越来越多的商户也加入无人零售行业,通过微信开放的小程序+微信支付能力,直击用户痛点,让用户"用完即走",随手感受无人零售的便利快捷。

问题:

(1)简述信息时代的消费者的特点。(3分)

(2)你觉得 EasyGo 未来便利店小程序的优势有哪些?应在哪些方面进一步优化?(7分)

项目六 智能家居与电子商务管理

学习目标

1. 了解智能家居的历史和发展趋势，发展智慧电子商务管理的意义；
2. 熟悉智能家居的含义及设计原则，智能家居系统的种类及主要功能，智慧电子商务管理的含义和特点；
3. 掌握智能家居服务平台的特点及主要功能，智能家居的使用与管理，智慧电子商务管理的功能与定位及其对智慧社区建设的促进和增值意义。

能力目标

1. 能识别智能家居的各控制系统，形成有效进行智能家居的使用与管理的能力；
2. 能把握智慧社区与智慧电子商务管理的关系，具备运用智慧信息平台的能力；
3. 通过完成实训任务，培养创造性思维能力和团队协作能力。

素质目标

1. 在对智能家居与电子商务管理的学习中培养学生崇德向善、爱岗敬业、诚实守信的精神，提高社会责任感和责任心；
2. 培养学生的质量意识、信息素养和创新思维，具备把握国内外行业发展动态和市场变化的能力；
3. 在认知及操作智能家居系统、认知智慧电子商务管理的实训环节中培养学生的实际操作能力、合作意识，树立终身学习的意识。

项目六 智能家居与电子商务管理

学习任务一 智能家居管理

※ 案例导入 6-1

"旭惠美家"泛家居服务平台

上海永升物业管理有限公司(以下简称"旭辉永升服务")自 2018 年在港交所上市以来,一直专注于客户满意度和服务品质,在市场规模、服务品质、数字化建设、财务数据、获奖荣誉等多个维度取得了亮眼的成绩。

旭辉永升服务于 2020 年 12 月 16 日正式发布了社区泛家居服务平台"旭惠美家"。具体而言,"旭惠美家"是依托集团全生命周期的服务链条,从地产开发前期介入,到设计施工提出专业建议,为客户提供装修到入住全流程服务的泛家居服务平台。"旭惠美家"平台在产品交付之前即可完成高品质样板间打造,并协助业主验收、交房;从业主装修入住到维保,再到老房改造,"旭惠美家"为业主研选优质装修服务商,提供优质建材、家具、家电、软装、智能化设备等产品与服务。

授课视频:
智能家居管理

旭辉永升服务通过对大量业主需求的调研,为每一套新房"量身"设计高契合度的装修方案,并且提供多种主流风格选择,也为业主装修提供灵感与参考。同时,业主也能通过"旭惠美家"实现任意一套装修方案,所有在 VR 中展示的家居产品,都可以在"旭惠美家"购买,让所见即所得。

"旭惠美家"针对产品品质、施工质量这两个当下广大业主的痛点,特别打造了"透明装修"及"云监工"。业主可以在直播大屏全程监控,不仅可以看到施工现场,还可以通过"旭惠美家"小程序即时"监督",出现不满意的问题,可直接联系一对一专属管家,通过与服务商沟通协商,不需要亲临现场就能及时解决问题。

美居生活馆是依托社区专属管家服务的家居服务中心。在美居生活馆,专属管家可以协助业主选购产品和确定方案,把关家居服务商,同时专属管家也能够更早地和业主建立关系,了解业主喜好,为将来的社区服务打下基础。

华志军强调,未来旭辉永升服务将打造城市家居生活方式"研发中心+体验馆",这是一个多功能的家居空间服务中心、数字化家居服务体验中心和线下无人体验中心。在体验馆,客户可以自由体验家居设计、家居选购,并可参加不定期的家居设计课堂、论坛等。

思考:什么是智慧家居?智慧家居的设计原则是什么?

(资料来源:《旭辉永升服务助力城市服务融合发展》)

一、智能家居的含义及设计原则

1. 智能家居的含义

智能家居是一个以住宅为平台,兼具建筑、网络通信、信息家电、设备自动化,集系统、结构、服务、管理为一体的高效、舒适、安全、便利、环保的居住环境。与普通家居相比,智能家居不仅具有传统的居住功能,还能提供舒适安全、高效节能、具有高度人性化的生活空间;将一批原来被动静止的家居设备转变为具有"智慧"的工具,提供全方位的信息交换功能,帮助家庭与外部保持信息交流畅通,优化人们的生活方式,帮助人们有效地安排时间,增强家庭生活的安全性,并为家庭节省能源开支等。

全球知名研究机构 Strategy Analytics 的《2018 年全球智能家居市场预测》报告显示,2018 年全球智能家居包括设备、系统和服务消费支出总额将接近 960 亿美元,且在未来 5 年的(2018—2023 年)年复合增长率为 10%,到 2023 年将增长至 1 550 亿美元。2020 年疫情蔓延全球,"宅经济"需求全面爆发,更是促进了智能家居家电类目的增长。到 2023 年,中国智能家居行业整体产值将超过 4 000 亿元。业界研究显示,以移动入口为代表的新服务模式是智能家居发展趋势。

2. 智能家居的设计原则

衡量一个住宅小区智能化系统的成功与否,并非仅取决于智能化系统的多少、系统的先进性或集成度,而是取决于系统的设计和配置是否经济合理并且系统能否成功运行,系统的使用、管理和维护是否方便,系统或产品的技术是否成熟适用。如何以最少的投入、最简便的实现途径来换取最大的功效,实现便捷、高质量的生活。为了实现上述目标,智能家居系统设计的原则主要包括实用性、便利性、可靠性、标准性、方便性、安全性、扩展兼容性等方面。

(1)实用性。智能家居最基本的目标是为人们提供一个舒适、安全、方便和高效的生活环境。对智能家居产品来说,最重要的是产品以实用性、易用性和人性化为主要特点。根据用户对智能家居功能的需求,整合包括智能家电控制、智能灯光控制、电动窗帘控制、防盗报警、门禁对讲、煤气泄漏等最实用、最基本的家居控制功能。

(2)便利性。智能家居的控制方式丰富多样,如本地控制、遥控控制、集中控制、手机远程控制、感应控制、定时控制等。在对智能家居设计时一定要充分考虑用户体验,注重操作的便利化和直观性,最好能采用图形图像化的控制界面,让操作所见即所得。

(3)可靠性。整个建筑的各个智能化子系统应能 24 h 运转,对系统的安全性、可靠性和容错能力必须予以高度重视。对各个子系统,以电源、系统备份等方面采取相应的容错措施,保证系统正常安全使用、质量、性能良好,具备应付各种复杂环境变化的能力。

(4)标准性。智能家居系统方案的设计应依照国家和地区的有关标准进行,确保系统的扩充性和扩展性,在系统传输上采用标准的 TCP/IP 协议网络技术和 ZigBee 技术,保证系统的前端设备是多功能的、开放的、可以扩展的设备。如系统主机、终端与模块采用标准化接口设计,为家居智能系统外部厂商提供集成的平台,而且其功能可以扩展,当需要增加功能时,不必再开挖管网,简单可靠、方便节约。设计选用的系统和产品能够使本系统与未来不断发展的第三方受控设备进行互通互连。

(5)方便性。布线安装是否简单直接关系到成本、可扩展性、可维护性的问题,一定要选择布线简单的系统,施工时简单、容易;设备方面容易学习掌握、操作和维护简便。系统在工程安装调试中的方便设计也非常重要。

(6)安全性。在智能家居的逐步扩展中,会有越来越多的设备连入系统,不可避免地产生更多的运行数据,如空调的温度和时钟数据、室内窗户的开关状态数据、煤气电表数据等。这些数据与个人家庭的隐私形成前所未有的关联程度,如果数据保护不慎,不但会导致个人习惯等极其隐私的数据泄漏,关于家庭安全的数据,如窗户状态等数据泄漏会直接危害家庭安全。同时,智能家居系统并不是孤立于世界的,还要对进入系统的数据进行审查，防止恶意破坏家庭智能系统，甚至破坏联网的家电和设备。尤其在当今的大数据时代，一定要维护家庭大数据的安全性。

（7）扩展兼容性。家电控制的设计过程中，红外转发或红外学习的设备控制点必须考虑其位置上所实现功能的扩展性，甚至是设备的替换性。当某种设备无法满足扩展功能时，能有其他设备替换实现，或在设计过程中，控制点的位置能够比较方便地改变。

每个智能家居的厂家都有自己设计的控制协议，并且大多数互相之间不直接兼容。此时智能家居设计中的产品遴选原则是首先选择对市场上电器兼容性强的厂家，其次选择开放协议的产品。

二、智能家居的历史和发展趋势

1. 智能家居的历史

智能家居的起源可追溯到 20 世纪 80 年代初，那时候随着电子技术的发展，大量的电子技术被运用到家用电器上，最初被称为住宅电子化（home electronics，HE）；20 世纪 80 年代中期，将原本各自独立的通信设备、家用电器，以及安保、防灾设备的功能综合为一体之后，形成了住宅自动化的概念（home automation，HA）；而在 20 世纪 80 年代末期，由于通信与信息技术的发展，出现了对住宅中各种家电、通信、安保设备通过总线技术进行监视、控制与管理的商用系统，在美国被称为 smart home，这也是现在智能家居的原形。

1978 年，最高智能家居技术 X—10 出现，是由 Pico Electronics Lt. 研发出的全球第一个利用电线来控制灯饰及电子电器的产品，并将其作为智能家居主流产品走向了商业化。

1984 年，世界上第一幢智能大厦出现在美国康涅狄格州首府哈特福德市。这是人类首次将设备信息化、整合化概念应用于建筑以实现消防、安保的自动监控，从此也揭开了世界争相建造智能家居的序幕。

1998 年，新加坡推出了新加坡模式智能家庭系统，并在未来几年实现了近 30 个社区约 5 000 个家庭采用了"家庭智能化系统"，实现了家庭智能化控制，包括家电、安防、计量等。

从 20 世纪 90 年代末到 2000 年年初，微软公司的比尔·盖茨在中国推广"维纳斯计划"，随之"数字家庭"理念正式推出，国内出现了第一家智能家居企业。

随后，国内 IT 企业迅速跟进，各种智能家居体验及专卖店开始在各大城市出现。从 2006 年至今，智能家居进入发展初期，众多安防企业纷纷加入，集合多种功能控制的智能终端越发成熟，多样化的智能家居控制初步完成，市场还在进一步的成长之中，未来潜力巨大（表 6-1）。

表 6-1　智能家居的发展（1999—2021 年）

序号	发展时间	发展阶段	主要特点
1	1999—2004 年	新概念研发	（1）电力线载波 PLC 技术智能家居控制系统出现（以天津瑞朗为代表，包括索博、金田）； （2）AP-BUS 总线智能家居控制系统出现（以深圳汇创为代表，包括普利特、科瑞）； （3）基于 433 MHz 频段的无线 RF 智能家居控制系统出现（以广州 GKB 为代表，包括松本、百通、普创、鼎固）

续表

序号	发展时间	发展阶段	主要特点
2	2005—2009 年	稳步推广	(1)电力线载波 PLC 技术稳步发展(普美、索博、瑞朗、力合); (2)总线技术稳步发展(普利特、麦驰、安明斯、光速达、河东); (3)采用无线技术 433 MHz 的企业爆发式增长(波创、松本智能、聚辉、GKB、飞扬无限、鼎固、星航、创胜、开创)
3	2009—2013 年	成长分化	(1)电力线载波技术为代表的智能家居产品逐步退出市场; (2)总线技术为代表产品增多,但遇瓶颈; (3)无线 RF433 MHz 术为代表产品增加,但遇瓶颈; (4)无线 ZigBee、Z-Wave 技术为代表的产品出现; (5)Wi-Fi/Bluetooth 技术为代表的微智能产品出现(Wi-Fi 插座、Wi-Fi 红外转发控制器、蓝牙灯)
4	2014—2019 年	成长考验	(1)微智能产品种类提升,适应市场发展; (2)总线产品定位高端,产品向工建、酒店应用方向发展; (3)无线 ZigBee 技术为代表的智能家居产品逐渐成为市场主流
5	2020—2021 年	爆发增长	(1)AI+5G+IoT 技术加速智能家居产品的数据收集、分析与传播,增强产品功能和人机交互能力; (2)"宅经济"引来智能家居产品爆发式增长

2. 智能家居的发展趋势

移动互联网、大数据平台、云端等新兴概念也逐步融入智能家居领域,成为当下智能家居系统生态圈的主流,智能家居产品也越来越被消费级市场所接受。智能家居的发展趋势有以下几点:

(1)概念普及,关注度增加。无论是行业媒体,还是大众媒体、网媒、纸媒,都在报道智能家居的相关信息,这无疑对智能家居深入人心起到非常关键的作用,"智能家居"对人们来说已经不是一个陌生的词汇。

(2)厂商更迭,行业洗牌。智能电器、智能家居的兴起,无疑也带动了一部分抓住机遇的企业迅速发展,而这个新兴行业的不断推进,也会使一大批资本大量涌入,整个行业将面临重新洗牌的局面,对有心打入智能家居市场的各大企业来说,是否具有创新精神,能否推出满足用户自动化、个性化追求的产品,将是企业能否在这个既是挑战又是机会的漩涡中存留下来的关键所在。同时,以终端厂商、互联网公司、电信运营商、视频网站为代表的软件制作商将会进行合作,在不断推出创新产品的同时,也会共同促进行业的健康发展。

(3)地产商助推,消费者青睐。现在,越来越多的房地产商在推出自己的新楼盘时,也会将智能家居作为一个卖点,让买房者可以先一步体验到智能家居带来的便利生活。房地产商对于智能家居的推广及发展无疑具有重要的作用。

(4)技术更加融合。交互技术、混合云技术、大数据技术、无线通信技术、移动互联网、智能生态圈成为将来智能家居的融合趋势,智能控制需要融入各相关服务平台,如家庭网络需要融入小区网络,小区网络需要融入区域生态圈等。

(5)智能产品普及,维护体系完善。最近几年,随着技术和市场理念的成熟,智能家居系统已经回归理性，进入实用化阶段。随着简单、实用、人性化的产品日益增加，智能产品的普及面越来越大。同时，市场对智能产品的需求一定会推动智能家居系统维护体系的逐渐建立和发展，安全系统技术的改良与进步也同样会促进智能系统的完善。

三、智能家居系统的种类及主要功能

智能家居是一个集成性的系统体系环境，而不是单独一个或一类智能设备的简单组合。以可扩展数字对讲系统和中央控制主机为核心搭建的全功能一体化智能控制平台实现了灯光的集中控制、窗帘的开关控制、场景集成控制、环境设备控制等所有智能化系统的控制，达到统一控制管理、环保节能的综合效果。也可通过社区互动平台，实现智能家居的扩容服务，智能系统提供物业管理服务、生活服务、医疗教育服务、点餐服务等可扩展定制服务。一般智能家居以相关控制系统设备组成，主要有七大控制系统设备，即灯光控制系统、环境控制系统、空调控制系统、家电控制系统、安防控制系统、影音控制系统和远程控制系统等。其有效提高产品的实用率、尽量减少成本，让功能最大化，从实用的角度让很多功能实现尽量简洁有效的控制。

微课：智慧家居的种类与使用

1. 灯光控制系统

灯光控制系统设备主要有智能手势开关、零火二键开关、零火三键开关、零火单键调光开关、四键情景面板（起床）、四键情景面板（会客）等。其主要功能是实现对住宅灯光的智能管理，可以用多种智能控制方式实现对住宅灯光的遥控开关、调光、全开、全关及组合控制的形式，实现即"在家、会客、离家"等多种模式一键式灯光场景效果，可利用亮度自动感应控制、定时控制、电话远程控制、计算机本地及互联网远程控制等多种控制方式，达到智能灯光的节能、环保、舒适、方便的功能。

2. 环境控制系统

环境控制系统设备主要有链条开窗器、风雨感应器、强电窗帘电动机遥控器、强电窗帘开关（双路）、窗帘轨道、干接点窗帘控制器、温湿度感应器等。其主要功能是对卧室、客厅等房间实现窗帘自动化控制，可根据光线亮度变化、早上起床、晚上入睡等模式实现窗帘自动控制。当有雨时，窗户自动关闭，避免雨水进入室内。

3. 空调控制系统

空调控制系统设备主要有空调控制面板，空调、智能家居系统的接口等。其主要功能是利用智能家居系统的接口，可实现对变制冷剂流量（Variable Refrigerant Volume，VRV）空调系统协议联动控制，可以对空调的开关、冷热模式、风速大小、温度设定进行控制。业主可以方便地在智能手机、IPAD 触摸屏上对全宅的空调系统进行集中控制。根据业主设定程序自动控制开启 VRV 空调系统，按照预先设定好的模式、温度进行工作。

4. 家电控制系统

家电控制系统设备主要有智能插座、移动智能插座、无线红外线转发器、语音识别、多功能控制器等。其主要功能是业主或物业使用人可通过无线操作的方式，实现家电的智能控制和远程控制，达到节能环保的目的，最大限度地实现家电的协同联运的工作，实时进行自动诊断、维护和更新，简化家居生活，提升业主或物业使用人生活品质。

5. 安防控制系统

安防控制系统设备主要有新式人体探测器（360°）、烟雾报警器、红外幕帘、无线门窗磁感应器、警号、GSM 电话拨号报警器、Wi-Fi 摄像头、燃气报警器、机械手、智能门锁（带指纹、霸王锁体）、门锁控制器、可视对讲等。其主要功能：一方面，业主和物业使用人可以对家庭实时监控（一般智能家居终端可以监看 2～4 路的 IP 摄像机信号），业主和物业使用人可以随时查看周边情况，多方位监视和防御不法分子入侵，厨房监控燃气是否泄漏，是否着火，保障家庭的安全；另一方面，出现警情时，安防系统自动发出警报，物业服务企业和社区安保部门及时定位业主信息，及时提醒安保部门人员出警服务，保障业主和物业使用人的人身和财产安全。

6. 影音控制系统

影音控制系统设备主要有背景音乐面板、背景音乐喇叭、数字电视机顶盒、DVD 机、录像机等。其主要功能：一方面，自主播放音乐，在会客、居家、就餐等不同场景播放不同场景的音乐，美化家居环境。也可以配合灯光系统、环境系统等进行联动控制，营造影院氛围，实现全方位家庭娱乐功能。如在家庭的花园、客厅、卧室、酒吧、厨房或卫生间，可以将 MP3、FM、DVD、计算机等多种音源进行系统组合，让每个房间都能听到美妙的背景音乐，音乐系统既可以美化空间，又起到很好的装饰作用；另一方面，做到让客厅、餐厅、卧室等多个房间的电视机共享家庭影音库，并可以通过遥控器选择自己喜欢的音源进行观看，采用这样的方式既可以让电视机共享音视频设备，又不需要重复购买设备和布线，既节省资金又节约空间。

7. 远程控制系统

远程控制一般采用无线 ZigBee 智能家居系统，智能设备厂家负责控制系统及主机的供应、安装及调试。智能家居系统可实现局域网本地智能控制、远程云平台智能控制。远程遥控可对室内的电灯（RF 控制信令）和空调（IR 控制信令）进行开关控制；远程设置可进行电灯或者空调控制信令的学习、权限密码设置、铃声次数设置。也可通过计算机、手机等远程控制智能家居系统，实现空调、灯光、窗帘、家居安防等系统的远程控制。同时，结合集中触摸屏上预设的场景功能，可根据用户日常使用习惯预设场景功能。例如，业主在回家途中，可以通过智能手机远程开启预设的场景控制模式，一键自动关闭卧室的电动窗帘，并将卧室的灯光打开温馨模式；也可以在异地远程提前对家里的温度进行调节和设定，在寒冷的冬季一回到家中就能拥有温暖舒适的环境，在酷暑炙热的夏天可以迅速拥有一个清凉舒适的环境，既方便又节能。

四、智能家居服务平台的特点和主要功能

智能家居服务平台是智能家居的心脏，能实现系统信息的采集、信息输入、信息输出、集中控制、远程控制、联动控制等功能。通过数字智能管理软件等软件平台高度集成多种管理软件将家庭中各种与信息相关的通信设备、家用电器和家庭保安装置通过有线或无线的方式连接到一个家庭智能化系统上进行集中的或者异地的监视、控制和家庭事务性管理，保持家庭设施与住宅环境的和谐与协调。智能家居服务平台是开放性的数据结构，便于和其他系统集成，能根据项目的具体需求对所需功能进行二次开发，如图 6-1 所示。

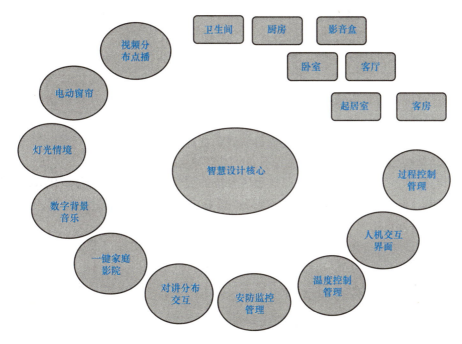

图 6-1 智能家居系统架构示意

1. 智能家居服务平台的特点

智能家居网络随着集成技术、通信技术、互操作能力和布线标准化的实现而不断改进。它涉及对家庭网络内所有的智能家具、设备和系统的操作、管理及集成技术的应用。其技术特点表现如下：

（1）通过家庭网关及其系统软件建立智能家居服务平台系统。家庭网关是智能家居局域网的核心部分，主要完成家庭内部网络各种不同通信协议之间的转换和信息共享，以及与外部通信网络之间的数据交换功能，同时，网关还负责家庭智能设备的管理和控制。

（2）统一的平台。通过计算机技术、微电子技术、通信技术，家庭智能终端将家庭智能化的所有功能集成起来，使智能家居建立在一个统一的平台之上。不仅实现家庭内部网络与外部网络之间的数据交互，还要保证能够识别通过网络传输的指令是合法的指令。因此，家庭智能终端既是家庭信息的交通枢纽，又是信息化家庭的"保护神"。

（3）通过外部扩展模块实现与家电的互联。为实现家用电器的集中控制和远程控制功能，家庭智能网关通过有线或无线的方式，按照特定的通信协议，借助外部扩展模块控制家电或照明设备。

（4）嵌入式系统的应用。以往的家庭智能终端绝大多数是由单片机控制的。随着新功能的增加和性能的提升，将处理能力大大增强的具有网络功能的嵌入式操作系统和单片机的控制软件程序做了相应的调整，使之有机地结合成完整的嵌入式系统。

2. 智能家居服务平台的主要功能

智能家居服务平台的主要功能一般包括家庭安防、可视对讲、远程抄表、家电控制、家庭信息服务、增值服务六个方面。

（1）家庭安防：安全是居民对智能家居的首要要求，家庭安防由此成为智能家居的首要组成部分，包括家庭安防报警、门窗磁报警、紧急求助报警、燃气泄漏报警、火灾报警等。当家庭智能终端处于布防状态时，红外探头探测到家中有人走动，就会自动报警，通过蜂鸣器和语音实现本地报警；同时，报警信息报到物业管理中心，可以自动拨号到主人的手机或电话。

（2）可视对讲：通过集成与显示技术，家庭智能终端上集成了可视对讲功能，无须另外安装室内分机即可实现可视对讲的功能。

（3）远程抄表：水、电、气表的远程自动抄收计费是物业管理的一个重要部分，它的实现解决了入户抄表的低效率、干扰性和不安全因素等问题。

（4）家电控制：家电控制是智能家居集成系统的重要组成和支持部分，代表着家庭智能化的发展方向。通过有线或无线的联网接口，将家电、灯光与家庭智能终端相连，组成网络家电系统，实现家用电器的远程控制。

（5）家庭信息服务：物业管理中心与家庭智能终端联网，对住户发布信息，住户可通过家庭智能终端的交互界面选择物业服务公司提供的各种服务。

（6）增值服务：通过家庭智能终端可以实现网上购物、视频点播等增值服务。

五、智能家居的使用与管理

1. 智能家居的使用者和服务对象

智能家居的智能化设计应该始终站在使用者的角度进行设计，智能家居的实际使用者和服务对象可分成业主或物业使用人、物业服务企业管理人员、社区资源部门三个类型。

（1）业主或物业使用人——智能家居中终服务对象。他们的服务费用支出是智能家居服务者的主要收入来源，同时也是智能家居系统的直接用户。

动画：智慧家居的使用与管理

（2）物业服务企业管理人员——以物业服务企业的物业管理者为主，包括保安管理人员和信息服务管理人员，是智能家居的管理者和服务提供者。他们的素质高低和对智能家居系统的熟悉掌握程度直接影响智能家居系统的实际使用效果。

（3）社区的资源部门——包括社区周边商户、社区网络提供运营商、公安消防和医疗部门以及其他与社区生活密切相关的可以通过数字城市网络与智能家居系统相连的部门。该类用户可能牵涉到所有与住户生活相关的部门，在未来数字城市中，他们对智能家居的贡献更大程度上依靠整个社会环境的建设，包括相关的管理服务体系和发达完善的社会网络。

2. 智能家居的使用

智能家居的使用是通过使用者的终端与智能家居服务平台连接来实现的。使用者的终端有手机、PAD 等，要与智能家居服务平台连接后，才能正常的使用，重要的步骤如下：

（1）打开 Wi-Fi 自动连接，扫描发现设备，通过设备序列号添加设备后确定验证码是否正确，注册到对应的操作平台，进行无线配置，为无线设备配置连接用户名和密码，通过验证连接网络。

（2）安装客户端，填写控制平台内网地址，与客户端连接，要提供用户名密码，填写初始化用户名及密码，验证通过后连接成功。

项目六　智能家居与电子商务管理

（3）登录网站，填写注册信息，提交邮箱和手机号码，之后发送邮箱验证和手机验证码，提供正确的邮箱验证和手机验证码，验证通过后注册成功。

（4）使用相同账号提交云服务端，确认验证，关联账号与设备，协商底层加密信息，确认相关底层加密信息，建立 VPN 连接。

（5）发送连接申请，提交用户名密码，确认用户名密码，对账户关联设备发送连接信息，回复设备信息就绪，之后发送本地客户端地址等信息，发送连接申请，协商加密传输参数，回复确认信息，使用加密传输，加密连接通道建立。

3. 智能家居的管理

（1）智能家居设备档案的管理。由于一个家庭中智能家居的种类多，厂家和型号不同，如果发生某设备故障的情况，不知从什么地方入手。因此，需要统计家庭中所涉及的设备名称、型号、价格、大致方位等，建立智能家居设备相关资料进行存档，进行统一的管理。

（2）定期进行服务平台版本更新。由于服务平台版本的升级，容易造成设备与平台的失联，造成生活的不便。因此，业主或物业使用人需要定期进行服务平台版本的更新，保证智能家居的正常使用。

（3）及时更新设备信息。更新设备信息就是对已添加的设备在平台中进行及时的信息修改，修改设备的各参数，与新设备信息一致。如果不及时更新设备信息，很容易造成设备档案资料的混乱，在进行设备升级时容易产生问题。

（4）及时排除常见问题。智能家居不能正常的操作，因此，需要及时地找到问题所在，一般常见问题是路由、终端设备的掉线引起的。发生的原因有以下几种情况：

①检查发现是信号干扰，解决的方法是拉开路由和终端设备的距离，减少无线设备的相互干扰。

②检查发现信号和设备本身无问题，解决的方法是更换新版设备进行改善，或将网关转移到宽阔的地方，不要放在地面转角处，或考虑由于天气或人流量的影响。

③检查发现是网络配置问题，则在边沿位置适当增加路由节点，使用多网关分开管理不同区域设备即可解决。

④网络路由问题，则可以升级路由固件，恢复出厂设置，或更换路由器。

学习任务二　智慧电子商务管理

※ 案例导入 6-2

中国奥园集团 1996 年在广州成立，2014 年，奥园实现多元化发展战略，倾力打造奥买家跨境电商业务板块。

奥买家坚持"悦心生活服务＋"的品牌理念，以"挑遍全世界"为口号，致力成为中国跨境电商领域的领先品牌。在线上形成了由网站商城、手机客户端、微信购物三大平台组成的完整购物布局，线下在全国多个城市建立了奥买家跨境电商体验店和平行进口名车展示交易中心，产品来自全球 50 大国家和地区，4 万多商品，数千知名品牌，为消费者带来全场景购物体验和省税优价直购进口商品及与世界同步的时尚品质生活，构建一体化健康生活商品电商交易及服务体系。

奥买家以商业、物业、互联网O2O三大平台优势，发挥奥园的服务创新基因，整合庞大的业主与消费者群体，为中国商业和住宅生态圈的蓬勃发展做出了独特的贡献。

思考：什么是智慧电子商务？其作用是什么？

（资料来源：https://www.aoyuan.com.cn/realEstate/index.aspx?strm=115005001）

一、智慧电子商务管理

1. 电子商务概述

（1）电子商务的概念。电子商务（Electronic Commerce，EC）是以信息网络技术为手段，以商品交换为中心的商务活动；也可理解为在互联网、企业内部网和增值网上以电子交易方式进行交易活动和相关服务的活动，是传统商业活动各环节的电子化、网络化、信息化。

电子商务通常是指在全球各地广泛的商业贸易活动中，在因特网开放的网络环境下，基于浏览器/服务器应用方式，买卖双方不谋面地进行各种商贸活动，实现消费者的网上购物、商户之间的网上交易和在线电子支付以及各种商务活动、交易活动、金融活动和相关的综合服务活动的一种新型的商业运营模式。各国政府、学者、企业界人士根据自己所处的地位和对电子商务参与的角度和程度的不同，给出了许多不同的定义：一般可分为代理商、商家和消费者（Agent-Business-Consumer，ABC）、企业对企业（Business-to-Business，B2B）、企业对消费者（Business-to-Consumer，B2C）、个人对消费者（Consumer-to-Consumer，C2C）、企业对政府（Business-to-Government）、线上对线下（Online To Offline，O2O）、商业机构对家庭（Business To Family）、供给方对需求方（Provide to Demand）、门店在线（Online to Partner，O2P）九种模式，其中主要有企业对企业（Business-to-Business）、企业对消费者（Business-to-Consumer）两种模式。消费者对企业（Consumer-to-Business，C2B）模式也逐渐兴起，并被认为是电子商务的未来。

电子商务即使在各国或不同的领域有不同的定义，但其关键依然是依靠着电子设备和网络技术进行的商业模式，随着电子商务的高速发展，它已不仅仅包括其购物的主要内涵，还应包括了物流配送等附带服务。电子商务包括电子货币交换、供应链管理、电子交易市场、网络营销、在线事务处理、电子数据交换（EDI）、存货管理和自动数据收集系统。在此过程中，利用到的信息技术包括互联网、外联网、电子邮件、数据库、电子目录和移动电话。

（2）广义和狭义的电子商务。广义的电子商务，定义为使用各种电子工具从事商务活动；狭义电子商务，定义为主要利用Internet从事商务或活动。无论是广义的还是狭义的电子商务概念，电子商务都涵盖了两个方面：一是离不开互联网这个平台，没有了网络，就称不上为电子商务；二是通过互联网完成的一种商务活动。

狭义上讲，电子商务是指通过使用互联网等电子工具（这些工具包括电报、电话、广播、电视、传真、计算机、计算机网络、移动通信等）在全球范围内进行的商务贸易活动。是以计算机网络为基础所进行的各种商务活动，包括商品和服务的提供者、广告商、消费者、中介商等有关各方行为的总和。人们一般理解的电子商务指的是狭义上的电子商务。

2. 电子商务的发展阶段

（1）第一阶段：电子邮件阶段。这个阶段可以认为是从20世纪70年代开始，平均的通信量以每年几倍的速度增长。

(2)第二阶段:信息发布阶段。从1995年起,以Web技术为代表的信息发布系统,爆炸式地成长起来,成为Internet的主要应用。该阶段是中、小企业把握好从"粗放型"到"精准型"营销时代的电子商务。

(3)第三阶段:电子商务阶段。之所以把EC列为一个划时代的东西,是因为Internet最终的主要商业用途就是电子商务。若干年后的商业信息,主要是通过Internet传递。Internet即将成为我们这个商业信息社会的神经系统。1997年年底,在加拿大温哥华举行的第五次亚太经合组织非正式首脑会议(APEC)上,时任美国总统克林顿提出敦促各国共同促进电子商务发展的议案,引起了全球首脑的关注,IBM、HP和Sun等国际著名的信息技术厂商宣布1998年为电子商务年。

(4)第四阶段:全程电子商务阶段。随着软件服务模式的出现,软件纷纷登录互联网,延长了电子商务链条,形成了当下最新的"全程电子商务"概念模式。

(5)第五阶段:智慧电子商务阶段。2011年,互联网信息碎片化及云计算技术更加成熟,主动互联网营销模式出现,i-Commerce(individual Commerce)顺势而出,电子商务摆脱将传统销售模式机械地搬上互联网的现状,以主动、互动、用户关怀等多角度与用户进行深层次沟通。其中,以IZP科技集团提出的ICE最具有代表性。

3. 电子商务在我国的具体表现

电子商务在我国的具体表现在交易规模、从业人员、电商物流三个方面。

(1)交易规模。2019年,中国电子商务交易额达34.81万亿元,同比增长6.7%。其中,网上零售额10.63万亿元,同比增长16.5%,实物商品网上零售额8.52万亿元,占社会消费品零售总额的比重上升到20.7%。

(2)从业人员。2019年,中国电子商务从业人员达5 125.65万人,同比增长8.29%。其中,电子商务直接吸纳就业和创业人数达3 115.08万人,电子商务带动信息技术、相关服务及支撑行业从业人数达2 010.57万人。

(3)电商物流。2019年,全年快递业务收入达7 497.8亿元,同比增长24.2%,受电商网购包裹持续刺激,近年来全国规模以上快递企业营收持续增长。

4. 电子商务在我国的发展前景

电子商务在我国主要有六个方面的发展前景。

(1)电子商务已成为中国经济的支柱之一,近年来中国持续加大政策扶持力度,通过"互联网+"来促进传统企业转型升级。从中央到地方,电商已成为发展的重点。

(2)B2B行业前景开阔,行业基础条件完善不够。随着商业诚信体系的发展成熟后,B2B模式就会在诚信的土壤中迅速成长。产业互联网迎来更多需求,B2B成为传统行业转型升级青睐方向,也为企业级服务带来了机遇。

(3)2016年,B2B领域依旧成为投资圈的兵家必争之地,除行业外风投资金的不断注入外,也吸引了B2B各行业内的产业资本不断加码,给整个行业的发展带来源源不断的动力。

(4)网络零售仍将维持中高增速,"一超多强"竞争格局基本稳定,虚实融合,线上、线下协同成为产业发展的主基调。在传统零售业绩持续下滑的背景下,互联网零售转型成为所有零售企业未来最重要的增长点之一。

(5)从政策、资本进入以及市场增速视角判断,当前正处于出口跨境电商发展的黄金期，出口跨境电商异于国内电商，其供应链较长的特征致使中后端服务痛点多，物流、支付等环节改善空间较大。

（6）进口跨境电商竞争更加激烈，行业高速发展带来资本竞相追捧，具备国内电商运营经验的传统电商巨头和具有资本、渠道和供应链优势的公司纷纷布局。平台型进口电商日趋成熟，自主型 B2C 进口电商也已初具雏形。

5. 智慧社区与智慧电子商务管理的关系

作为消费渠道的终端，社区消费市场将成为电商行业争夺的焦点，而依托智慧信息平台、社区终端销售平台、终端智慧物流及智慧支付服务，智慧社区在助力电商发展的同时，也将极大地改变人民的生活方式。

二、智慧信息平台

1. 智慧信息平台的概念

智慧信息平台是由电子信息系统，即由计算机、有/无线通信设备、处理设备、控制设备及相关的配套设备、设施（含网络）等的电子设备构成的，按一定应用目的和规则对信息进行采集、加工、存储、传输、检索等处理的人机平台系统。

智慧信息平台目标是实现城市不同部门异构系统之间的资源共享和业务协同，有效避免城市多头投资、重复建设、资源浪费等问题，有效支撑城市正常、健康的运行和管理。

2. 智慧信息平台的作用

智慧信息平台是智慧社区的基础设施，其作用主要体现在以下三点：

（1）智慧信息平台是城市公共数据的进出通道，实现城市公共数据的交换、清洗、整合和加工。

（2）智慧信息平台实现城市公共数据的组织、编目、管理以及应用绩效评估。

（3）智慧信息平台实现城市公共数据的共享服务，为城市政府专网和公共网络上的各类智慧应用提供基于城市公共数据库的数据服务、时空信息承载服务、基于数据挖掘的决策知识服务等。

3. 智慧信息平台能力要求

（1）数据汇聚与整合加工。智慧信息平台通过交换系统从各个离散的信息源获取人口、法人、地理空间、宏观经济及建筑物数据，经过数据比对、清洗等技术手段，存入公共基础数据库。

智慧信息平台通过数据交换、清洗、整合、加工、时空化等技术手段对来自各应用单位的业务数据进行处理，存入公共业务数据库。

（2）数据管理与服务。智慧信息平台依托元数据、目录数据、交换数据、安全数据和管理数据等支撑数据，实现对公共数据库有效管理。同时，通过对公共数据库的服务封装，发布接口规范，以统一接口服务方式实现智慧应用对公共数据库资源的访问。

（3）服务与接口。智慧信息平台一方面通过集成第三方提供时空信息承载、专题数据分析及挖掘等服务组件，以统一接口方式提供给各类智慧应用。服务组件可根据业务发展需要而动态调整。

智慧信息平台同时也提供开发接口服务，支持开发者或应用开发商调用平台提供的服务和自己的业务应用进行集成,或是开发基于公共信息平台的应用系统。

(4)运营维护。智慧信息平台提供用户管理、厂商管理、应用管理及日志管理,并以接口服务方式对外提供,满足其他模块开发运营。

(5)平台互联。智慧信息平台按照统一规范发布平台的接口与服务,为实现不同城市平台、上下级城市平台之间的互联互通奠定基础。

三、社区终端销售平台

1. 社区的概念

社区是若干社会群体或社会组织聚集在某一个领域里所形成的一个生活上相互关联的大集体,是社会有机体最基本的内容,是宏观社会的缩影。尽管社会学家对社区下的定义各不相同,在构成社区的基本要素认识上还是基本一致的,普遍认为一个社区应该包括一定数量的人口、一定范围的地域、一定规模的设施、一定特征的文化、一定类型的组织。社区就是这样一个"聚居在一定地域范围内的人们所组成的社会生活共同体"。

社区的特点:有一定的地理区域;有一定数量的人口;居民之间有共同的意识和利益;有着较密切的社会交往。

2. 社区终端的作用

随着中国社会经济与房地产业的蓬勃发展,目前城市中绝大多数人口已经按照自身居住的业态形成了一种社区化的生活方式,而"社区终端销售"恰恰是在这样的大环境与背景下所诞生的事物。由于传统分销渠道竞争的日益加剧,进行渠道创新往往成为一些企业出奇制胜的法宝。在城市中,星罗棋布的社区蕴藏着巨大无比的潜力。因此,"在社区中销售"已经逐渐被一些企业视为一种全新的分销方式,并被越来越多的企业所关注。

社区是在某些方面具有同质性的消费者的集合,或角色或兴趣的共通使信息在社区中的传播非常有效,因此,合理利用舆论导向影响消费者的品牌舆论非常重要。

社区不仅成为公司和产品的品牌营销平台,而且成为顾客对采购产品或品牌发表看法的信息集散地,成为建立数据库继而研究消费者行为的信息来源。

社区基本上表现为关系型社区,也就是说,网络用户在某些方面具有一定的天然性关联,于是基于地域、职业、爱好等建立共同的社区。在关系型社区中,由于人与人之间具有相对稳定的同学、邻里和爱好等关系,能够使品牌顺利地在同质人群中广泛传播。

社区终端销售平台的优势如下:

(1)直接面对消费人群,目标人群集中,宣传比较直接,可信度高,更有利于口碑宣传。

(2)氛围制造销售,投入少,见效快,利于资金迅速回笼。

(3)可以作为普遍宣传手段使用,也可以针对特定目标,组织特殊人群进行重点宣传。

(4)直接掌握消费者反馈信息,针对消费者需求及时对宣传战术和宣传方向进行调查与调整。

3. 社区终端销售平台的实际运行效果

(1)微小区服务平台。微小区主要为小区业主提供小区商家服务,通过O2O(online to offline)推广、实体门店相配合的方式。小区商家可方便快速地展示自己的店铺和各类促销信息，既方便业主生活，也给物业带来新的盈利模式。

微小区的目的就是通过App+平台，将小区物业、小区业主、商户、广告投放者同时覆盖，通过商业运营满足业主日常所需，提供移动社区服务，走分众传媒的道路。

(2)微小区提供的服务。微小区为物业打造专属功能，可以轻松发布小区公告、办事指南等，同时还支持工单无线打印。业主还可在微信端进行自助报修、意见反馈，利用微信支付物业费用，充分降低物业管理成本，从而提高物业服务水平，轻松实现微信物业，帮助物业企业全面进入"微物业"时代。

微小区为小区业主提供多种互动功能，物业可以方便地组织小区活动，业主也可以快速查找小区周边服务信息，业主之间还可以轻松进行二手交易、拼车等交流互动。微小区还为小区提供了专门的社区模块，快速建立小区业主的网上家园。

四、终端智慧物流

1. 物流的概念

中国的物流术语标准对物流定义：物流是物品从供应地向接收地的实体流动过程中，根据实际需要，将运输、存储、装卸搬运、包装、流通加工、配送、信息处理等功能有机结合起来实现用户要求的过程。

2. 终端物流

终端物流是相对于目前的物流，就B2B形式的物流来说，终端物流即个人委托的物流线，由一个普通人发起，由终端物流公司作为中介，联系个人与商家之间的一种全新的物流方式。而针对智慧社区的服务目标和顾客需求，做好更终端物流就显得尤为重要。

动画：终端智慧物流

当终端物流系统建立起来以后，人们将不需要知道自己所需要的商品要到什么地方去买，或者要到某个特定的自己不能到的地方去取，这都将由终端物流公司代理，这有点类似之前的邮政服务，但远远大于邮政服务。

随着快递业务需求量的不断增加，物流业"最后一公里"配送逐渐成为制约物流业发展的一大难题。所谓"最后一公里"主要指物流投递环节，快递业务员和顾客之间沟通困难，使得大量物流资源被耗费在等待和二次投递上。探索终端智慧物流模式将有望解决"最后一公里"配送难题，进一步促进我国电子商务和物流行业的发展。

3. 现有的终端物流运行方式

社区物流终端配送服务模式现状如下：

(1)送货入户服务模式。送货入户模式是当前我国物流行业最普遍的终端配送模式。该模式下第一阶段是由物流站点揽收由商品制造商或是卖方所要寄出的物品；第二阶段则是由运输干线至支线阶段，该阶段可能会经历多次中转，最终从揽收城市的分拨中心到达城市分拨中心；最后一阶段则是由城市分拨中心将货物转运至最终地址所在站点，由快递员负责进行区域配送。

(2)委托点代收服务模式。当前社区物流代收服务模式主要有以下几种：

①菜鸟驿站：菜鸟驿站是由阿里巴巴与各大物流企业共同组建的、用于面向社区和校园的物流服务平台，主要功能是为在天猫、淘宝购物的用户提供包裹代收服务，可以代收

体积小、非生鲜、金额不超过3 000元的货品，包裹到站后系统发短信和密码通知，包裹到站5天内免费保管，消费者可在此期间凭借证件及密码上门自提。

②顺丰嘿客：2014年起，作为"快递收发站＋社区便利店＋线下体验店"三位一体的顺丰嘿客诞生。除传统的便利店功能外，顺丰嘿客充分发挥了快递企业的功能，为消费者体验O2O提供了平台，同时也作为顺丰速递的社区服务点提供商品代收、发货等服务。

③便利店、书报亭：当前许多快递企业与社区周边的便利店、书报亭等进行合作，实现快递业务的收发。

④传达室：在一些没有普及合作代收快递网点的社区，往往会使用传达室代收快递。

⑤储物柜自提服务模式：储物柜服务模式是由快递企业在社区内安装一定数量的智能储物柜，派件人员将小区内不便收货的货物放置在储物柜，用户可凭借短信、自提码等认证方式打开储物柜取货。

4. 终端智慧物流模式发展展望

当前已经出现的多种终端在配送模式上都各自存在优点和缺点，但是从整体上看，各种方式之间存在相互补充、相互促进的可能。未来终端智慧物流模式朝着多模式方向发展，因此，需要在破解现有难题的基础上新增更符合用户需求和社区实际情况的智慧型配送模式。

(1) 加大与社区物业合作力度。当前代收模式中，电商平台和快递企业与便利店合作的数量远远高于与物业合作的数量，但是从便利性看，实施物业代收将更便于社区居民的快递收取，且时间上更宽裕，从安全性上与物业合作又可避免了无协议放在门卫、传达室等带来的包裹安全隐患。因此社区终端物流配送应当加大与社区物业的合作力度，将快递包裹代收逐渐发展成为物业服务项目之一。当前，万科物业与韵达快递达成的协议为社区物流终端配送提供了良好的借鉴。

(2) 推广智能快递柜的使用。智能快递柜是当前唯一采用非面对面交付的终端物流模式，具有隐私性高、工作时间长等特点，作为送货入户和代收模式的补充能够较好地填补人力代收方式的派送范围空缺。而推广智能快递柜的使用需要解决两大问题：一是安装问题，包括安装的地点、安装的数量、快递柜安装技术要求；二是责任界定问题。针对第一个问题，需要快递企业与物业及生产厂家共同合作。

(3) 参考并优化顺丰嘿客模式建立社区连锁超市。当前顺丰嘿客作为顺丰速递的跨界尝试虽然极具创新意识，但是在实际营运当中与用户的消费习惯、用户体验等相违背，顺丰嘿客一味强调O2O，利用店面进行商品展示但是实质上需要消费者网上下单，对于社区居民来说不如直接在网上下单更便捷，因此，即使兼带营运顺丰速递包裹代收点也无法冲抵开店成本的需要，难以维持。社区终端物流模式最终是要回归生活、回归用户需求，因此各大物流企业可参考顺丰嘿客模式的优点，同时自建社区连锁超市实现包裹代收服务。

(4) 建立自营社区智慧服务站。建立自营社区服务站可以作为送货入户的替代模式应用到社区。第一，自营社区智慧服务站可以在一定程度上弥补代收模式的不足，作为物流企业自主建立的社区服务站可以提供更优质、专业的信息化服务；第二，自营社区服务站能够极大减少二次配送造成的资源浪费，在送货前确认收货人是否可以收货，如可以则统一进行投递，如不可以则让用户上门自取；第三，对于从网点携带包裹到社区内进行配送无法将所有包裹携带上楼而容易导致包裹被盗、被破坏的现象，自营社区服务站可以实现包裹保管的功能。

上述几种终端物流配送模式均是依托不同类型的实体实现的，而终端智慧物流配送模式应当要配合物流企业、配送区域、社区的实际情况来进行选择和配合，单一的终端物流配送模式是无法满足当前潜力巨大的消费者市场的，也无法满足社区用户的需求。

五、电子支付服务

1. 电子支付的概念

电子支付是指消费者、商家和金融机构之间使用安全电子手段把支付信息通过信息网络安全地传送到银行或相应的处理机构，用来实现货币支付或资金流转的行为。

2005年10月26日，中国人民银行第23号公告公布《电子支付指引（第一号）》，第二条规定："电子支付是指单位、个人直接或授权他人通过电子终端发出支付指令，实现货币支付与资金转移的行为。电子支付

授课视频：
电子支付服务

的类型按电子支付指令发起方式分为网上支付、电话支付、移动支付、销售点终端交易、自动柜员机交易和其他电子支付。"简单来说，电子支付是指电子交易的当事人，包括消费者、厂商和金融机构，使用安全电子支付手段，通过网络进行的货币支付或资金流转。电子支付是电子商务系统的重要组成部分。

2. 电子支付的业务类型

电子支付按指令发起方式分为网上支付、电话支付、移动支付、销售点终端交易、自动柜员机交易和其他电子支付。

（1）网上支付。网上支付是电子支付的一种形式。广义地讲，网上支付是以互联网为基础，利用银行所支持的某种数字金融工具，发生在购买者和销售者之间的金融交换，而实现从买者到金融机构、商家之间的在线货币支付、现金流转、资金清算、查询统计等过程，由此电子商务服务和其他服务提供金融支持。

（2）电话支付。电话支付是电子支付的一种线下实现形式，是指消费者使用电话（固定电话、手机）或其他类似电话的终端设备，通过银行系统就能从个人银行账户里直接完成付款的方式。

（3）移动支付。移动支付是使用移动设备通过无线方式完成支付行为的一种新型的支付方式。移动支付所使用的移动终端可以是手机、PDA、移动PC等。

3. 电子支付工具的种类

随着计算机技术的发展，电子支付的工具越来越多。这些支付工具可以分为三大类：

（1）电子货币类，如电子现金、电子钱包等；

（2）电子信用卡类，包括智能卡、借记卡、电话卡等；

（3）电子支票类，如电子支票、电子汇款（EFT）、电子划款等。

这些方式各有自己的特点和运作模式，适用不同的交易过程。以下简单介绍电子现金、电子钱包、电子支票。

①电子现金。电子现金是一种以数据形式流通的货币。它把现金数值转换成为一系列的加密序列数，通过这些序列数来表示现实中各种金额的市值，用户在开展电子现金业务的银行开设账户并在账户内存钱后，就可以在接受电子现金的商店购物了。

②电子钱包。电子钱包是电子商务活动中网上购物顾客常用的一种支付工具，是在小额购物或购买小商品时常用的新式钱包。

③电子支票。电子支票是一种借鉴纸张支票转移支付的优点，利用数字传递将钱款从一个账户转移到另一个账户的电子付款形式。这种电子支票的支付是在与商户及银行相连的网络上以密码方式传递的，多数使用公用关键字加密签名或个人身份证号码（PIN）代替手写签名。

实训任务一　认知及操作智能家居系统

1. 实训目的

通过智慧社区中智能家居系统的现场实训认知和操作学习，掌握智能家居中不同的设备使用和功能，相关软件服务平台的操作，提高智能家居的管理。

2. 实训要求

（1）熟悉两室一厅房间中所需智能家居的具体设备的种类和数量。

（2）掌握每种智能家居的实际操作方法和功能。

（3）掌握智能家居软件服务平台的界面与使用。

（4）能分析不同智能家居项目的管理内容及标准。

3. 实训步骤

（1）调查两室一厅房间中所需智能家居的具体设备的种类和数量。

（2）分组实地现场调查及在实训室中实际操作相关智能家居，以及了解其功能。

（3）分组实地现场了解相关智能家居的软件服务平台界面和实际操作其相关功能；

（4）分析两室一厅的智能家居项目的管理内容及制定的标准。

4. 实训时间

实训时间为2学时。

5. 实训考核

（1）考核组织。将学生分组，由指导教师进行考核。

（2）考核内容。教师根据两室一厅的智能家居内容，提出智能家居管理方面三个问题，由学生回答，然后给出实训考核成绩。

实训任务二　认知智慧电子商务管理

1. 实训目的

通过对智慧电子商务管理项目的调研实训学习，掌握智慧电子商务的管理内容。

2. 实训要求

（1）调查三个不同的智慧电子商务管理项目。

（2）能分析不同智慧电子商务管理项目的组织目标、功能定位、管理内容等方面的异同点。

3. 实训步骤

（1）准备调查的三个智慧电子商务管理项目。

（2）分组实地现场调查，及在网络上收集三个智慧电子商务管理项目的相关资料。

(3)结合课堂的讲解和图例,分析不同智慧电子商务管理项目的组织目标、功能定位、管理内容等方面,总结出三个智慧电子商务管理项目之间的异同点。

4. 实训时间

实训时间为2学时。

5. 实训考核

(1)考核组织。将学生分组,由指导教师进行考核。

(2)考核内容与内容。学生根据智慧电子商务管理项目调查,提出智慧电子商务管理项目的运营方式、针对对象,教师根据学生调研内容提出其存在的三个问题,由学生回答,然后给出实训考核成绩。

项目小结

(1)智能家居是一个以住宅为平台,兼备建筑、网络通信、信息家电、设备自动化等内容,集系统、结构、服务、管理为一体的高效、舒适、安全、便利、环保的居住环境。

(2)智能家居系统设计的原则主要包括实用性、便利性、可靠性、标准性、方便性、安全性、扩展兼容性等方面。

(3)智能家居的发展趋势有:①概念普及,关注度增加;②厂商更迭,行业洗牌;③地产商助推,消费者青睐;④技术更加融合;⑤智能产品普及,维护体系完善。

(4)智能家居以相关控制系统设备组成,主要有灯光控制系统、环境控制系统、空调控制系统、家电控制系统、安防控制系统、影音控制系统和远程控制系统七大控制系统设备。

(5)智能家居服务平台是智能家居的心脏,能实现系统信息的采集、信息输入、信息输出、集中控制、远程控制、联动控制等功能。其技术特点:通过家庭网关及其系统软件建立智能家居服务平台系统;统一的平台;通过外部扩展模块实现与家电的互联;嵌入式系统的应用。

(6)智能家居服务平台的主要功能一般包括家庭安防、可视对讲、远程抄表、家电控制、家庭信息服务、增值服务六个方面。

(7)智能家居的智能化设计应该始终站在使用者的角度进行设计,智能家居的实际使用者和服务对象可分成业主或物业使用人、物业服务企业管理人员、社区资源部门三个类型。

(8)智能家居的使用是通过使用者的终端与智能网络服务平台连接来实现的。智能家居的管理主要从智能家居设备档案的管理、定期进行服务平台版本更新、及时更新设备信息、及时排除常见问题等方面进行管理。

(9)智慧社区涵盖的智慧信息平台、社区终端销售平台、终端智慧物流及电子支付服务,在助力智慧电子商务发展的同时,还能完善社区服务功能,提高居民生活质量,提高物管服务水平,提高经济效率。

(10)电子支付是指消费者、商家和金融机构之间使用安全电子手段把支付信息通过信息网络安全地传送到银行或相应的处理机构,用来实现货币支付或资金流转的行为。

(11)电子支付的业务类型主要有网上支付、电话支付、移动支付、销售点终端交易、自动柜员机交易和其他电子支付。

课后习题 （总分100分）

一、单项选择题(25×2＝50分)

1. 衡量一个住宅小区智能化系统的成功与否,不取决于(   )。
   A. 智能化系统的多少
   B. 系统的设计和配置是否经济合理并且系统能否成功运行
   C. 系统的使用、管理和维护是否方便
   D. 系统或产品的技术是否成熟适用

2. 智能家居系统的设计原则主要包括实用性、便利性、(   )、标准性、方便性、安全性、扩展兼容性等方面。
   A. 客观性   B. 快速性   C. 可靠性   D. 独立性

3. (   )是一个以住宅为平台,兼备建筑、网络通信、信息家电、设备自动化,集系统、结构、服务、管理为一体的高效、舒适、安全、便利、环保的居住环境。
   A. 大数据管理   B. 智能家居   C. 智慧社区   D. 智慧物流

4. 业界研究显示,以(   )为代表的新服务模式是智能家居发展趋势。
   A. 数据出口   B. 移动出口   C. 数据入口   D. 移动入口

5. 智能家居的起源可追溯到20世纪(   )。
   A. 80年代初   B. 80年代末   C. 90年代初   D. 90年代末

6. 电力线载波PLC技术智能家居控制系统出现处于智能家居(   )发展阶段。
   A. 新概念研发   B. 稳步推广   C. 成长分化   D. 成长考验

7. 四键情景面板(起床)属于智能家居中(   )系统。
   A. 环境控制   B. 灯光   C. 空调控制   D. 家电控制

8. 无线红外线转发器属于智能家居中(   )系统。
   A. 灯光   B. 环境控制
   C. 空调控制   D. 家电控制

9. 风雨感应器属于智能家居中(   )系统。
   A. 灯光   B. 环境控制
   C. 空调控制   D. 家电控制

10. (   )不属于环境控制系统设备。
    A. 门锁控制器   B. 链条开窗器
    C. 温湿度感应器   D. 强电窗帘电动机遥控器

11. (   )不能解决网络路由问题。
    A. 恢复出厂设置   B. 升级路由固件
    C. 更换路由器   D. 减少无线设备的相互干扰

12. 检查发现是信号干扰,解决的方法是(   )。
    A. 将网管转移到宽阔的地方   B. 更换新版设备
    C. 拉开路由和终端设备的距离   D. 更换路由器

13. 智能家居的技术特点表现为（　　）。
A. 通过家庭网关及其系统软件建立智能家居服务平台系统
B. 独立的平台
C. 通过内部扩展模块实现与家电的互连
D. 平行式系统的应用

14. （　　）是智能家居局域网的核心部分。
A. 警号　　　　　B. 家庭网关　　　　C. 空调　　　　　D. 智能开关

15. 以往的家庭智能终端绝大多数是由（　　）控制。
A. 切片机　　　　B. 网络　　　　　　C. 单片机　　　　D. 多片机

16. （　　）是智能家居的管理者和服务提供者。
A. 业主　　　　　　　　　　　　　　B. 物业服务企业管理人员
C. 社区资源部门　　　　　　　　　　D. 物业使用人

17. 社区的特点不包括（　　）。
A. 有一定的地理区域　　　　　　　　B. 有一定数量的人口
C. 居民之间的意识和利益独立　　　　D. 有着较密切的社会交往

18. 各国政府、学者、企业界人士根据自己所处的地位和对电子商务参与的角度和程度的不同，给出了许多不同的定义，一般可分为（　　）等模式。
A. ABD　　　　　B. ABC　　　　　C. ABO　　　　　D. ABP

19. 中、小企业把握好从"粗放型"到"精准型"营销时代指的是电子商务的（　　）。
A. 电子邮件阶段　　　　　　　　　　B. 信息发布阶段
C. 全程电子商务阶段　　　　　　　　D. 智慧电子商务阶段

20. 物业管理中心与家庭智能终端联网，对住户发布信息，住户可通过家庭智能终端的交互界面选择物业服务公司提供的各种服务，指的是智能家居服务平台的（　　）功能。
A. 家庭安防　　　B. 增值服务　　　　C. 可视对讲　　　D. 家庭信息服务

21. 智慧信息平台通过数据交换、清洗、整合、加工、时空化等技术手段对来自各应用单位的业务数据进行处理，存入公共业务数据库，这一能力指的是（　　）。
A. 数据汇聚与整合加工　　　　　　　B. 数据管理与服务
C. 运营维护　　　　　　　　　　　　D. 平台互联

22. 借鉴纸张支票转移支付的优点，利用数字传递将钱款从一个账户转移到另一个账户的电子付款形式指的是（　　）。
A. 电子钱包　　　　　　　　　　　　B. 电子现金
C. 电子支票　　　　　　　　　　　　D. 电子信用卡

23. 电子支付工具的种类不包含（　　）。
A. 电子货币类　　　　　　　　　　　B. 电子支票类
C. 电子信用卡类　　　　　　　　　　D. 电子钱包类

24. 属于电子货币类的是（　　）。
A. 电子钱包　　　B. 电子划款　　　　C. 电子信用卡　　D. 电子支票

25. 属于电子支票类的是（　　）。
A. 电子现金　　　B. 电子汇款　　　　C. 电话卡　　　　D. 智能卡

二、多项选择题(10×2＝20 分)

1. 移动互联网、( )等新兴概念也逐步融入智能家居领域，成为当下智能家居系统生态圈的主流。
   A. 3G　　　　　　　　B. 大数据平台　　　C. 云端　　　　　　D. 物联网
2. 安防控制系统设备主要有( )。
   A. 烟雾报警器　　　　B. 新式人体探测器　C. 红外幕帘　　　　D. 警号
3. 智能家居服务平台是智能家居的心脏，能实现系统( )、集中控制、远程控制、联动控制等功能。
   A. 信息的采集　　　　B. 信息输入　　　　C. 信息输出　　　　D. 信息匹配
4. 智能家居的实际使用者和服务对象可分成( )类型。
   A. 业主　　　　　　　　　　　　　　　　B. 物业服务企业管理人员
   C. 社区资源部门　　　　　　　　　　　　D. 物业使用人
5. 电子商务的发展阶段，可分为电子邮件阶段、( )。
   A. 信息发布阶段　　　　　　　　　　　　B. 电子商务阶段
   C. 全程电子商务阶段　　　　　　　　　　D. 智慧阶段
6. 智慧信息平台目标是实现城市不同部门异构系统之间的资源共享和业务协同，有效避免城市( )等问题，有效支撑城市正常、健康的运行和管理。
   A. 资源可持续　　　　B. 重复建设　　　　C. 资源浪费　　　　D. 多头投资
7. 智慧信息平台能力要求包括( )等。
   A. 服务与接口　　　　　　　　　　　　　B. 运营维护
   C. 数据管理与服务　　　　　　　　　　　D. 数据汇聚与整合加工
8. 当前社区物流代收服务模式主要有( )。
   A. 菜鸟驿站　　　　　　　　　　　　　　B. 顺丰嘿客
   C. 便利店、书报亭　　　　　　　　　　　D. 送货入户
9. 按电子支付指令发起方式分为( )等类型。
   A. 网上支付　　　　　　　　　　　　　　B. 电话支付
   C. 移动支付　　　　　　　　　　　　　　D. 销售点终端交易
10. 属于电子信用卡类的是( )。
    A. 电子钱包　　　　　　　　　　　　　　B. 智能卡
    C. 电子划款　　　　　　　　　　　　　　D. 借记卡

三、简答题(5×4＝20 分)

1. 智能家居系统有什么设计原则？
2. 如何进行智能家居的管理？
3. 简述智慧信息平台的作用。
4. 简述终端智慧物流模式发展展望。
5. 简述电子支付的概念。

四、案例分析题(1×10＝10 分)

2018 年 9 月，L 物业服务公司的园区生活服务网(以下简称 L 网站)上线试运营。L 网站开设了网上超市、网上团购、园区公告、园区活动、生活服务、消费卡、留言板七大功

项目六 智能家居与电子商务管理

能板块,从上线伊始便定下了年销售额指标,主推网上超市电子商务业务,向所属业主提供粮油、酒水、零食、日用、家居等 10 个大类商品,并免费配送上门。L 物业公司的计划:通过 L 网站向业主提供免费配送上门的超市日用品和快速消费品,向业主提供物业服务企业最新官方公告和活动的知晓途径这两项主要服务,短时间内提升网站流量,获取网站初期黏性。

L 物业公司为了推广网站可谓倾尽全力,横幅、海报、展架、微博、短信……在首批上线的杭州 20 个小区内地毯式强推,上线首日便引来千 UV(独立访客数),首月成交量近 10 万元。一时间,社区内横幅飘飘,网站上流量直飙,线上线下红火一片。然而随着社区内各类推广活动的结束,不过数月时间,L 网站的流量曲线便转为下行,趋势惊人,单纯依靠网站上的促销已无法抵消这种颓势。L 物业公司无奈之下只得举办了数场线下销售活动,也只是在举办时略有好转,但无法持续维持这种推广强度。

在 L 网站上线一年以后,L 物业公司意识到光靠社区本地 B2C 电子商务无法真正获得业主的认同,超市日用品这一商业类目的选择虽然符合了业主需求,但纯粹的购物需求不能成为网站流量来源的唯一动力。经过测算,L 物业公司计划上线的生活服务内容主要包括话费充值、彩票、送水、洗衣、家政、废旧品回收等数十个类目,在"网上超市"之外,还开辟"服务超市"。然而这一步所需要投入的人力、财力非常巨大,高密度的商家谈判使得物业服务人员疲于奔命,超额增加的运营压力使得他们不得不将资源优先集中到数个大社区之中,无法顾全所有的 20 个小区。这一战略步骤无疑是正确的,线下的、社区周边的商家满怀期待地被带领到线上,业主被新的宣传攻势重新引起了兴趣,流量再次提升了起来。但最终,由于资金压力陡然紧张,技术开发进度受到阻碍,使得这一步骤的实施进度被延缓。

问题:

(1)简述智慧社区与智慧电子商务管理的关系。(4 分)

(2)通过此案例,你认为社区终端销售平台的优势有哪些?(6 分)

项目七 智慧养老与医疗管理

学习目标

1. 了解智慧养老、智慧养老居家平台、智慧医疗、智慧医疗平台的含义和特点，国内外智慧养老的模式实践；

2. 熟悉智慧养老的商业模式、智慧养老的服务模式、智慧医疗平台的整体构架、智慧医疗的管理模式、智慧养老医疗平台的技术支持；

3. 掌握智慧养老平台的整体构架，掌握智慧养老居家平台的子平台，即养老居家购物服务平台、养老居家餐饮服务平台、养老居家娱乐服务平台及智慧养老医疗平台的主要内容。

能力目标

1. 能列表归纳国内外智慧养老的异同点，形成利用图表表述智慧养老发展问题的能力；

2. 能运用智慧养老的商业和服务模式，并将不同智慧医疗管理联系起来进行分析，培养运用相关知识，解决智慧养老和医疗管理问题的能力；

3. 通过完成实训任务，培养语言表达和动手操作能力。

素质目标

1. 在对智慧养老及智慧医疗的学习过程中培养学生职业理想，具有科学精神和态度；

2. 培养学生信息素养，具有把握国内外智慧养老和医疗领域发展动态和管理模式变化的能力；

3. 在认知智慧医疗设施设备的实训环节中培养学生职业道德、医疗服务等意识。

项目七 智慧养老与医疗管理

学习任务一 智慧养老管理

※ 案例导入 7-1

保利地产集团布局养老产业结合中国本土市场环境和需求，至2012年从长照机构开始试水，选择北京市海淀区作为试点区域，开设了"北京海淀区和熹会老年公寓"。身体与心灵并护的服务体系很快在市场中树立品牌，创造了国内医养结合养老的先驱，时至今日，仍为业界的标杆。随后，保利确立了以居家养老为基础、社区养老为依托、机构养老为支撑的"三位一体"养老服务体系和全产业链打造"中国式养老"的战略规划，坚持国际水准的高起点，通过产业整合培育养老产业生态系统；先后孵化了长照机构品牌"和熹会"、社区居家养老品牌"保利和悦会"、老龄产业博览会品牌"中国国际老龄产业博览会"、适老用品服务品牌"保利和品"、社区医疗品牌"和美友德医"等。目前，已落地的和悦会分布在北京、上海、广州、青岛、长沙等城市，未来三年将会建设70家和悦会、4 000余张床位、覆盖社区400余个，服务老人将超10万人。和悦会也将和和熹会、社区医疗、社区商业等服务平台进行服务资源整合，通过网格化布局为全龄老人提供多元、专业的社区养老服务。

思考：请问保利集团的"三位一体"养老服务体系是什么？什么是智慧养老？

[资料来源：保利物业.保利物业深耕社区居家养老打造社群服务生态圈[J].城市开发，2018(3)：44－49.]

一、智慧养老的含义和特点

智慧养老的概念最早是来自英国的生命信托基金，起初也被称为"智能化家居养老"。其是指通过物联网等技术随时随地、全方位地监控老年人的各种信息，让老年人在家就过上高质量的晚年生活，如通过地面安全传感器，可以在老人摔倒的时候发出警报灯。随着老龄化问题的扩大，社会面临诸多不确定性，全新的解决方案不断诞生，智慧养老成为新的养老方式的突破口。

1. 智慧养老的含义

在社会化现代化背景下，"养儿防老，多子多福"的家庭养老模式已经难以实现，我国之前实行计划生育政策，家庭规模日趋小型化，普遍呈现"4-2-1"家庭结构，越来越多年轻人不能长期陪伴在老人身边，而"二孩"出台后，"422"家庭也开始出现，壮年人养老供给负担大，老年人需求满足难，养老问题成为心头难。智慧养老为此提供了替代性解决方案，现在的智慧养老更多地强调智慧、更加关注老年人的精神生活层面，也更加注重多个主体（老人、家庭、社区、养老机构等）的协作。

授课视频：智慧养老居家平台知识准备

智慧养老是面向居家老人、社区及养老机构的传感网系统与信息平台，并在此基础上提供实时、快捷、高效、低成本的物联化、互联化、智能化的养老服务。其具体含义主要有三个方面，分别是智慧助老、智慧用老和智慧孝老。智慧养老主要借助云计算、物联网技术、移动互联网技术、现代通信网络技术、移动定位技术、流媒体（视频）传输等科技手段满足老年人日常生活中最迫切的需求，去解决老年人的基本生活、健康、服务等问题，使养老服务更快捷、更有效。

2. 智慧养老的特点

智慧养老是通过科技手段，满足老年人的需求，解决其子女养老难的问题，使老年人住家能够得到良好照护，从而安享晚年。与传统养老相比，智慧养老主要有规范化、快捷性、全面化、精准性、预测性五个特点，它通过信息化手段，运用人工智能、互联网、物联网、大数据和云计算等技术整合养老资源，解决养老服务领域严峻的供需矛盾。

（1）规范化。规范化是指"在经济、技术和科学及管理等社会实践中，对重复性事物和概念，通过制定、发布和实施标准（规范、规程和制度等）达到统一"。我国政府高度重视医疗医保、民政养老信息化建设的发展，国务院及相关政府部门先后颁布了一系列鼓励、支持行业发展的法律法规和政策文件。

我国自2012年开始对智慧养老进行探索。2013年8月，国务院印发《关于促进信息消费扩大内需的若干意见》（国发〔2013〕32号），提出推进社区、家政、医疗护理机构协同信息服务，以科技创新推动智慧养老的思路规划。2015年7月，国务院发布《关于积极推进"互联网＋"行动的指导意见》（国发〔2015〕40号），明确提出"发展智慧健康养老产业"，为智慧社区养老服务的发展做出宏观引领。2017年2月，工信部、民政部、国家卫生计生委三部委联合印发《智慧健康养老产业发展行动计划（2017—2020年）》（工信部联电子〔2017〕25号），提出到2020年基本形成覆盖全生命周期的智慧健康养老产业体系的发展目标，培育100个智慧健康养老示范企业，建设500个智慧健康养老示范社区，创建100个具有区域特色、产业联动的智慧健康养老示范基地，智慧养老又从新业态上升到新产业。2019年，民政部增设了养老金融服务司，养老金融服务司将有助于民政部"分割"养老服务职能，加强部门对老龄事业的管理。与此同时，养老服务司、国家卫健委老龄人口健康司共同指导、管理、研究我国老龄教育事业，促进体制性力量的释放。2020年，国家卫生健康委员会颁发《国家卫生健康委办公厅关于进一步完善预约诊疗制度加强智慧医院建设的通知》，创新发展智慧医院、互联网医院，建立完善预约诊疗制度等改善医疗服务工作，加快建立完善预约诊疗制度，创新建设完善智慧医院系统，大力推动互联网诊疗与互联网医院发展。2020年11月，《中共中央关于制定国民经济和社会发展第十四个五年规划和二〇三五年远景目标的建议》公布，明确提出，要"实施积极应对人口老龄化国家战略。积极开发老龄人力资源，发展银发经济。推动养老事业和养老产业协同发展，健全基本养老服务体系，发展普惠型养老服务和互助性养老，支持家庭承担养老功能，培育养老新业态，构建居家社区机构相协调、医养康养相结合的养老服务体系，健全养老服务综合监管制度。"

（2）快捷性。智慧养老要解决子女实时赡养照顾老人的问题。为使老年人生活不受影响则需要智慧养老能做到快速反应，线上、线下互动为他们提供即时有效的服务。做到"呼得通、看得见、找得到、服务快、服务好"。

（3）全面化。智慧养老即通过大数据，对中国老年人的生活习惯进行全面挖掘，突破时空限制总结老年人的一般生活需求，及各个群体的需求特点，创新服务模式，全力全面地提升老年人的生活品质。

（4）精准性。精准性要求在提供养老服务时要根据老年人的特点，结合老年人的身心需求提供精准养老服务。

（5）预测性。预测性要求在养老服务中要利用已有的数据对老年人的健康状况、心理状况做出预测，形成相应预警机制。

二、国内外智慧社区养老模式实践

1. 国外智慧社区养老模式实践

国外智慧社区养老模式实践主要是从国外的居家养老模式发展出来的。首先，英国居家养老服务提出"在社区照顾"和"由社区照顾"两个概念。在社区照顾是指依托社区养老服务资源，在社区内由专业人员提供养老服务，由社区照顾则强调了照顾者的责任和照顾的资源。其次，美国居家养老服务采用的是"医-护-养"相结合的模式，美国政府对老年人实施全面医疗照顾（PACE）计划。PACE形成一个全方位的照顾计划，为老年人提供所有的医疗相关服务，包括紧急照顾服务、看护服务、初级医疗照顾、住院治疗、护理院照顾等及预防性、恢复性、治愈性和护理性的服务。社区还普遍设立家庭保健中心（为在自己家中居住的老人提供简单的日常生活及护理服务）、老人活动中心（除提供养老午餐外，还组织文化、娱乐、教育、旅游等活动）、提供免费教育、进行老年人志愿者服务。政府还在社区为居家老人安装电子应急系统，处理紧急情况。最后，日本实施的《介护保险制度》中提出重视居家养老介护服务，目标就是让高龄者尽可能在自己家里，在已经住惯的社区养老，整个社会养老服务体系要为此提供支援。发达国家养老模式及类型具体见表7-1。

表7-1　发达国家养老模式及类型

序号	国家	模式	开展方式及类型
1	英国	社区养老	子女不同住，政府筹资，利用当地人力资源上门服务，开办社区老年人公寓及福利院
2	美国	居家养老＋社区养老＋以房养老	居家养老是基本模式，社区会根据老年人生活状态提供四个层次护理模式，生活自理型、生活协助型、特殊护理型、持续护理型。老年人可以将自有房屋出租获得相关收入来支付社区养老成本
3	德国	居家养老＋机构养老＋保险筹资	根据老人生活自理状况，第一阶段以居家养老为主，第二阶段以机构养老为主，由政府和地方共同承担养老费用，并对社会化养老机构实行减免税收政策。年轻人通过存储服务时间可在老年获得相应护理时间优惠。建立基金会托管的养老院
4	日本	由居家养老向社会养老转变＋护理保险	出生率下降导致家庭养老模式难以为继，根据老年人生活状况政府建立了老年人日托服务、短期入住设施、养护老人之家及特别养护老人之家等机构，这些机构费用较低，需要排队入住。民间设立的营利性的机构则收费较高。护理保险制度由企业年金来支持，使家庭护理功能社会化，减轻家庭负担

2. 我国智慧养老模式实践

中国目前主要有三种传统的养老模式，分别是居家养老、社区养老和机构养老，这几种模式的优点、缺点见表7-2。全国大多数地区也基本形成了"9073"养老格局，即90%的老年人口在自己的家庭中养老，7%的老年人通过享受社区专业化服务实现社区养老，3%的老年人则入住养老机构。在"新老年人"时代，家庭结构导致子女没有时间和精力在家陪伴和照顾老年人。特别是对于空巢和独居老人，居家养老就变得不切实际，甚至会有潜在的风险。另外，随着社会的快速发展变化，传统的家庭养老功能日益弱化。机构养老由于成本高、老年人接受度低,很难满足多层次的养老需求。社区养老也存在资源利用率低、人力服务保障不足、服务信息不畅等问题。十九大报告明确提出:积极应对人口老龄化,构建养老、孝老、敬老政策体系和社会环境,推进医养结合,加快老龄事业和产业发展。在此背景下,一种基于技术的社会组织参与式智慧养老模式正在兴起,具有较大的发展潜力。社区智慧养老,实质上就是将智慧城市的发展理念融入养老服务领域,以社区为单位,在社区养老服务的基础上,依托物联网、大数据和人工智能等信息技术,构建养老信息服务平台,开发智能保健产品,利用传感器远程监控老年人的日常生活状态,并根据实际需求变化为老人提供人性化、高效优质的健康智慧居家养老服务。智慧养老服务体系结构,如图 7-1 所示。

表 7-2 我国传统养老服务模式的优点、缺点

养老服务模式名称	优点	缺点
家庭养老	老人可得到最大限度的亲人陪同,金钱成本较低	亲人时间不足,照料专业性较低
社区养老	老人可就近到社区养老护理服务中心享受服务	服务半径有限,对老人居住集中度要求较高,专业性一般
机构养老	专业性较强,照顾较为周到	资金要求高,床位供应吃紧和专业人员供应不足

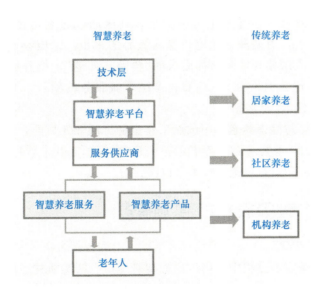

图 7-1 智慧养老服务体系结构

2012 年 10 月,北京举办"第一届全国智慧养老研讨会",明确提出"智慧养老"理念,促进智慧社区与智慧养老服务的深度融合。2013 年,全国老龄办成立了"华菱涉老智能科技产业发展中心",并开始在重庆巴南地区、成都锦江地区试点推行智能化养老实验区建设。2015 年,天津市和平区利用大数据技术,通过社区居家养老服务智能终端"一卡通"POS 机

系统，形成了"智慧和平"的新型养老服务模式。2016年，北京市石景山区八角街道在"孝和居"社区建立智能养老服务驿站，通过365天24h人工值守的"老街坊"平台，提供健康管理服务。此外，还有上海市长宁区新华街道及浦东新区塘桥街道所构建的幸福养老示范区等，不胜枚举。同时，第三部门（介于政府部门与营利性部门之间，提供志愿服务的公益性部门或组织）、城乡社区居民乃至社会各界也在积极关注和探索。民办非企业组织于2014年、2015年分别在桐乡市、常州市、上海市成立了老年服务发展中心，社区老年人的幸福指数显著提高，并探索将居家养老服务模式复制推广到农村。当前民办非营利性老年公寓、康复中心、护理院等类型多样、各具服务特色的养老服务中心日益增多，成为我国养老服务体系的重要力量，如杭州的"智慧养老"综合服务项目；武汉通过政府购买服务及采用社会资本运营，联合各政府部门搭建智慧养老服务平台帮助老人线上购买服务、预约机构等；宁夏银川建立了线上、机构、居家、社区结合的一体化智慧养老服务平台，运用了"N+3X"运营服务。其中，"N"是指团队及其工作机制。"3X"分别指服务监督员现场监督；网络平台研究员回访服务满意度；内部监督进行整改、反馈。以嘉峪关市家庭养老服务中心为例，嘉峪关市将政府、市场和企业有机结合在一起，形成专业化的家庭养老服务体系，整合了全市养老需求者和服务提供者的信息，通过政府缴费方式，对本市户籍老年人进行居家养老服务，免费提供"一键式"服务，结合老年人的需求提供对应服务。保利物业在5个城市共筹建运营了11家"和院健康生活馆"，生活馆为社区老人提供了交流空间，解决了老人部分服务需求。生活馆的设立，也提升了社区的业主满意度。在广州保利花园项目中，凡是接受过生活馆服务的家庭，对物业的满意度评价都很高。作为服务企业，保利物业关注社区居家生活的方方面面，社区居家养老是物业社区服务的延展，是服务深耕、服务发展，更是深入家庭、深入人心的一步。绿城物业在养老模式上推陈出新，创立了兼顾老人居住环境和精神需求的"学院式养老"，把开展"学院式养老"的小区称为"颐乐学院"。到2016年8月31日，全国绿城服务的项目一共开设了125所颐乐学院校区，分布在全国31个城市。

除政策支持外，智慧健康养老应用试点工作也初见成效。目前，全国共有238家智慧健康养老应用试点、130条智慧健康养老示范街道（乡镇）和29个智慧健康养老示范基地。第四批智慧健康养老应用试点示范申报工作也已启动。

三、智慧养老商业及服务主要实施模式

1. 智慧养老商业模式

智慧养老管理系统完善过程中，衍生出如智慧地产、智慧机构、医养结合一体化等服务平台。一些企业正尝试着将传统情感与现代生活模式有机结合，构建以人为本的养老机构服务平台，形成亲情养老机构和新的消费行为。通过平台有机结合可能产生的商业模式如下：

（1）与各大专业养老机构合作，提供智慧养老管理平台。通过信息化、科技化服务平台提高养老机构管理效率，实现老人信息高效管理。

（2）设立专业网站，为有养老需求者提供查询平台。平台可以呈现更加充足的养老机构信息，有助于相关需求群体进行选择。

(3)与提供医养服务的企业合作。提供老年人医疗和保健的企业通过智慧养老服务平台，将产品和服务推广到合适的养老机构，形成双边合作。

智慧养老服务平台构建应该因地制宜，对于养老服务商业模式未来发展，除要做好养老产业链、实现轻资产运作外，还要建设养老服务教育培训体系，输出标准和人才，搭建国际养老服务平台。例如，我国互联网＋技术的快速发展，整合了社会多方养老主体力量，集合了社会各项养老资源，建立具有规范行业服务标准、快速便捷有效的社区居家养老服务供需匹配模式，促进形成养老服务"线上和线下双互动"(O2O)模式下智慧养老服务平台。通过智慧养老O2O服务平台，利用信息化手段，契合居家养老市场个性化需求，依托老年人生活的社区，整合线下养老社会资源(包括医疗健康机构、文化娱乐机构及生活服务机构等)，为居家老年人提供全方位覆盖的生活配套服务。不断推动养老服务资源提供方与养老服务需求方的信息准确对接，解决居家养老的迫切需求。发挥社会多维养老资源在服务领域中的作用，进一步塑造竞争有序的养老市场环境，创新与完善养老服务供需模式，逐步降低社会养老成本，促进智慧居家养老服务市场的规范与形成。

2. 智慧养老服务主要实施模式

目前，智慧养老服务主要实施模式可分为智慧社区居家养老服务、智慧医养结合服务、智慧机构养老服务和智慧城市养老服务四种模式。

(1)智慧社区居家养老服务。智慧社区居家养老服务是目前各地探索智慧养老最普遍的模式，其依托智慧居家养老服务信息平台和社区养老服务中心，利用智能设备(如智能腕表、电子呼叫器、安全仪器等)和现代信息技术，为老年人提供远程监控检测、SOS呼叫、远程亲情关爱和跌倒报警等服务。社区可通过智慧社区居家服务平台准确获取辖区内老年人的数据，通过服务监管，打造社区居家养老服务；老年人子女等可通过客户端获悉老年人位置，紧急情况下可第一时间采取报警措施；社区服务提供商可通过智慧社区居家服务平台，增加智能产品和服务销售渠道，通过数据挖掘进行精准营销；老年人则可通过平台享受到居家养老的全面服务。

(2)智慧医养结合服务。智慧医养结合服务依托医养结合网络平台，向使用智能设备接入平台的老年人提供日常看护、安养照料、科学进餐、医疗监测和康复治疗等服务。目前共有居家巡诊模式、医中加养模式、养中加医模式和医养相邻模式四种类型，相关模式具体内容见表7-3。

表7-3 智慧医养结合服务的四个模式类型

序号	模式名称	具体内容
1	居家巡诊模式	社区卫生服务中心或养老中心与居家老人签订"家庭医生"服务，借助手机App、微信小程序等形式实现"居家巡诊"
2	医中加养模式	依托原有医疗卫生机构开展医养结合服务
3	养中加医模式	依托"互联网＋健康服务"技术为社区居家老年人提供安养照料、医疗检测和康复护理等服务
4	医养相邻模式	医院或者社区卫生服务中心与临近的养老院开展医养结合服务，通过信息平台开展线上和线下服务

(3)智慧机构养老服务。智慧机构养老服务是养老机构通过使用智慧机构养老服务系统及相关的智能化终端设备，通过互联网技术将老人的基本信息、医疗信息等反馈给医护人员，对老年人进行健康实时监控。

(4)智慧城市养老服务。智慧城市养老服务是在建设智慧城市背景下，将智慧养老服务列入城市基础设施建设及适老化改造，在城市实现智能化的同时将智能化技术运用于养老服务，实现养老服务的智慧化和精准化。

四、智慧养老平台的整体构成

1. 智慧养老平台的国内外研究

20世纪80年代，西方发达国家开始进入老龄化，他们在智慧养老以及信息平台建设方面开展了大量的研究。如英国、丹麦等欧洲发达国家提出了一系列激励政策，推进家庭、社区和养老机构等之间的协作。在信息平台建设方面，学者提出了发挥互联网的关键作用，研究了不同环境下信息资源建设问题，并对安全构建医疗信息服务平台的相关问题进行了探索。从20世纪80年代起，英国、美国、加拿大、日本等国先后

动画：智慧养老居家平台的使用

施行了政府购买公共服务，推进社会组织加入居家养老服务的供给行列。德国为了提供更加完善的养老服务于1995年将长期照护保险制度写进法律，强调了社区护理的重要性，社区护理不仅要给老年人提供养老设施及医疗，还要为他们提供专业化的针对性服务。另外，还应该重视养老护理人员的身心健康，减轻老年护理人员的心理压力。

在我国，智慧养老受到许多学者的研究和关注。如郝涛、徐宏等认为，智慧养老就是充分利用现代化信息技术密切关注老年群体的生活、医疗、安全、休闲等各方面情况，为老年人提供专业化服务和全面管理，实时追踪、预警并自动处理和老年人相关的信息，让老年人感觉更加快乐、更有尊严、更有价值。廖楚晖提出，社区智慧养老应当从顶层设计、模式设计、平台设计方面进行，通过集合多方面主体在智慧养老模式建设中扮演的角色与发挥的作用，科学建设智慧养老服务平台。邵秋虎认为，应当从政策、人才、资金层面进行统筹规划，使社区智慧养老的受众得到更加全面、科学和高效的养老服务，优化社区智慧养老模式，实现社区智慧养老预期。

2. 智慧养老全局性支持模型图

针对社区智慧养老服务的分散性、差异性和可替代性特点，通过创新公共数据研发和管理机制实现数据信息共享，开展多维数据需求相关性分析，促进碎片化数据的整合，使智慧养老服务的整体支撑模式更加可靠，在基础上建立智慧养老服务的整体评价、分析和调整机制。系统在适应环境约束、保持内部协调、加强系统调试的前提下，优化智慧养老保障整体模式，建立服务质量评价体系。通过评估智慧养老模式应用场景，从整体上优化智慧养老服务体系。全面调查智慧养老服务体系总供给和总需求找出缺口，通过供给侧结构改革解决供需结构性矛盾问题，构建多主体协作的协同智慧养老服务体系。从平台开发与应用、大数据共享与集成、综合平台运营管理三个方面，构建与之相适应的全局性支持模型，如图7-2所示。

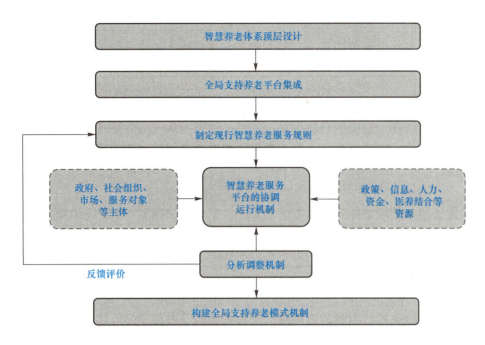

图 7-2　智慧养老全局性支持模型

3. 智慧养老平台模型及运行机制

（1）智慧养老平台模型。根据智慧养老服务体系规划，建立多主体（包括政府、企业、社会组织和服务对象），参与和多样化技术（包括信息技术、护理设施、专业护理技术）的协调机制和反馈机制。

智慧养老服务综合平台模型包括数据层、功能层、模块层、咨询层和应用层，如图 7-3 所示。其中，数据层和功能层主要收集养老服务相关信息，实现数据多维化，根据模块功能需求提取相关数据信息；模块层主要进行数据分析和模型计算、服务相关数据的结构分析和基于模型的当前场景和设置场景仿真；咨询层和应用层是相关功能模块集合，主要是当前模式和场景模式下处理结果的分布，以及决策层全过程的数据模拟，根据数据分析结果实现咨询层和智慧养老服务模式仿真操作。

（2）智慧养老平台运行机制。在支撑模式整合支持下，根据供需关系大数据特点，分析供需结构性差异，调整智慧养老服务平台的运营管理模式，并将智慧养老服务模式应用到整个智慧养老服务过程。在多主体协同参与下，不同养老服务对象的信息将进入信息平台，如图 7-4 所示。包含专业数据库的决策数据库和管理数据库共同组成信息层，模型计算分析和决策分析共同组成决策层。根据智慧养老服务需求选择合适的供给侧实体，这些组合共同组成运行管理层。在运行机制中，将个人信息变化情况融入数据库并提供指令信息传递运行管理层，构建协同互动的智慧养老服务运行机制。

项目七 智慧养老与医疗管理

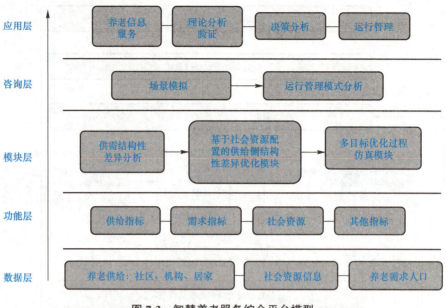

图 7-3 智慧养老服务综合平台模型

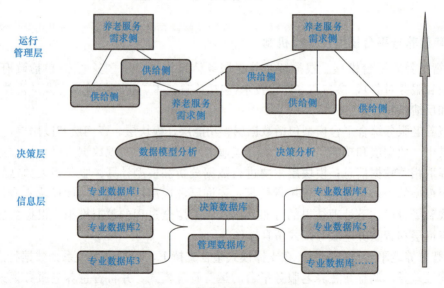

图 7-4 智慧养老服务运行机制

4. 智慧养老平台的整体功能构成

智慧养老平台是以提高养老服务的管理水平为初级目标，应用智慧系统老年人可以随时满足其居家、娱乐、餐饮、购物等一系列生活娱乐需求，实现养老服务智能化、可视化，大大提高工作效率、提高服务响应能力，使服务更趋科学规范。智慧养老平台包括居家养老平台及智慧养老医疗平台，其中，居家养老平台包括养老居家日常服务平台、养老居家购物服务平台、养老居家餐饮服务平台、养老居家娱乐服务平台四大子系统，如图 7-5 所示。

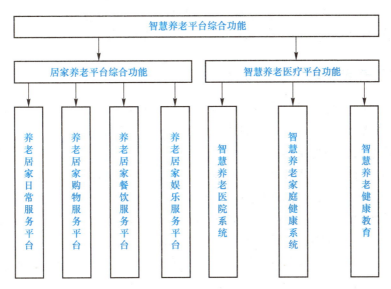

图 7-5　智慧养老平台整体功能构成

五、智慧养老居家平台的含义和特点

智慧社区居家养老服务模式是"智慧社区＋居家养老"相结合的方式，以社区为主导，家庭、服务商、社会组织等多元主体共同参与，利用智能传感、物联网、大数据、云计算、人工智能等现代智能科技手段，整合物业、医疗、娱乐、餐饮、家政、教育等各项资源，打造"养老服务生态圈"，用最低的成本、最高的效率、最便捷的服务解决社区老年人居家养老的各项需求，为老年人提供方便、快捷、科学、实用、全面贴心的养老服务，有效提升以社区为主体的养老服务的效率和质量，进一步提升人民群众的幸福感和获得感。

1. 智慧养老居家平台的含义

智慧养老居家平台是指以现代科技为支撑，集互动服务需求评估、费用结算、健康管理、远程医疗、远程监控移动定位、紧急救援、智能看护、绩效追踪、监督监管等多种功能的智能化综合服务平台。

2. 智慧养老居家平台的特点

智慧养老是通过科技手段，满足老年人的需求，解决其子女养老难的问题，让老年人住家能够得到良好照护，从而安享晚年。智慧养老居家平台的特点主要有智能化、多功能、综合性。

（1）智能化。智慧养老将最大限度满足老年人对生产、生活的需求，让老年人的生活更加便捷、舒适、健康。智慧的本质是通过系列新技术的应用，使老年人的日常生活不受时间和地理环境的束缚，过上高品质的生活，最终实现"一呼百应"的智慧养老目标。

（2）多功能。智慧养老平台涉及老年人衣、食、住、行、医及安全等各个方面；在服务管理上，智慧养老平台涉及为老年人服务的购买、提供、评估、监管等方面。

（3）综合性。智慧养老平台能够实现养老服务的政府管理应用、老年人互动服务应用、养老服务监控应用等同时对接政府相关系统及信息数据，配套具备物联网技术应用的老年人智能终端，实现一套数据多平台发布、一条信息多渠道推送的模式，实现医疗资源、养老服务资源等多种资源的集中、整合及共享，为老年人提供标准化的服务。

六、智慧养老居家平台的功能

智慧养老居家平台包括养老居家日常服务平台、养老居家购物服务平台、养老居家餐饮服务平台、养老居家娱乐服务平台四大子系统，其主要功能如下：

1. 养老居家日常服务平台

养老居家日常服务平台主要负责社区老年人日常衣、食、住、行信息的搜集的掌握，即时为需要服务的老年人提供咨询和帮助。具体来说，养老居家日常服务平台通过养老服务网站、养老服务微信等互动渠道发布有关信息，展示街道社区基本信息、居家养老服务照料中心基本信息、养老机构基本信息及养老服务热线信息等，同时针对老年人的日常生活服务要求提供相应服务。目前，社区或者物业服务公司所提供的具体的日常照料服务见表7-4。

表7-4 社区或者物业服务公司所提供的具体的日常照料服务

服务类型	服务项目
家务服务	（1）居室清洁：应保持卧室、起居室、厨房、卫生间等居室内部整洁、物具清洁；保洁用具应及时清洗，保持清洁。 （2）更换洗涤：视衣物及床单、被罩等清洁程度，及时更换、洗涤、晾晒，保持衣物及床上用品洁净、干爽、整齐
生活照料服务	（1）个人清洁：帮助老人洗漱、洗脸、洗手、洗头、洗脚、沐浴、擦身、修剪指（趾）甲、剃须、整理仪表仪容、清洁辅助器具，整理衣物、被服和鞋等；应协助到位，保证老人容貌整洁、衣着适度、指（趾）甲整洁、无异味。 （2）卧床照料：协助老人翻身、肢体关节活动等，防止压疮产生。 （3）进食照料：协助老人完成进膳、饮水、服药。 （4）排泄照料：协助老人如厕或更换尿片，对呕吐老人进行护理
助医服务	（1）提供医疗门诊的代办服务、陪同就医，指导老人正确执行医嘱，包括老人常见病和慢性病的复诊、辅助性检查、门诊注射换药等。 （2）及时向老人家属或其他监护人反馈就诊情况
探访服务	（1）通过上门探访，与服务对象进行谈心、交流，读书读报，耐心倾听，了解其精神需求。 （2）定期上门探望或电话问候独居等有需求的老年人
助行服务	（1）为有需要的老年人提供陪同户外散步及陪同外出服务。 （2）协助出行服务一般在老年人住宅小区及周边区域内，应注意途中安全。 （3）使用助行器具时，应按助行器具的使用说明进行操作，经常为老年人检查助行器的使用安全
代办服务	（1）为有需要的老年人提供代购物品、代领物品、代缴费用等服务。 （2）代办服务范围一般为日常生活事务，在提供服务时应当面清点钱物、证件、单据等

续表

服务类型	服务项目
其他服务	（1）利用社会资源，依托现代科技手段，建立信息服务平台，为老年人提供转介服务。如转介餐饮、接送、咨询、无障碍设施改造、辅具配置、入住养老机构等服务。 （2）服务机构可根据服务对象需求及自身能力、条件，提供协议约定的其他服务

养老服务网站是养老服务信息、养老服务资源信息的公开窗口，为政府提供信息发布、资源公开分配的渠道，提供包括信息查询、信息公示、申请预约、投诉留言及其他服务内容，为老年人提供吃、住、行、医疗、法律、情感等服务和交流。

养老服务微信互动服务基于微信公共平台开发的公共应用平台，实现官方微信报道、信息的推送、自动客服、在线申请、在线查看，以及信息管理平台与微信平台的对接。通过微信平台，市民可以自助实现：

（1）信息查询、更新、认证。
（2）政府养老服务评估申请、查询。
（3）社区居家养老服务照料中心、养老机构申请预约查询。
（4）个人电子账户、虚拟账户、时间银行等账户管理。

2. 养老居家购物服务平台

智慧养老居家购物服务平台将O2O技术和传统的家居设备系统相结合，可以感知老年人在生活中对生活用品的需求情况，将老年人的需求通过物联网养老系统传送到购物系统，并发送至超市平台，超市的工作人员了解老年人的需求后，主动联系老年人，并将其需要的生活用品送到家中。在这款系统中，老年人还可以通过手机，运用语音功能，进行实时购物，超市工作人员通过老年人的语音，将为老年人配送所需的物品，为不方便出门购物的老年人解决了购物难的问题。目前，在厦门、上海等发达城市相继开展了O2O社区居家养老服务的项目，如厦门市市民养老服务中心所实施的"孝心网养老服务中心平台"，以及上海祥和源居家养老社区提供的"乐天忧"智慧养老服务，这些项目以老年人为主体，从老年人的刚需入手，通过系统地收集老年人的信息，详细、系统地评估老年人的需求，借用互联网技术将老年人所需的服务整合在O2O社区居家养老平台内，方便实时为老年人提供服务，有效地实现了老年人群体的信息化养老，让老年人足不出户便能享受到舒适的服务。

3. 养老居家餐饮服务平台

在智慧养老居家餐饮服务平台中，可以查看到老人的病例以及生活习惯，还能查到医生的一些建议及其家属的意愿，餐厅人员可以根据这些信息，为老人搭配合理的营养餐，并将营养餐在规定的时间内送至老人的家中。餐厅也可以和老人的护理师进行在线的沟通和交流，可以通过护理师给出的建议和意见，对老人的食品进行调整，重新搭配，还可以根据老人服用的药品和饮食相结合，使药效发挥得更好。服用的药品一旦更换，餐厅会及时更改饮食。例如，一些关爱养老服务中心与社区相结合一起开发为老服务信息平台。为解决老人助餐难的瓶颈难题，一些街道出资创建养老服务助餐中心，安排就餐服务点，并成立送餐上门特需老人服务队等。

4. 养老居家娱乐服务平台

养老居家娱乐服务平台将传感器节点放置在所有的娱乐设备上，所有的节点可以就近组成多个无线传感器网络，运用有线的方式接入娱乐系统管理平台对娱乐设备进行预约和管理。在手机上开发一款适合老人使用的娱乐系统，可以方便地连接到娱乐管理平台，以便于老年人预约。这款系统必须操作简单，可以运用语音输入口令，方便老人的使用。目前较有特色的娱乐服务包括即时亲情服务、定制文化生活。

（1）即时亲情服务。通过播控一体机解决我国老年人，特别是高龄老人，渴望了解子女的生活点滴，随时分享他们的生活内容，却因视力不好，或文化水平限制，或接受新知识、新技能较慢等客观条件的限制，不善于使用手机和微信的原因无法实现。播控一体机基于微信和电视之间的照片、语音、视频分享。无论子女身处何地，子女的手机可以直达父母客厅的电视机，他们只需要用手机拍一段生活视频，或者一组孙辈的生活照片，然后通过微信点击传送，老年人在几秒钟内就能在家里的电视中看到，这将极大提高老年人的幸福指数。播控一体机还构建了基于微信和播控后台的一整套远程辅助机制。无论子女身处何地，都能帮助异地的父母远程搜索老年人喜欢看的电视和电影内容，甚至可以帮助老年人设定这些内容开始播放的时间和播放内容。

（2）定制文化生活。通过在老年电视大学内置针对不同地区居家养老服务照料中心的老年朋友进行差异化的课程，定制不同的课程内容给老年朋友。这样自主支配的时间多却没有学习渠道的老年人就可以通过这种灵活的"课程"分配和安排机制规划自己的闲暇时间。如时下流行的广场舞、太极拳、太极球都可以在播控一体机上学习。近年来在线课程作为一种新的教育模式，通过现代信息技术使用互联网平台进行在线学习。它可以实现所有成员的高质量教育资源分享，全面增加社会人员教育教学资源的需求，如宁波社区大学老年教育中心"文学经典赏读"课程等。以远程教育为主的哈尔滨广播电视大学社区学院，充分践行了"时时能学，处处可学"这一教学宗旨。该校的社区老年教育书法课程在教学模式和学习支持服务等环节进行了有益的实践探索，"直播＋微课＋学习支持服务"的教学模式得到学员们的广泛认可和好评，为社区老年艺术类课程的教学起到了引领和示范作用。另外，手机摄影课程是老年人中最受欢迎的课程之一。该课程为老年人量身定做，线上学习丢掉了摄影中的生涩术语，以老年人能够理解的方式表达，设计了可以在课堂上进行拍摄的方法，包括课外作业批改。通过学习本课程，老年人可以了解手机摄影的基本知识和技术。不仅有老师的经验教学，还能对优秀摄影作品进行欣赏，使他们掌握专业的摄影知识，并在摄影过程中陶冶情操，享受身心，使他们的老年生活更有意义。"中国社区教育网"网站上线了社区教育数字化学习资源目录，涵盖超过 5 万节社区教育数字化课程，其中在线学习课程 2 000 多节，免费提供给我国老年人学习。

七、智慧养老居家平台的技术构架

智慧养老居家平台整体架构以强大的"数据处理中心"为支撑，为社区的老年人建立统一的养老日常服务和娱乐附加服务系统，实现社区养老居家日常服务、养老居家购物服务平台、养老居家餐饮服务平台、养老居家娱乐服务平台的综合服务，以及养老机构、养老服务组织等的信息共享，为老年人提供生活照料、政策咨询、心理咨询、购物娱乐、法律援助等个性化、定制化的服务，提升服务效率和服务质量，如图 7-6 所示。

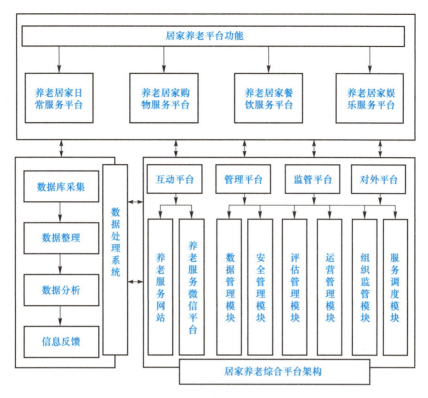

图 7-6　智慧居家养老综合平台的技术构架

1. 互动平台

互动平台和机构养老管理平台向社会公布养老机构的基本情况，展示街道社区基本信息、居家养老服务照料中心基本信息、养老机构基本信息及养老服务热线信息等，同时提供老年人在线申请，实时接收老年人的服务需求和评估机构上门服务。

2. 管理平台

管理平台负责数据的收集与处理，实现老年人养老服务需求一键化、订单响应快速化、派单服务标准化、服务过程公开化、服务质量考评化、服务监管可视化、政府补助透明化，及时高效地为老年人提供全方位多层次、多元化的社区居家养老服务。

3. 监管平台

监管平台负责监测、监管养老服务，及时公开养老信息资源，实时监管已开展的"智慧养老"项目运行情况和养老机构床位使用情况；同时充分挖掘并利用闲置的养老服务资源推动政府部门间横向数据交换共享，将已有服务对象数据、服务实体数据、家庭亲属数据等信息，通过政务信息综合台交换和空间数据共享服务平台，实现与政府各部门（包括与公安、卫生、社保、社会救助）的自动化数据共享。

4. 对外平台

对外平台负责组织对整个平台的模块进行监管，对平台中的对外服务进行总调度，收集相关的养老服务的反馈，将数据进行收集，为之后平台的服务质量及新的服务项目开展的提升提供帮助。

八、智慧养老居家平台的建设意义

大数据时代的智慧养老在某种程度上来说，是老年服务领域的一场革命。用技术的方法替代人力，拓展人的器官，改变服务的方式，"智慧养老"在人类历史上是全新的。当它真正全方位投入使用后，养老服务的供给和需求都会产生质的变化，供给质量将大幅提升，需求将大量释放，促使养老服务产业在未来不长的时间内呈现出指数级增长，从而推动经济发展和社会的全面进步。智慧养老居家平台的建设意义有四个方面：提升养老服务的品质，提高养老服务的管理水平，推进智慧社区建设，打造智慧养老生态。

1. 提升养老服务的品质

智慧养老居家平台以信息化建设为抓手，以政府、社会、企业为主体，以老年人需求为导向，整合社会各类服务资源，通过可视影像、定位地点、实时通话、流程记录、考评服务、虚拟支付等智慧养老平台功能，为老年人提供所需的各种服务建立起以智能化为主要特征的、多层次的养老服务体系，从而满足老年人对生活照护、政策服务、亲情交往、安全守护等优质服务的需求。

2. 提高养老服务的管理水平

智慧养老居家平台将提高养老服务的管理水平。养老机构应用智慧系统，了解老年人日常生活状态、身体状况、文化娱乐要求，形成数据库，实现智能化、可视化管理，能有效规避人为差错，大大提高工作效率、提高服务响应能力，使服务更趋科学规范。智慧养老居家平台方便老年人使用，让子女"远程尽孝"实现，提高了服务的管理水平。

3. 推进智慧社区建设

社区是人民城市生活的基本单元，有效解决我国城市居民的养老问题也必须充分依托社区。当前我国正在从网络时代迈向智能时代，全国各地都在大力推进智慧社区建设。智慧养老是智慧社区建设中众多应用场景之一，在已经建设和正在建设的智慧社区，应直接将智慧养老居家服务平台应用纳入智慧社区治理大平台，统筹规划，增强平台应用的可扩展性。还未建设智慧社区的小区，可以单独构建智慧社区养老居家服务平台，并与全国养老服务平台进行数据联通与共享。

4. 打造智慧养老生态

以政府为主导建立智慧养老生态系统，在市级或以上层面做好统一的、科学的智慧养老系统建设顶层规划，建立全市居民养老数据库，便于老年人信息数据的动态化管理。以社区网格为基本单位，实施全市各区老年人基础信息采集、录入及更新，以社区为单位，打通数据壁垒，实现各区数据联动和资源共享，将养老服务需求侧信息和供给侧信息实时录入社区养老数据系统，实现数据的快速采集、流通和共享，针对不同层次、不同需求的养老服务，在智慧养老居家服务平台上实时更新供给方式、服务内容、服务标准等信息，将家庭与家庭、家庭与社区、社区与社区、社区与养老资源、家庭与养老资源联通起来，将线上服务与线下资源融合，做到养老服务的精准化供给，实现养老资源的最优化配置。

九、智慧养老医疗平台

目前，中国的养老是社会关注的热点问题。运用智慧医疗为照顾老人力不从心的子女

项目七 智慧养老与医疗管理

提供了良好的方案和工具。据中国人民大学数据与调查中心完成的《中国老年社会追踪调查》显示，75.23%的老年人自报患有慢性疾病，老年人的医疗需求十分旺盛。因此，推动养老与医疗的结合成为养老服务发展的必然趋势。智慧养老医疗平台以互联网为载体和技术手段，通过信息的收集和处理提供健康管理、医疗信息查询、电子健康档案、疾病风险评估、在线疾病咨询、电子处方、医药电商、远程会诊、远程医疗及康复等多种形式的医疗健康服务。

智慧养老医疗平台主要包括智慧养老医院系统、智慧养老家庭健康系统、智慧养老健康教育系统。具体来说，即利用智能检测设备，通过传感器采集老年人每天的生理健康数据，如血压、心率、体温等，再传递给智能平台中心，中心通过大数据分析统计，建立每个老年人的基础健康档案，并对社区内的老年人进行病理特征的分类，为其配备相应的社区卫生中心的家庭医生。老年人若是身体有所不适，可通过智能平台预约家庭医生为其提供健康保健、康复指导、医疗护理、送药上门等服务，家庭医生也可随时为老年人提供远程医疗咨询等在线服务。

学习任务二　智慧养老医疗管理

※ **案例导入 7-2**

在糖尿病管理方面，基于大数据智慧医疗，通过信息化技术，进行个体化的健康管理，结合互联网技术，对线上、线下资源进行整合，从而提供连续性的健康教育及指导服务。另外，通过提高工作流与规则引擎技术，提高糖尿病管理中医务人员个体化执行能力，加强团队协同能力，为糖尿病患者提供面向的整合服务。其中线上、线下整合智慧医疗，前者为糖尿病患者提供线上自我管理服务，结合医院线下服务，更好地对糖尿病患者提供全方位信息化处理，促使糖尿病患者的健康管理得到连续性管理。

思考：请问什么是智慧医疗？本项目的智慧医疗有什么主要内容？

[资料来源：李蕊，王雪恒，王基容，等．大数据下智慧医疗在社区糖尿病一级预防中的价值[J]．城市开发，2018(03)：423-425．]

虽然我国人口平均寿命已达到76.1岁，但老年人的健康状况并没有得到相应改善。据中国人民大学数据与调查中心完成的《中国老年社会追踪调查》显示，75.23%的老年人自报患有慢性疾病，老年人的医疗需求十分旺盛。因此，推动养老与医疗的结合成为养老服务发展的必然趋势。2013年以来，国务院、国务院办公厅及相关部委先后发布了《关于加快发展养老服务业的若干意见》《关于促进健康服务业发展的若干意见》等文件，鼓励医疗机构与养老机构合作，实现养老与医疗资源的整合。

一、智慧医疗的含义和特点

智慧医疗属于智慧社区建设内容的一部分，是为了保证社区养老服务，构建和谐社区管理，提升社区居民生活质量而建设的，是依托信息技术不断发展的成果，结合新医改方案形成的试图摆脱传统医疗困境的一种尝试，是为居民提供健康保障的重要组成部分。

项目七 智慧养老与医疗管理

1. 智慧医疗的含义

智慧医疗是最近兴起的专有医疗名词,是一套融合物联网、云计算等技术,以患者数据为中心的医疗服务模式。智慧医疗是指在医疗服务过程中使用信息化处理手段,将与医疗卫生建设相关的各个环节,包括实物、信息、基础设施相互连接,从而实现患者与医务人员之间的互动,最终实现实时智能化、自动化互联互通的动态服务。

智慧医疗采用新型传感器、物联网、通信等技术结合现代医学理念,构建出以电子健康档案为中心的区域医疗信息平台,将医院之间的业务流程进行整合,优化了区域医疗资源,实现跨医疗机构的在线预约和双向转诊,缩短病患的就诊流程、缩减相关手续、使医疗资源分配合理化,真正做到以患者为中心的智慧医疗。

将智慧医疗投入社区老年人慢病管理,可以更为便捷、系统、综合地为老年人提供健康服务。

2. 智慧医疗的特点

智慧医疗具有互联、协作、预防、可靠等特点,是医疗与互联网的完美结合。

(1)互联性。互联性即经授权的医生能够随时查阅病人的病历、患病史、治疗措施和保险细则,患者也可以自主选择更换医生。

(2)协作性。协作性即通过智慧医疗把信息仓库变成可分享的记录,整合并共享医疗信息和记录,可同步到云端,以期构建一个综合的专业的医疗网络。

(3)预防性。预防性即通过实时感知、处理和分析重大的医疗事件,从而快速、有效地做出响应,同时也可以对人体的一些基本身体指标,如血糖、血压、心率、血氧含量、体温、呼吸频率等进行监测和感知,这些大量的科学证据得以支持医生的诊断。

(4)可靠性。可靠性即智慧医疗极大地提升了医生诊疗的准确和可靠性,给百姓的健康带来了福祉。

二、智慧医疗的管理模式

随着老年人人口比例的不断提升,我国当前社会进入高速老龄化的进程。目前,我国城市社区老年人健康管理的水平还不高,仍未能满足老年人对健康管理的美好向往和需求。预约诊疗、互联网医院、远程医疗、人工智能等智慧医疗服务在满足人民群众就医需求等方面发挥了积极作用。因此在2020年5月21日,国家卫生健康委印发了《关于进一步完善预约诊疗制度加强智慧医院建设的通知》,进一步建立完善预约诊疗制度,加强智慧医院建设,加快建立线上线下一体化的医疗服务新模式,不断增强人民就医获得感。目前,智慧医疗的探索管理模式主要有"医养护一体""医疗-养老-保险"、多元模式、IFOC模式等。

1. "医养护"一体化模式

"医养护"一体的健康管理模式最近较为流行。它以社区为中心,物业服务企业为纽带,将医疗、养老、护理结合起来,利用信息技术,整合部门资源,建立智慧养老医疗平台,以医疗护理康复为基本内容,以老年人居家—社区照料中心—康复医院为主链,拓展日托及机构养老健康服务内涵,根据居民不同需求,提供连续综合、有效、个性化的医疗、养老、护理一体化的健康服务。医养结合型智慧社区养老模式,以最大化满足老年人多样需求为目标,以智能居家养老平台为核心,以医疗服务为重点内容,将社区的老年人、老年人家属、社区卫生服务中心、社区养老机构、家政服务机构、超市、餐饮公司、快递公司等信息、资源、服务整合到智能居家养老平台，把养老服务的需求者、提供者、服务的组织者和监督者连接起来，为老年人提供类似养老机构与医疗机构相结合的实时、健康的身体监护与生活照料服务。

2. "医养保"一体化模式

"医养保"一体化的智慧社区养老服务是指基于"互联网保险"，探索医疗和养老完美融合的新模式，利用大数据技术和平台，基于互联网保险模式，以医疗护理康复进家庭为基础，有效整合医院、社区和保险部门资源，拓展医院、机构养老、保险公司的健康服务内涵，形成"医疗"+"养老"+"保险"（"医养保"）一体化的服务模式，如图 7-7 所示。"医养险"一体化智慧医疗服务可分为两个部分，城市统一基本服务和各机构个性化服务。主要承担的服务内容：一是免费的国家基本公共卫生服务；二是医保政策支持的基本医疗服务，包括全科诊疗、家庭病床、双向转诊等服务，积极引导居民到签约全科医生进行首诊，逐步建立疾病分诊机制；三是开通免费的城市居民健康互动平台，提高健康自我管理能力；四是适当提供特需服务，根据城市居民需要开展个性化的签约有偿服务。

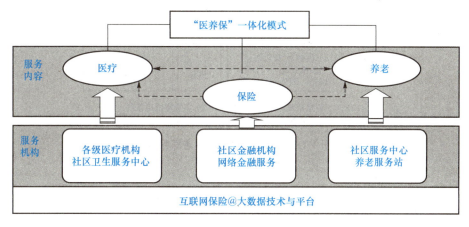

图 7-7 "医养保"一体化模式架构

3. 多元模式

建立多元化的城市社区老年人健康管理服务智慧医疗新模式。多元主体参与供给，鼓励独资、合资、混合经济等形式，鼓励"以社区为主导，医院为辅助，企业参与供给"的多元城市社区老年人健康管理智慧医疗新模式。对于养老服务的基础设施建设，政府通过对企业进行财政补贴、税收减免的方式，鼓励企业提供基础设施供给。同时，倡导研发我国人工智能老年人健康管理新设备，如人工陪伴机器人、人工应急监控机器人等。同时发动社会组织参与，为老年人进行爱心捐赠、提供帮助。

4. IFOC 模式

IFOC（智慧家庭医生优化协同）模式的建立重新定位和诠释了家庭医生角色，在全面提升社区居民健康服务获得感的同时，实现了"正确的人在正确的时间正确的地点解决正确的问题"，进一步优化了医疗和社会资源配置。基于 IFOC 式的社区居家养老医疗服务模式，利用信息化手段，有效整合了优势资源，实现了针对签约老年人的具体情况提供不同方式、不同内容的医疗服务，让老年人在居住的社区享受到高质量、个性化、可持续、低成本的服务，实现了社区居家养老医疗服务环节与社区服务的对接。如方庄社区卫生服务中心自2010年开始探索家庭医生签约服务，充分考虑到社区老年人的健康需求，建立了IFOC模式，如图7-8所示。

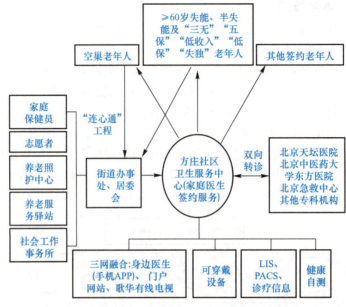

图 7-8　基于 IFOC 模式的社区居家养老医疗服务模式构架

三、以社区医院为依托的智慧养老医疗功能分类

智慧医疗采用新型传感器、互联网、通信等技术结合现代医学理念，构建出以电子健康档案为中心的区域医疗信息平台，将医院之间的业务流程进行整合，优化了区域医疗资源，实现跨医疗机构的在线预约和双向转诊，缩短病患就诊流程、缩减相关手续，使得医疗资源合理化分配，并做到精准远程医疗，是真正做到以病人为中心的智慧医疗。智慧医疗的功能内容一般主要有智能分诊、手机挂号、门诊叫号查询、取报告单、化验单解读、在线医生咨询、医院医生查询、医院地理位置导航、院内科室导航、疾病查询、药物使用、急救流程指导、健康资讯播报等。实现了从身体不适到完成治疗的"一站式"信息服务。以社区医院为依托的智慧养老医疗功能分类主要是数据分析、个性化医疗、分级诊疗和医养结合四个方面的内容。

1. 数据分析

在社区医院建立一套具有关联性的信息处理设施，主要用于对关联的老年人所佩戴的终端设备进行数据的处理与交流，并依据使用者过往的就诊档案与健康状况判断老年人此时的身体状况，也可作为病情改善或恶化的参照，并为后续为老年人进行医疗服务时提供依据。

2. 个性化医疗

作为我国的基层医疗机构，社区医院分布广泛并且与病人可建立独立深层次的医疗关系。以社区医院为基础，集合全部社区居民的医疗信息和电子档案，初步完成覆盖全国的基础医疗网络，并依托各项网络软件技术对居民过往的身体数据进行处理分析，实现个人医疗健康信息的连续性管理，实现医疗健康的个性化定制与管理，以人为本地提供针对性服务。因而在提高社区医院医疗资源质量和利用率的同时，更能有效缓解大型综合医院的就诊压力。

3. 分级诊疗

建立并完善分级诊疗模式，首先是基层首诊，即普通病症直接由基层社区医院诊断，在基层首诊的基础上要实现双向转诊和上下联动的结合，建立健全急慢分治的医疗体系。预设大型综合医院每日门诊的数量和规模，做好病患的引流工作，支持和引导病人首先进入基层医院就诊，逐步增强基层医疗机构的业务能力，并承担大型综合医院的普通门诊、医疗护理和康复等服务。

4. 医养结合（老年人慢性病和康复疗养）

据调查，我国 70% 以上的慢性病患者为老年群体，而慢性病的治疗周期长，花费高且难以治愈。国内综合性医院目前存在的主要问题：一是救治重点为急性重症患者，而对于病患后期的医疗服务和康复治疗，以及存在残疾障碍的老人，无法提供稳定的持续性护理治疗，存在价格高、医疗资源紧张等问题；二是存在富裕的老人在病症解除可以出院的情况下，仍占用医疗资源，加剧了大型综合医院医疗资源紧缺的问题。而对于养老机构而言，由于大部分养老机构缺乏相应的医疗水平，无法为老年人提供有效的医疗服务。在老年人患病后，其子女需要在养老机构、综合医院与家庭之间奔波往返，这会造成时间成本的增加，不利于病症的控制与采取救治的最佳时间，以及增加子女的生活压力。因此，将基层医疗机构与养老机构两者相互协调，建立健全基层医疗机构与养老机构之间的业务协作机制，协同做好老年人疾病控制、管理和康复工作。因此，通过建立依托于社区医院的"医养结合"养老模式，实现医疗与养老的有机结合，推动传统养老模式的转型迫在眉睫，这也将会大幅改善我国老年人生活质量与提高医疗资源的利用率。

四、智慧养老医疗平台的含义和特点

1. 智慧养老医疗平台的含义

智慧养老医疗平台是由医用智能化、数字化医疗设备、医院信息系统、家庭健康系统等所组成的多方位的现代养老医疗运行体系。智慧医疗平台通过整合政府资源、政府公共服务资源、社会便民服务资源及企业无偿或有偿服务资源，遵循"以人为本"的原则，向公众提供渠道多样化、内容丰富的综合性智慧医疗服务平台。

2. 智慧养老医疗平台的特点

智慧养老医疗平台主要有数字化/智能化管理、物联化管理、空间网络化管理三大特点。

（1）数字化智能化管理。智慧养老医疗平台主要利用计算机、通信、网络等技术，通过统计技术量化管理老年人行为，通过平台遵循"以人为本"的原则实现服务、创新等职能的管理活动和方法。平台通过智慧社区建设与居民和政府、居委会、医院等各个方面实现智能信息传输和反馈，具有很强的互动性。

（2）物联化管理。物联网融合计算机、通信、网络、智能、传感器、嵌入式系统、微电子等各种信息技术，通过信息感知、传递和处理三个要素实现信息的收集、传输、识别、处理、决策，使管理的对象（人或物）的状态能被感知、能被识别，从而形成局部应用网络管理。之后智慧社区管理通过互联网和通信网连接在一起，形成居民与社区物、社区物与社区物相联系的一个巨大网络。

（3）空间网络化管理。在智慧医疗中应用的嵌入式系统技术，能够集传感器技术、计算机软件及电子应用技术等于一身，该技术已与射频识别技术、传感器技术等通过使用网络、数据库构建一个比互联网更加庞大的物联网。

医药供应链的收集是通过 GIS 技术来实现的，在信息收集完毕后，将会对信息进行存储和处理，并且利用 GPS 技术对时间、地点等位置信息进行定位，以此来实现物联网中各供应环节之间数据信息实时传递目标。

五、智慧养老医疗平台的技术支持及发展趋势

1. 智慧养老医疗平台的技术支持

智慧养老医疗平台的技术支持关键技术主要包括传感器技术及 RFID 技术、嵌入式系统技术及 GPS 技术。

（1）传感器技术及 RFID 技术。首先是传感器技术，该技术属于实现智慧医疗的关键环节，利用传感器技术能够及时采集到患者的生命体征等数据，监控医疗的全过程，从而使医疗效果得到显著提升。同时，该技术的应用能够实现从采购药品到交到患者手中的全过程。其次 RFID 技术即射频识别技术，它属于一种传感技术，能够实现快速书写和长时间的跟踪管理，其主要是利用在物料、药品中植入芯片的方式，将产品信息与芯片信号紧密相连，医院则能够通过计算机及识别系统对药品进行全过程的监管。

传感器网络中所包含的关键内容和关键技术主要有数据采集、信号处理、协议、安全、网络接入、设计验证、智能信息处理和信息交互、协同感知和支撑应用等方面。

（2）嵌入式系统技术及 GPS 技术。在智慧医疗中应用的嵌入式系统技术，能够集传感器技术、计算机软件及电子应用技术等于一身，该技术已与射频识别技术、传感器技术等通过使用网络、数据库构建一个比互联网更加庞大的物联网。另外，医药供应链的收集是通过 GIS 技术来实现的，在信息收集完毕后，将会对信息进行存储和处理，并且利用 GPS 技术对时间、地点等位置信息进行定位，以此来实现物联网中各供应环节之间数据信息实时传递目标。

2. 智慧养老医疗平台的发展趋势

（1）智能可穿戴医疗设备应用情况。当前，人们对健康越来越关注，会选择佩戴一些智能手环，这些可穿戴医疗设备会测量和记录穿戴者运动量、睡眠深度、血糖、血压、心率等健康状况，这些数据能够及时地提醒穿戴者。智能手机 QQ 软件、微信等软件也能提供使用者的行走步数等信息。可穿戴医疗设备将数据传输至医疗机构云端数据库，为使用者提供个性化健康指导服务，实现使用者与医疗人员、医疗机构之间的互动交流。在未来的

生活中，可穿戴设备会成为人们生活中必不可少的工具之一，及时地检测穿戴者的健康状况，对于预防疾病的发生有着关键的作用。

（2）在线寻医问诊和远程医疗平台应用情况。"好大夫在线"创建于 2006 年，2016 年与银川市政府共建智慧互联网医院，提供在线诊疗、电子处方、送药上门、远程会诊、专家手术、预约转诊、家庭医生、在线咨询、电话咨询、好评医生推荐、门诊信息查询、疾病科普知识等栏目。"春雨医生"创建于 2011 年 7 月，采用"轻问诊"模式，以"私人医生"服务为基础，由二甲、三甲公立医院主治医师以上资格的医生为用户进行专业解答，提供图文、语音、电话等多种方式的健康咨询。"春雨医生"还采用了流数据管理技术，让用户随时随地了解运动、体重、血压、血糖等自身情况。

（3）医疗云的应用情况。在目前医疗领域中，医疗云的应用也非常广泛，其主要的功能有服务和管理两项。服务功能主要分为基础设施层、平台层和应用层三个层次。管理功能主要分为信息安全体系和运营管理体系两个体系。通过医疗云将患者的电子病历、影像资料及医生电子医嘱等进行存储，建立起电子健康档案系统，通过互联网技术对这些信息进行存储，成为患者的终身信息档案，为以后的就诊及远程治疗等奠定基础。同时，通过医疗云的应用便于网上的信息查询，帮助医疗机构提高服务质量和工作效率。

（4）移动医疗 App 的应用情况。当前，智能手机成为人们生活中必不可少的工具之一，手机 App 的应用也使大众工作生活更加便利，利用手机 App 让智慧医疗为更多的大众服务。很多医院开发了 App，通过该院的 App 用手机进行预约挂号，节省了患者的时间。在支付环节，使用网络支付，节省了充值排队等候的时间。在查阅检查报告环节，患者不用到医院就可以直接在手机上查阅检查报告。智慧医疗中还有一项非常重要的功能，就是进行远程探视，很多特殊患者不能与外部接触，家人不能探望，此时智慧医疗提供的远程探视能够很好地解决这一问题。

六、智慧养老医院系统

智慧养老医院系统是医用智能化、数字化医疗设备、医院信息系统所组成的三位一体的现代医院运行体系。智慧养老医院系统通过整合政府资源、政府公共服务资源及社会便民服务资源，遵循"以人为本"的原则，向公众提供渠道多样化、内容丰富的综合性智慧医疗服务。

1. 系统架构设计

系统开发分为移动端开发与服务器端开发。根据设计，系统架构分为三层，从上到下分别为应用层、应用支持层和信息资源层。应用层主要与用户接触，即用户通过应用层提供的功能获得各项服务。应用支持层是应用层与信息资源层交互的中间层，为应用层访问信息资源层提供统一的接口，接口设计是整个系统设计较为关键的部分，良好的接口设计使得数据访问更加简洁、便利。信息资源层主要指底层的数据，这些数据主要来自各个卫生局 HTS 系统数据，以及各个医院的信息系统和数据接口，这部分内容一般为各系统内的私有数据，不公开，但是可以通过开放接口进行限制性访问。

为了让用户在移动设备上能够体验到简单、快捷的操作体验，让各系统获得模块上的独立性，互不影响，MVC 设计模式被广泛地用在服务器端，它可以将数据的显示和处理独立开来,使得开发更加便捷、更具扩展性。无论是服务器端开发还是移动端开发,系统都采用了 MVC 设计模式理念。

2. 主要功能

智慧养老医院系统的主要功能是使老年人能够更好、更加快捷地使用现有的医疗资源,从而提高老年人的幸福生活指数,老年人只要通过系统提供的移动端应用程序,就可以进行在线挂号、付费、咨询、信息查询等。系统为用户提供基于 LBS 的服务,用户可以了解到附近医院的信息和想了解到的一手健康资讯。智慧养老医院系统的主要功能见表 7-5。

表 7-5 智慧养老医院系统的主要功能

序号	功能	具体内容
1	智能导诊	用户可以通过移动端提供的"智能导诊"服务对自身病情进行了解,方便选择相应的科室,该功能使市民能够有针对性地选择科室就诊
2	预约挂号	预约挂号旨在缩短看病流程,可以减少市民在医院挂号窗口排队等待之苦,节约患者时间。这种技术的实现难度不高,只需要做好医院的对接工作,并做好用户接口的安全实现
3	在线缴费	在线医疗缴费使市民通过支付宝、微信或绑定银行卡等方式,就可以完成费用的缴纳,与窗口缴费相比,可以极大地减少排队付费时间,改善就医环境
4	医疗资源	该功能通过 LBS 技术可以确定用户所在省市,并返回对应的医院列表,可以在线完成导航功能,帮助市民快速地找到想要就诊的医院和医生
5	医疗报告	通过这个功能,用户可以方便地查询到所有的个人医疗报告,有利于回顾自己这些年的健康情况,对个人健康趋势有更多的了解
6	私人医生	这一块属于增值业务,用户可以预约私人医生上门进行诊疗服务。这项服务满足了用户的个性化需求,使用户可以获得更佳的医疗服务
7	健康资讯	健康资讯可以让市民了解更多的健康知识,甚至可以发布一些重要的信息,如重大的卫生安全事件,提醒市民合理安排出行,提前做好预防
8	用户分享	用户看到感兴趣的文章和内容可以分享到朋友圈和 QQ、微博等主流的社交媒体。在一定程度上,对本系统具有推广和普及的作用

七、智慧养老社区健康系统

智慧养老社区健康系统主要有智慧签到、智慧安全管理、智慧健康管理三个方面。

1. 智慧签到

老年人到照料中心接受服务，首先需要签到认证：一是记录老年人进出照料中心的时间，确保老年人活动安全；二是对老年人日常活动进行流水记录，方便为老年人提供个性化服务，如体检、用餐及社区大学娱乐等。签到认证方式有智能刷卡、门禁方式签到，还有人脸识别、指纹识别方式。智能刷卡、门禁签到通过简单的条形码、二维码等实现对照护对象的电子化管理和服务。老年人吃饭、理发、体检理疗的时候，自动扫描签到，数据上传信息管理平台，服务完毕，服务内容数据相应上传，形成对老年人服务记录的系统化记录，方便统计分析及家属获取信息。

2. 智慧安全管理

卫生间是老年人突发情况的高发地带，除了地面防滑、安装扶手等基础设施之外，坐便器旁需安装紧急呼叫装置(蓝牙或射频呼叫器)，供老年人在发生危险时进行呼救。在卫生间的门、地面装备传感器，当老年人如厕后许久不出门或在卫生间摔倒，传感器能自动报警。

3. 智慧健康管理

在大多数国家，社区医疗机构是病人的首选，是基础性的医疗服务机构。社区医疗针对的是慢性病病人、老年病人，也即需家庭护理和姑息疗法的病人。老年人因行动不便、无人陪护等原因，对社区居家养老服务照料中心提供医疗保健知识、老年康复、身体护理等有很多的需求。

健康档案是一个连续、综合、个体化健康信息记录的资料库。给老年人建立健康档案是目前广为认同的预防和控制老年人慢性病的手段之一。它通过日常健康检测和每周的健康咨询获得，包括老年人基本信息、老年人健康数据、医疗服务过程数据、身体各部位健康状况、慢性病情况、心理评估、日常生活能力及日常体检记录等。这些数据的记录、整理，与海量老年人健康和医疗大数据智能匹对分析，可以动态掌握老年人的健康状况、危险因素和疾病信息变化情况，方便监测老年人日常健康情况，为健康咨询和就诊提供支持，并以此提供相应个体化的慢性病目标管理干预服务措施，有效控制慢性病的发生，减少其所带来的并发症，提高生命质量。日常预警管理老年人定期进行体检，可以了解自己的健康状况及疾病苗头，做好预防、早期干预和及时治疗定期体检服务。有条件的城乡社区，可定期邀请专业医生每周定期为老年人提供面对面的康复保健、基本护理等服务，体检内容包括基本体检内容，血尿常规、血糖、血流变和肝、肾功能检查，B超、心电图、内科神经内科等。老年人每日或每周还可以通过穿戴式传感终端或智能体检一体机对身高、体重、五官、血压、血糖、血脂测定等进行自助体检，定时自动提取数据。

八、智慧养老健康教育

健康教育作为管理模式的一种，可以有效地改善患者的预后质量，提高患者的生活水平。现阶段可以采用构建健康档案、加强健康监测、健康评估等健康管理及健康教育方案，提高整体管理质量。智慧养老健康教育可以从加强健康教育，改变空巢老人的认知观念，增强社会适应能力等方面进行。

1. 加强健康教育，做好慢性病健康教育

慢性病在临床上具有病程长、起病隐匿、病情迁徙不愈、病因复杂、致死率高的特点，

常见的疾病类型有心脑血管疾病、糖尿病、慢性呼吸系统疾病、高血压、冠心病等。老年人属于慢性病的主要发病群体，在人口老龄化的社会背景下，老年人慢性病的发病率日益提高，现已成为危害人们身体健康的重大疾病。因此，当前需要配合相应的管理干预措施，对老年人慢性病予以控制。很多老年人不去就医，是因为他们认为身体出现症状是正常衰老所致，而不是疾病所致，尤其是听力损害及泌尿生殖系症状。身边没有儿女的观察和照顾，有些老年人实际已身患疾病并出现相应症状，但由于不去就诊从而耽误了疾病的诊断和治疗。因此，做好健康教育，使老年人具备有关慢性病的常见症状及影响因素等知识，使其认识到健康的生活方式对疾病预防和康复的重要意义。

2. 改变空巢老人的认知观念

目前，我国的家庭结构由"扩大家庭"逐渐过渡到以"核心家庭"为主，家庭赡养功能逐渐弱化，多数老年人希望的"养儿防老"模式的实现在主观上和客观上都具有困难。为了避免面对空巢，老年人应改变观念，接受社区和社会所提供的养老机构，如敬老院、老年公寓、托老所等，这些机构在居住环境、娱乐场所、医疗保健等方面设备较完善，可以满足老年人养护的需要。

3. 增强社会适应能力

身体健康状况较好的空巢老人，尤其是空巢夫妇老人，其闲暇活动的要求较为强烈，愿意发挥余热，为社会多做点事，因此，应为他们提供良好的再学习和再就业的机会，如举办老年大学，组织离退休技术人员和知识分子组成技术咨询和学术交流队伍，为年轻人创业提供指导等。

实训任务　认知智慧医疗设备

1. 实训目的

通过本次实训掌握智慧社区中智慧医疗终端设备的名称和相应操作。

2. 实训要求

(1) 熟悉并介绍智慧社区中智慧医疗终端设备。
(2) 血压、血氧、血糖、心电等多项关键生命体征信息的检测操作。
(3) 掌握云存储技术，完整保留和存储每个用户的历次体检数据，帮助用户查询个人的健康监测数据。

微课：智慧医疗设备的种类和使用

3. 实训步骤

(1) 熟悉并能介绍智慧医疗终端设备。智慧医疗终端设备融合了血压、血氧、血糖、心电等多项关键生命体征信息的检测功能，用户只需花费少量时间即可完成体检，省去了去医院排队挂号体检的烦琐步骤和高额的体检费用。强大的云存储技术，更是令每个用户的历次体检数据得以完整保留和存储，用户可以在自己家的智能终端机上，查询个人的健康监测数据。可随时登录个人健康管理中心，查看历次的体检数据和体检结果及专家给出的体检健康建议。

(2) 智慧医疗终端设备逐一进行操作，并记录相关数据。
(3) 结合课堂的讲解和图例，学生展示操作流程。

4. 实训时间

实训时间为 2 学时。

5. 实训考核

（1）考核组织。将学生分组，由指导教师进行考核。

（2）考核内容与内容。将智慧医疗终端设备逐一介绍进行操作，填写本次实训任务报告。

 项目小结

（1）智慧养老是面向居家老人、社区及养老机构的传感网系统与信息平台，并在此基础上提供实时、快捷、高效、低成本的，物联化、互联化、智能化的养老服务。其具体含义主要有三个方面，分别是智慧助老、智慧用老和智慧孝老。与传统养老相比，智慧养老的特点主要具有规范化、快捷性、全面化、精准性、预测性五个特点。

（2）我国目前主要有三种传统的养老模式，分别是居家养老、社区养老和机构养老。社区智慧养老，实质上就是将智慧城市的发展理念融入养老服务领域，以社区为单位，在社区养老服务的基础上，依托物联网、大数据和人工智能等信息技术，构建养老信息服务平台，开发智能保健产品，利用传感器远程监控老年人的日常生活状态，并根据实际需求变化为老人提供人性化、高效优质的健康智慧居家养老服务。

（3）智慧养老商业模式包括与各大专业养老机构合作，提供智慧养老管理平台；设立专业网站，为有养老需求的人提供查询平台；与提供医养服务的企业合作。目前，智慧养老服务主要实施模式可分为智慧社区居家养老服务、智慧医养结合服务、智能机构养老服务和智慧城市养老服务四种模式。

（4）智慧养老平台包括居家养老平台及智慧养老医疗平台，其中，居家养老平台包括养老居家日常服务平台、养老居家购物服务平台、养老居家餐饮服务平台、养老居家娱乐服务平台四大子系统。

（5）智慧养老居家平台是指以现代科技为支撑，集互动服务需求评估、费用结算、健康管理、远程医疗、远程监控移动定位、紧急救援、智能看护、绩效追踪、监督监管等多种功能的智能化综合服务平台。智慧养老居家平台的特点主要有智能化、多功能、综合性。

（6）智慧养老居家平台其主要功能：养老居家日常服务平台主要负责社区老人日常衣、食、住、行信息的搜集的掌握，即时为需要服务的老人提供咨询和帮助等。智慧养老居家平台的建设意义有四个方面：提升养老服务的品质，提高养老服务的管理水平，推进智慧社区建设，打造智慧养老生态。

（7）智慧医疗是指在医疗服务过程中使用信息化处理手段，将与医疗卫生建设相关的各个环节，包括实物、信息、基础设施相互连接，从而实现患者与医务人员之间的互动，最终实现实时智能化、自动化互联互通的动态服务。智慧医疗具有互联、协作、预防、可靠等特点。

（8）目前，智慧医疗的探索管理模式主要有"医养护一体""医养保"、多元模式、IFOC模式等。以社区医院为依托的智慧养老医疗功能分类主要是数据分析、个性化医疗、分级诊疗和医养结合四个方面的内容。

（9）智慧养老医疗平台是由医用智能化、数字化医疗设备、医院信息系统、家庭健康系

项目七 智慧养老与医疗管理

统等所组成的多方位的现代养老医疗运行体系。智慧养老医疗平台主要有数字化/智能化管理、物联化管理、空间网络化管理三大特点。

（10）智慧养老医疗平台的技术支持关键技术主要包括传感器技术及RFID技术、嵌入式系统技术及GPS技术。

（11）智慧养老医院系统是医用智能化、数字化医疗设备、医院信息系统所组成的三位一体的现代医院运行体系。

（12）智慧养老社区健康系统主要有智慧签到、智慧安全管理、智慧健康管理三个方面。

（13）智慧养老健康教育可以从加强健康教育，改变空巢老人的认知观念，增强社会适应能力等方面进行。

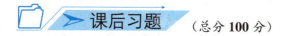

（总分 100 分）

一、单项选择题（25×2＝50 分）

1. 做到"呼得通、看得见、找得到、服务快、服务好"，属于智慧养老的（　　）特点。
   A. 规范化　　　B. 快捷性　　　C. 全面化　　　D. 局部化

2. （　　）是以提高养老服务的管理水平为初级目标。
   A. 智慧政务平台　　　　　　B. 智慧物流平台
   C. 智慧养老平台　　　　　　D. 智慧物业管理平台

3. 智慧的本质是通过系列新技术的应用，使老年人的日常生活不受时间和地理环境的束缚，过上高品质的生活，最终实现（　　）的智慧养老目标。
   A. 全面　　　B. 一呼百应　　　C. 一应俱全　　　D. 全能

4. 智慧养老将最大限度地满足（　　）对生产、生活的需求，让老年人生活更加便捷、舒适、健康。
   A. 幼儿　　　B. 青年人　　　C. 中年人　　　D. 老年人

5. 居室清洁属于（　　）的日常服务项目。
   A. 探访服务　　　B. 助医服务　　　C. 家务服务　　　D. 生活照料服务

6. 智慧养老购物子系统设计将（　　）技术和传统的家居设备系统相结合
   A. G2G　　　B. E2E　　　C. C2C　　　D. O2O

7. 智慧养老居家平台整体架构图以强大的（　　）为支撑，为社区的老年人建立统一的养老日常服务和娱乐附加服务系统。
   A. 数据整理中心　　B. 数据处理中心　　C. 数据分析中心　　D. 数据收集中心

8. （　　）负责数据的收集与处理，实现老年人养老服务需求一键化等。
   A. 互动平台　　　B. 管理平台　　　C. 监管平台　　　D. 对外平台

9. （　　）负责监测监管养老服务，及时公开养老信息资源，实时监管已开展的"智慧养老"项目运行情况和养老机构床位使用情况。
   A. 互动平台　　　B. 管理平台　　　C. 监管平台　　　D. 对外平台

10. 推动（　　）的结合成为养老服务发展的必然趋势。
    A. 购物与娱乐　　B. 养老与医疗　　C. 养老与购物　　D. 娱乐与医疗

11. 根据中国人民大学数据与调查中心完成的《中国老年社会追踪调查》显示，75.23%的老年人自报患有（　　），老年人的医疗需求十分旺盛。
    A. 突发疾病　　　　B. 慢性疾病　　　　C. 癌症　　　　D. 感冒
12. 智慧医疗平台遵循（　　）的原则。
    A. 以经济为中心　　B. 以人为本　　　　C. 利益至上　　D. 以社会为本
13. 医药供应链的收集是通过（　　）技术来实现的。
    A. GIS　　　　　　B. GPS　　　　　　C. GAS　　　　D. GCS
14. 在智慧医疗中应用的（　　），能够集传感器技术、计算机软件及电子应用技术等于一身。
    A. 射频识别技术　　B. 传感器技术　　　C. 嵌入式系统技术　D. 物联网技术
15. 以下不属于物联网关键技术的是（　　）。
    A. 全球定位系统　　C. 移动电话技术　　B. 视频车辆监测　　D. 有线网络
16. （　　）属于实现智慧医疗的关键环节。
    A. 射频识别技术　　B. 传感器技术　　　C. 嵌入式系统技术　D. 物联网技术
17. （　　）属于一种传感技术，能够实现快速书写和长时间的跟踪管理，其主要是利用物料、药品中植入芯片方式，将产品信息与芯片信号紧密相连，医院则能够通过计算机及识别系统对药品进行全过程的监管。
    A. 射频识别技术　　B. 传感器技术　　　C. 嵌入式系统技术　D. 物联网技术
18. "好大夫在线"成立于（　　）年，采用在线寻医问诊的模式，患者通过平台与医生互动。
    A. 2005　　　　　　B. 2006　　　　　　C. 2007　　　　D. 2008
19. "春雨医生"创建于2011年7月，采用（　　）模式，以"私人医生"服务为基础。
    A. 轻问诊　　　　　B. 在线问诊　　　　C. 医生上门　　D. 多点执业
20. 让市民了解更多的健康知识，甚至可以发布一些重要的信息，如重大的卫生安全事件，提醒市民合理安排出行，提前做好预防。这属于（　　）功能。
    A. 在线缴费　　　　B. 医疗资源　　　　C. 健康资讯　　D. 私人医生
21. 通过LBS技术可以确定用户所在省市，并返回对应的医院列表，可以在线完成导航功能，让市民快速地找到想要就诊的医院和医生。这属于（　　）功能。
    A. 在线缴费　　　　B. 医疗资源　　　　C. 医疗报告　　D. 私人医生
22. （　　）是病人的首选，是基础性的医疗服务机构功能。
    A. 家里　　　　　　B. 公立医院　　　　C. 社区医疗机构　D. 私立医院
23. （　　）是老年人突发情况的高发地带。
    A. 客厅　　　　　　B. 卫生间　　　　　C. 卧室　　　　D. 阳台
24. 智慧养老平台不能够实现（　　）。
    A. 养老服务的政府管理应用　　　　B. 老年人互动服务应用
    C. 养老服务监控应用　　　　　　　D. 物流服务监控应用
25. 智慧养老健康教育不包括（　　）。
    A. 慢性病健康教育　　　　　　　　B. 改变空巢老人的认知观念
    C. 增强社会适应能力　　　　　　　D. 购物娱乐宣传

二、多项选择题(10×2＝20分)

1. 智慧养老平台应用智慧系统老年人可以随时满足其(　　)等一系列生活娱乐需求。
   A. 居家　　　　　B. 娱乐　　　　　C. 餐饮　　　　　D. 购物
2. 智慧养老医疗平台的功能有(　　)。
   A. 智慧养老医院　　　　　　　　　B. 智慧养老家庭健康
   C. 智慧养老健康教育　　　　　　　D. 智慧养老金融投资
3. 智慧养老平台包括(　　)。
   A. 购物消费平台　　　　　　　　　B. 居家养老平台
   C. 智慧养老医疗平台　　　　　　　D. 政务平台
4. 目前较有特色的养老居家娱乐服务包括(　　)。
   A. 营养餐定制服务　　　　　　　　B. 饮食文化生活
   C. 即时亲情服务　　　　　　　　　D. 定制文化生活
5. 养老服务微信互动服务基于微信公共平台开发的公共应用平台，实现(　　)、在线查看及信息管理平台与微平台的对接。
   A. 官方微信报道　　B. 信息的推送　　C. 自动客服　　D. 在线申请
6. 智慧居家养老平台的功能有(　　)。
   A. 养老居家日常服务平台　　　　　B. 养老居家购物服务平台
   C. 养老居家餐饮服务平台　　　　　D. 养老居家娱乐服务平台
7. (　　)向社会公布养老机构基本情况，展示街道社区基本信息、居家养老服务照料中心基本信息、养老机构基本信息及养老服务热线信息等。
   A. 互动平台　　　　　　　　　　　B. 机构养老管理平台
   C. 管理平台　　　　　　　　　　　D. 监管平台
8. 智慧养老医疗平台是由(　　)等组成的多方位的现代养老医疗运行体系。
   A. 传感器技术　　B. RFID技术　　C. 嵌入式系统技术　　D. GPS技术
9. 智慧养老社区健康系统有(　　)功能。
   A. 智慧签到　　　　　　　　　　　B. 智慧购物管理
   C. 智慧安全管理　　　　　　　　　D. 智慧健康管理
10. 智慧健康管理包括(　　)。
    A. 健康档案信息管理　　　　　　　B. 日常预警管理
    C. 智慧安全管理　　　　　　　　　D. 智慧签到

三、简答题(5×4＝20分)

1. 目前社区或者物业管理公司所提供的日常服务项目有什么？
2. 智慧养老医疗平台以互联网为载体和技术手段，提供什么医疗健康服务？
3. 目前智慧养老服务主要实施模式是什么？
4. 智慧养老医院系统的主要功能有什么？
5. 智慧养老医疗平台的含义是什么？

四、案例分析题(1×10＝10分)

石井坡街道养老服务中心是由重庆市沙坪坝区民政局和石井坡街道办事处通过公开招标引进祥佳物业管理有限公司，按照《重庆市社区养老服务"千百工程"建设规范》的要求，整合社区各种资源,成立的集医、养、康、护,"一站一特色"嵌入式社区养老服务机构。

石井坡街道养老服务中心,是沙坪坝区首家提出以助浴、助餐为主要特色的社区"居家型"养老服务中心,配备有服务接待区、生活照料区、托养护理区、文化教育区、人文关怀区、休闲娱乐区、适老产品展示区、智慧化平台等八大功能区。中心以社区为依托,连接五个社区养老服务站,采取"中心带站"运营模式,实施"机构进社区、服务进家庭"全链条服务模式,引入专业化、规范化、系统化的管理流程,兼顾居家上门的养老服务方式,透过多元化服务内容,多层次服务方法,满足长者从生活照料、健康管理、精神关爱、家政服务等各方面的养老需求,为社区内生活不能自理、失能、半失能的老年人提供助餐、助浴、日托、休闲娱乐、康复理疗、人文关怀、生活照料等服务。养老服务中心全体工作人员将始终秉承"爱心、耐心、贴心"的服务理念,参照"特钢能人服务社"模式,低龄老人服务高龄老人,健康老人帮助失能、失智老人,邻里互助等公益志愿活动,动员更多的社会力量参与社区养老服务。让老年人们足不出户,即可享受便捷化、智能化、专业化的养老服务;让老年人们吃不愁、病无忧、孤不独、乐有伴;让老年人们日子过得安心、静心、舒心、晚年生活幸福、安康、长寿!

问题:
(1)请问石井坡街道养老服务中心的服务理念是什么?主要的管理模式是什么?(4分)
(2)石井坡街道养老服务中心的建立有什么作用?(6分)

项目八 智慧社群管理

学习目标

1. 了解智慧社群的作用；
2. 熟悉智慧社群的含义和特点，智慧社群的维护方法和内容；
3. 掌握智慧社群的建立方法，智慧社群的管理内容。

能力目标

1. 能列表归纳现有智慧社区中智慧社群的异同点，形成利用图表表述智慧社群管理问题的能力；
2. 能运用智慧社群的建立方法，并将不同智慧社群管理联系起来进行分析，培养运用相关知识、解决智慧社群管理与维护问题的能力；
3. 通过完成实训任务，培养合作意识和创造性思维能力。

素质目标

1. 在对智慧社群的含义和特点、智慧社群的维护方法和内容的学习过程中培养学生具有科学精神和态度；
2. 在智慧社群的建立方法和智慧社群的管理内容学习中，具有把握国内外智慧社群的管理能力；
3. 在制定智慧家居社群建设方案的实训环节中培养学生信息素养，培养学生的团队协作、团队互助等意识。

项目八 智慧社群管理

学习任务一 智慧社群的建立

※ **案例导入 8-1**

糖尿病本身是一种慢性疾病,所以想要长期维持良好的血糖控制,对糖尿病患者而言是长期性的、具有挑战性的目标。通过糖尿病饮食社群,借由他人经验来协助自己控糖。糖尿病患可以在智慧社群中彼此交流饮食经验,使用者可透过其他糖尿病患者饮食经验的社群分享,帮助隐性的病人寻求资源和协助,集结患者之间相互鼓励与支持的力量,并整合糖友之间对于饮食控制的资讯。以智慧社群介入医疗管理确实可以帮助病人自我管理,但是如何在医疗知识与创新之间找到平衡,仍需进一步深入研究。

授课视频:智慧社群的建立

思考:什么是智慧社群?智慧社群有什么作用?

(资料来源:Shuang-Yu, TsaiHsien-Hui Tang. 糖尿病饮食纪录结合实境与社群设计于智慧型手机之使用者经验探索[R]. 首届中国人机交互国际研讨会, 2013.)

在社会学中,社群被分为三类:地域型社群、记忆型社群及心理型社群。随着移动互联网的发展,社群(community)一词开始频繁出现在网络上,各种社群如雨后春笋般出现。2014年,国内更是掀起了一股社群热潮。作为一种社会性的存在,社群并非是互联网时代的产物。只是在互联网时代,人们对这种群居似的生存方式用"社群"一词加以形象化表达。

我国的社区已经不再只是居民简简单单居住的地方,社区更多地体现为各种社会关系的集结处、各种社会利益的集合处、各种社会组织的承载处、各种社会矛盾的碰撞处、人与社会生活的落脚处。在社会转型的过程中,以各种力量加入并且促进社区发展和治理,完善社区的硬件设施,注重社区的软件服务,提高社区业主的生活品质,培养社区业主的参与意识等,是社会治理创新的重要一环,是紧密联系我国特色社会主义建设过程中改革、发展、稳定的重要议题,是整个国家社会资源整合的基础工作。在智慧社区中有智慧社群生活,社区居民可以汇聚在一起,以社群来影响城市,拓宽家的边界,复兴守望相助的邻里文化,共筑社区的美好生活。

一、智慧社群的含义和特点

1. 智慧社群

智慧社群指的是基于相似的利益诉求或者兴趣爱好,通过智慧社区中虚拟社交平台(如微信、微博等移动互联网社交工具)聚集在一个群体中,利用共享知识、交流感情等方式来进行物质和精神上的交流的社会群体。在新的互联网环境下,智慧社群成员之间可以突破时间和空间的限制构成新型的社交和商业关系。智慧社群成员可以在网络社交平台上与其他成员之间就购物信息、购物体验等方面进行深度交流,在互动交流中转变成为某种商品

项目八　智慧社群管理

的推荐者，以此来实现口碑效应。在这一系列的动作中，智慧社区运营平台可以在满足社群成员的分享欲和归属感的同时还能够获得商业收益，将社群的商业价值加以开发，实现社群经济。

2. 智慧社群的特征

一般品牌社群有三大基本特征，即共同意识、共同的仪式惯例和基于伦理的责任感，具有动态性，主要进行信息质量、交流互动、系统质量和活动回报等方面活动。随着时代的发展和科技的进步，基于互联网，品牌社群分为普通社群和虚拟社群，存在于互联网中的虚拟联系可以使社群涉及的范围延伸，增加社群成员之间的交流和沟通，从而使品牌社群更加活跃。社群根据所涉及的产品不同，又可分为汽车品牌社群、手机品牌社群等，现如今，社群已经延伸到包括日用品、房地产、教育等在内的绝大多数类型产品。

目前，智慧社群一般集中在智慧家居和物业服务企业服务的智慧物业项目中进行建立。智慧社群具有以下三个基本特征：

(1)以互联网为核心的信息技术和移动通信技术为智慧社群提供技术支持。

(2)以某一智慧家居品牌产品为核心，由智慧家居品牌产品社群成员为连接点所组成。

(3)智慧社群的建立者有企业、用户或第三方。

3. 智慧社群的作用

由于社区居民的兴趣爱好、价值需求各不相同，因此，智慧社区中的社群也是多种多样的。社群与社群之间的人员可以自由流动，也可以很方便地在不同的社群中流转，并根据自己的需求对不同的社群进行比较和选择。因此，智慧社群对于促进社会资本提升、提升顾客满意度、提高消费体验、加深社群认同及增强社群意识等不同方面有非常重要的作用。

(1)促进社会资本提升。源自社会关系网络的社会资本是个人或者组织依靠网络获取的实际的与潜在的资源总和，社会关系网络的重要特征是网络结构的连带强度与关系密度。在智慧社群中，强连带关系不但对信息价值的获取有利，而且对社交价值也有一定的促进作用，能够更为全面地考察智慧社群中社会网络的质量水平。

(2)提升顾客满意度。顾客满意度是顾客满足情况的反馈，是对产品或服务性能，以及产品或服务本身的评价；给出了(或者正在给出)一个与消费的满足感有关的快乐水平，包括低于或超过满足感的水平，是一种心理体验。通过智慧社群可以收集用户对产品或服务的满意度，对智慧品牌忠诚的培养产生一定程度的影响，同时也为企业界培育品牌忠诚提供了方向。

(3)提高消费体验。在智慧社群中消费体验是社群成员通过和其他社群成员的交流、沟通，以及在智慧社群中参加活动等而在其内心产生的与该智慧社群相关的情感。在智慧社群中经常组织社群成员举办如智慧产品试用、竞赛、培训等极具吸引力的活动，从而使智慧社群成员获得深刻的体验，推动智慧家居等产品的市场销量。

(4)加深社群认同。认知和情感是智慧社群认同的两要素，消费者的智慧社群认同不仅可以带来正面效应即"社群参与"，也会产生负面效应即"社群压力"。物业服务企业要想拥有更多对其物业服务企业品牌十分忠诚的业主，就可以借助微信、QQ等社交功能建立智慧社群，通过微信的其他功能来完成带有主题行的信息发布和特定产品的营销，增加业主的社群认同，促使社群承诺的产生。

(5)增强社群意识。企业将其顾客忠诚计划分为两大类：非社群意识和社群意识忠诚计划。在社群意识忠诚计划中，企业使顾客忠诚度提高的途径就是培养其社群意识，而且该计划还能够将80%的顾客忠诚很好地诠释出来。其中财务、信息、娱乐和社交能够形成和强化社群成员的社群意识，并提升其忠诚度，社群成员的忠诚度会随其社群意识的增强而增强。社群意识的提高会产生较强的归属感及责任感，而且社群成员还可以通过向智慧社群管理者提出相应的意见来展现对智慧社群的热爱。

二、智慧社群的建立方法

智慧社群主要从定义目标用户群体，确立产品定位；寻找关键意见领袖进行产品封测，打造社群文化凝聚力；策划社群活动，强化身份认同；构建一套文化体系，提升成员专业认知；布局线下体验场景；建章立制，健全社群运营机制；设计"社群＋"商业模式七个步骤进行建立。

微课：智慧社群的建立方法

1. 定义目标用户群体，确立产品定位

无论是产品、内容还是工具，智慧社群必须要有载体作为切入口，如产品、服务或解决方案等来设计如何将智慧社区中的群体成员连成一体。如海尔的载体是智能家居电器，苹果的载体是智能手机。在移动互联网的背景下，整个商业逻辑由先有产品后有用户转变为先有用户后生产产品。因此，一方面对企业而言，最重要的就是重新定义目标用户，根据用户画像（如年龄、性别、职业、婚否、收入水平、居住小区的档次、行为习惯、消费的水平、购物类型、生活习惯等）以最快的速度推出最小化可行产品。用户画像有不同的分类（表8-1），因此在构建社群确定用户时，一般需要遵循的基础性原则是三近一反（三近：地域相近、兴趣相近、年龄相近；一反，性别相反）的原则。如果社群中人员地域、兴趣和年龄都相近，并且男女数量相当的话，就会有很多共通的话题，可以在社群中讨论并使互动更深入。另一方面，产品是凝结群成员关系的媒介和群成员需求的解决方案，社群的调性、价值观标签可以把群成员快速勾画出。

目标用户定位明晰后，接下来就是产品定位。在这个物品过剩、认知盈余的时代，产品功能除要满足用户诉求外，还需要体现用户展示自我及与外界进行互动。可以采用PEST分析法、SWOT分析法结合市场调查法进行项目产品定位分析，运用QSPM分析法确定了产品定位等。如彩生活物业基于业主和物业使用人的基本需求（购物、手机充值、邮寄快递、汽车充电、保险等）、精神需求（教育培训、养老、社区健康、社区休闲娱乐等）、消费需求（餐饮美食、旅游、住宿、汽车维修等）进行产品的定位。

表8-1 用户画像的分类及相关内容

用户画像分类	具体名称	具体内容
范围分类	个人用户画像	是对用户兴趣偏好的描述，以提供个性化的服务
	群体用户画像	识别群体用户的行为特征，用户与资源项目之间的联系及模式特征，以帮助用户发现感兴趣的服务或资源，实现群体利益的最大化

续表

用户画像分类	具体名称	具体内容
建模分类	静态用户画像	指分析用户在某一特定时点的用户特征或用户需求，一般是基于用户的静态属性（年龄、性别、学历、工作状况等）。一般为一次性创建，不再进行更新和自适应学习
	动态用户画像	是一个不断完善适应的过程，考虑用户行为、时间等因素对用户画像进行更新，以发现用户画像时序变化的动态过程规律及特征，满足用户更个性化的需求
是否实时分类	实时用户画像	处理逻辑一般都很简单，要求迅速响应，实时处理
	离线用户画像	是把当天业务方需要的用户画像提前准备好，然后供业务方使用。由于对数据的时效性要求不是那么高，可以使用较复杂的处理逻辑或各种离线机器学习模型来保证画像的准确性

2. 寻找关键意见领袖进行产品封测，打造社群文化凝聚力

社群的发展轨迹首先从万千潜在用户中筛选关键意见领袖，他们通常是某行业或领域内的权威人士。在信息传播中，即使他们不依赖其自身活跃度，也容易被承认和识别出来。关键意见领袖具有三大典型的特征（表8-2）。由于关键意见领袖都有一个共同的爱好，喜欢分享等特点，让关键意见领袖根据产品内容核心以及定位进行筛选。第一批关键意见领袖只能靠创始人的人脉资源来定向邀请，或从垂直论坛找达人，这些关键意见领袖不但在细分领域有绝对话语权和影响力，还有一定的语言表达力，关键意见领袖必须高度认可社群运营方向及文化和目标，同时吸引愿意为一个社群付出金钱和时间的人才来打造智慧社群的文化凝聚力，吸引更多的人员加入智慧社群。

表8-2 关键意见领袖的三大典型特征

关键意见领袖的典型特征	具体内容
持久介入	对某类产品较之群体中的其他人有着更为长期和深入的介入，对产品更了解，有更广的信息来源、更多的知识和更丰富的经验
人际沟通	较常人更合群和健谈，他们具有极强的社交能力和人际沟通技巧，且积极参加各类活动，善于交朋结友，喜欢高谈阔论，是群体的舆论中心和信息发布中心，对他人有强大的感染力
性格	观念开放，接受新事物快，关心时尚、流行趋势的变化，愿意优先使用新产品，是新产品的早期使用者

3. 策划社群活动，强化身份认同

人与人之间的连接，只有在高频互动中才能强化成员彼此的联结，增加成员的归属

感。社群成员必须要一起做一些事才能加深和固化彼此的感情，有共同的目标和共同的任务。有了共同的任务、持续的活动，社群才有活力，也才可持续。社群将一群志同道合的人连接与聚集后，线下活动是保持社群生命力和活跃度最为重要的保障。社群需要通过一系列的活动对内聚拢成员，强化成员关系，对外宣扬社群核心价值，吸引新成员加入，同时不断地向外界宣告社群存在。海尔优家App已经在北京、西安两地先后开启过两场交流会，希望通过粉丝交流会让海尔优家App的制作团队面向用户，收集用户使用的反馈，促进产品更好地迭代升级，为用户营造更舒适、更便捷的智能生活。与之前的交流会相比，武汉站海尔优家App粉丝活动最大的亮点是在形式上进行创新，成立了华中智慧社群，旨在通过社群更直观、更全面地收集用户需求，挖掘使用场景，获取迭代意见，从而达到一个良性的循环，促使海尔优家App给用户带来更好的使用体验，强化用户的认同感。

4. 构建一套文化体系，提升成员专业认知

文化是社群的灵魂，文化体系是构建社群的目的和存在的价值的体现。社群文化体系至少包括社群目标、价值观、社群公约等。优秀社群的基础是共同的目标或共同的任务，保持社群的持续的活动，实现社群的活力和持续性。移动互联网时代的智慧社群除应该遵循"平等、开放、协作、分享"的互联网法则外，还要有利它的文化内容，带给群成员归属感和优越感，并自发传播智慧社群文化。对于产品型社群而言，最重要的就是打造一套智慧社群文化体系，塑造智慧社群文化氛围。当社群目标定位为中产阶级后，则无论是产品定位还是社群调性，都应宣扬一种相同的价值文化主张。从认知到行为，从文化符号到仪式展演，由内而外全方位提升成员的专业认知，为社群建立品牌护城河。

5. 布局线下体验场景

依靠社群内的核心成员主动发起布局线下，为线下成员提供聚会、活动的固定场所。社群场景化极大地增强了社群成员的仪式感和体验感。社群需要通过仪式来宣告其存在，来弘扬社群的价值主张。通过举行仪式可以强化社群成员的共同价值观，从而增强成员之间的凝聚力。通过语录体系，外在的衣着、行为，成员统一整齐的行动等塑造统一化和符号化的仪式感。智慧家居企业一般在社区中设置专门的家居展示区、体验区、讨论区等，来强化社群成员参与活动和讨论交流，提升线下的参与度。

6. 建章立制，健全社群运营机制

社群有自己共同的价值观和责任，同时构建社群的规范，通过制度、层级和角色来进行区分用户，并通过权利和权益的不同分配、激励的干预和惩罚措施（如评价机制、激励机制、会员积分体系等）等影响和控制社群的集体行动，提升社群的认同感和执行力。智慧社群不能单纯地依靠利益来驱动，还需要智慧社群的人文情怀、使命追求、愿景等来驱动。因此，社群运营除常规的利益奖惩外，还需要一套全新的运营机制。如彩生活物业的彩之云智慧平台，通过业主进入彩之云智慧平台形成社群，可以获得购物消费、报事报修、停车、物业费缴费、物业增值等服务。

7. 设计"社群+"商业模式

智慧社群的商业模式应该是通过智慧社群成就一个品牌，使社群平台成为一种文化价

值的承载物和表达体,然后通过平台延伸来构建社群生态圈如产品/内容/工具+社群+众筹+共享。

(1)社群的变现方式。在互联网+的背景下,社群不能简单地依靠卖货赚钱,必须跨界找到新的利润来源。目前来看市面上常见的四种变现方式有:第一卖广告位;第二卖产品(做电商),第三卖服务(收会费),第四股权众筹或者产品众筹。前三种依然是把社群作为一个销售渠道或者平台。那么现今主要的社群有付费会员社群、产品主导型社群、流量类社群、知识付费型社群等(表8-3)。

表 8-3 社群的变现方式

社群类型	主要运营模式	盈利模式	一般适用范围
付费会员型社群	通过预收费增加用户的沉没成本,让社群成员留存在社群中持续进行消费。会员在社群里可自由对接业务,也可享受专属助理的针对性链接服务以达到商业合作的目的	提供服务,收取会员费。用会员制做变现的条件,社群需具备长期输出内容的能力,靠内容的输出来吸引流量	适用于精英会,知识付费课程社群等
产品主导型社群	吸引精准的目标用户,需要找到一个让人无法抗拒的引流产品或服务,并且能通过社群运营带来用户极强的参与感。一般通过口碑营销	通过社群将精准目标用户圈定起来,提高其复购率。如有相关的从业人员自从建立起了社群,产品的复购率比以往提高三倍以上	适用于微商或者电商企业等
流量类社群	一般当流量主,出去接广告,收入非常可观	聚集流量,推广产品。社群里面的人群,一般都是精准流量	适用于知乎互赞群、拼多多砍价群、小程序互助群、电影下载群等

(2)社群的商业模式。社群的商业模式应该是品牌社群的方式,使社群品牌成为一种文化价值的承载物和表达体,然后通过品牌延伸来构建社群生态圈。社群的商业利益来自当社群成为品牌后跨界整合资源提供其他服务或新产品来盈利,通过输出平台、文化、机制,使得品牌价值最大化,过程中+众筹+共享是个不错的组合,应注意行业特性,因为不同行业的经营成本是不同的,对成本进行合理的规划有利于品牌的持久发展。对品牌社群的形成产生影响的因素主要有品牌体验和信息价值两个方面,信息价值主要对消费者行为的改变产生影响,品牌体验则能使消费者的态度发生转变,最终使真正的品牌忠诚得到实现。如彩生活以家庭为单元的开放-合作-分享|共生-再生-互生的B2F(business to family)社区生态商业圈(图8-1)和生鲜电商模式C2B(customer to business)(表8-4),即消费者对商家,它主要是指消费者根据自身的消费需求从商家处定制相应的产品和价格,并且可以与商家一起参与到产品的前期设计、加工和商品定价的过程中,商家可以根据消费者的多样化、个性化消费需求进行个性化定制生产。从价值主张、核心资源、运作流程和盈利模式这四个方面来形成新型商业模式。

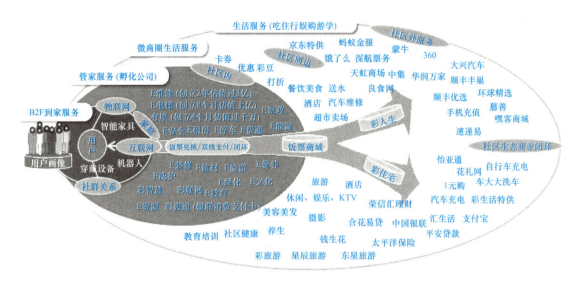

图 8-1 彩生活以家庭为单元的开放-合作-分享｜共生-再生-互生的社区生态商业圈

表 8-4 社群经济视角下的生鲜农产品电商 C2B 社群商业模式

项目	知识型社群：下厨房	工具型社群：邻居录	兴趣型社群：青山老农
内容	提供个性化的菜谱做法与饮食知识	提供邻居间相互沟通交流平台	提供满足田园健康生活追求的社群服务
价值主张	根据社群推荐和消费者需求提供生鲜农产品	根据"食物社区"需求提供生鲜农产品	根据消费者需求提供原生态生鲜食材
关键成员	知识型社群运营商 社群"市集买手" 生鲜农产品商家 3PL 企业	工具型社群运营商 本地化"新农人"生产者 3PL 企业	兴趣型社群运营商 原生态食材提成商 3PL 企业
核心资源	连接美食爱好者的内容和社区	邻居间互动交流的线上平台	线上、线下社群活动运营能力
盈利模式	通过定制化生鲜农产品销售及社群媒体属性的广告收入盈利	通过向本地化生鲜农产品生产商"新农人"服务收费盈利	通过社群产品及服务的会员收费、生鲜产品销售及社群媒体属性的广告收入盈利
不足之处	生鲜农产品媒体内容输出的持续性得不到保证	本地化"新农人"生产商资源匮乏	非相关性 第三方广告投入有损用户体验

项目八 智慧社群管理

学习任务二　智慧社群管理与维护

※ 案例导入 8-2

高地物业在资源整合能力上拥有直接优势，能够利用大数据分析业主的生活习惯和消费趋向，提供适配的服务和产品，进而搭建出了"蜂巢服务体系"。蜂巢服务体系分为六大模块，分别为蜂巢悦享服务、蜂巢乐享社群、蜂巢智联运营、蜂巢制造生活、蜂巢社区生态和蜂巢有乐体验。六大模块从业主的方方面面入手，提供更细致、有价值的服务。

其中，蜂巢乐享社群是蜂巢服务体系的基础。通过对业主的兴趣爱好、社交喜好、消费习惯、对物业评价等维度的综合评价，向他们推荐合适的服务和产品；同时面向不同的社群策划相应的活动、最大地满足不同群体的需要，打造出独具特色的蜂巢乐享社群。

思考：物业服务企业应该从什么方面进行智慧社群管理？

［资料来源：倪旭升．"蜂巢服务体系，创新智慧社区"方法论"［J］．城市开发，2018（11）：46．］

一、智慧社群管理内容

在互联网的发展中，企业与顾客之间的互动越来越便捷，消费者也能更迅速地搜寻、整合并分享有价值的信息，可以摆脱时空限制随时交互沟通。智慧社群建立在使用某一品牌的消费者社会关系之上，不受地域限制，是连接品牌与顾客的网络沟通平台。

智慧社群运营管理在于品牌管理、营销管理、社群承载和辅助工具管理、社群成员管理、社群文化管理、预防和危机管理等方面。

1. 品牌管理

（1）智慧社群的管理者（如官方，企业或用户等）的管理力度需要加大，理清管理者的管理思路与想法，论坛板块的信息内容有把控，使得社群成员获取品牌信息和品牌理念定位准确，需及时跟进反馈信息，积极回应消费者的疑问，维护品牌关系。

（2）要规范社群言行文明，形成好的社群品牌产品信息形象宣传，提高客户之间的价值交流。由于智慧社群成员的文化素质参差不齐，社群内某些顾客言辞激烈，用语不文明等，因此，需要制定社区的言行文明的相关制度，让智慧社群成员都能严格遵守，形成好的社群品牌形象。不得出现不雅内容，存在灌水行为，提出的问题长时间没有人回应等。

（3）形成社群秩序，提高智慧社群存在的价值。社群容易充斥虚假消息和广告，商业竞争的激烈导致有些商家会雇佣水军到竞争对手阵营大肆破坏。因此，要严格管理的智慧社群，防止出现虚假消息或广告推广消息，解答信息要真实或正确，正面回答问题等。

2. 营销管理

智慧社群是一个特殊的、不受地域限制的消费者群体，它建立在使用某一智慧化品牌的消费者所形成的一整套社会关系之上。在智慧社群的营销管理中，可以从顾客品牌忠诚度、顾客价值、新产品开发、口碑传播等四个方面进行统一的管理。

（1）顾客品牌忠诚度。对于智慧品牌社群情境下的顾客品牌忠诚研究从营销实践出发，

项目八　智慧社群管理

对企业而言，营销的关键是凝聚核心消费者、构建智慧品牌社群，努力吸引更多的消费者参与社群活动，使消费者获得非凡消费体验，并努力满足消费者的相关需求，提高社群意识和认同，最终形成顾客品牌忠诚。

（2）顾客价值。价值是顾客加入品牌社群的动因，智慧品牌社群中的互动给顾客创造了价值。了解社群成员对各项价值所持有的期待，有针对性地设计和组织社群活动，满足他们的需求、提升他们的价值感知，使得他们更加忠诚于企业、品牌，忠诚于顾客与顾客之间的联结关系。明确品牌社群究竟为顾客提供了什么价值，将使得品牌社群的经营更加稳固。

（3）新产品开发。从关系理论、创造性理论和人格特质理论研究视角出发，研究智慧社群成员愿意从事新产品开发的前因及影响因素。技能、创新性、智慧社群认同、智慧社区知识和社群信任是影响成员参与新产品开放创新项目的动机；创新活动中的智慧社群成员的利益和他们的顾客参与企业的新产品开发有着重要的营销战略价值。社群成员的参与，可以提升新智能产品开发的创新价值，并促进了各种创新活动。从确定需求、产生想法、修改概念，到原型开发和测试产品，社群成员扮演着不同的角色，并最终成为新产品的共同创造者。因此，智慧社群是企业的新产品开发有价值的创新源。

（4）口碑传播。企业营销传播的目的是促使消费者购买意愿和购买行为的发生，并提升企业的整体形象。智慧社群作为一个重要的信息源，其成员的传播行为，不仅有助于企业展开社群营销，提高品牌传播的消费者参与度，促进品牌自传播，还能预防负面品牌口碑信息带来的品牌危机。由社群成员的口碑来宣传产品，通过成员主动对其他社群成员提供及分享知识，从而使品牌文化在社群成员之间流传。对企业而言，创建智慧社群后，若消费者主动成为品牌信息的传播者，不但可以减少品牌传播的营销成本，还可以形成有影响力的品牌口碑。

例如，随着互联网经济的发展，网上购物成为人们日常生活的重要部分。依靠社群营销，以消费者向亲朋好友推送拼单助力等方式，简易的宣传手段建立了庞大的用户群体。利用"社群大招"，以拼单获取更优惠价格的营销策略，在利益的驱动下，基于人际关系的推广，促使更多用户参与其中。高质量的社群活动可以充分调动用户参与度，内置多样化互动游戏。

3. 社群承载工具和辅助工具管理

智慧社群一般以微信群、QQ群、服务自己会员的App等社群承载工具，来进行社群的建立，促进会员互相协调、沟通、互动并交流。微信群、QQ群和App的运营一定要与工具的各大功能和其他版块紧密结合，如语音对讲、朋友圈互动等。另外，微信群、QQ群、App在社群运营过程中对消息和数据进行管理和沉淀存在问题，因此需要借助第三方工具进行管理。目前比较常用的社群数据统计和会员行为管理软件（如社群空间、多群直播系统、直播平台）都可以作为社群运营的辅助工具，需要统一管理。

4. 社群成员管理

智慧社群要注重社群关键人的管理，并充分发挥社群中每位成员的作用。由于时间碎片化和及时互动性，社群的运营需要有一个相互配合、分工明确的团队。这样社群才会迅速启动起来，也更容易进入热度状态。发挥社群中每位成员的作用时，社群才会变得最强大。跟任何一个组织一样，社群中也应有多种角色，包括对其他成员开展教育和分享经验的指导者、喜欢学习并寻求自我提升的学习者、鼓励别人尝试新鲜事物并提供安全保障的支持者、对其他员工产生分享和激励的合作者、传播社群故事的说书人、成为社群榜样的英雄等,他们在社群中同样起到创造价值的作用。随着人生观、价值观的日趋成熟,人们持续对归属感展开评估,成功的社群能给予他们扮演新角色的机会,公司应该主动给予消费者会员在不同角色之间选择的机会,确保更大范围角色的可获得性,最终全面提升智慧社群的功能。

一般智慧社群的群氛围的关键角色有思想者、批判者、围观者、沉默者。

(1)思想者。思想者是看似博学,很有想法,爱发表观点的一类人。在智慧社群内只需要一到两个即可,一般,社群群主充当此角色。思想者会经常在群里发表自己对某件事的观点和看法,进而引发大家的讨论。思想者在社群中如果太过权威,那么他的观点就无从反驳,就很难激发批判者的参与批判的信心。因此,思想者只能引起围观者的提问,但这种很容易陷入以思想者为中心的问答式讨论,思想者也会因围观者的提问太过低级而拒绝回答,而这种行为往往会打击围观者的积极性和不满情绪。因此,思想者在社群管理中非常关键。

(2)批判者。批判者一般不会主动发表自己的看法,而是在思想者在社群中提出自己的观点后,就思想者的观点漏洞进行批判和反驳。此时将引起激烈的讨论和辩驳,而围观者也可以不失时机地表示赞同或者提问。思想者和批判者的讨论往往会吸引大批成员进行围观。最明显的就是如果群内出现了讨论激烈的时候,社群就会立即热闹起来,当然每到这个时候群负责人就要做相应的管控,防止事态扩大,控制激发群内成员情绪。如果出现恶意攻击等行为,最容易引发成员退群行为。

(3)围观者。一个智慧社群一般有40%的成员都是围观者,他们会关注群内动态,但不轻易在群里说话或者发表自己的观点,但群管理人员不能将围观者视为流失用户,需要通过各种讨论活动来激励他们进行发声,参与社群活动。

(4)沉默者。沉默者一般会占到群成员的50%以上。这部分用户基本不会关注群内动态,很多消息和通知是无法到达他们。沉默者一般都是因为群内的价值感不强,或者群内的信息已经对其产生强烈的骚扰。沉默者在智慧社群中是最容易退群的。社群管理方需要对这部分社群成员进行深入地访谈和了解,探究其真正的需求,进而对群内的服务进行改进,以此来重新唤醒和激活社群沉默者。

5. 在群文化管理

为了实现统一的目的和目标,智慧社群须拥有一套计划、控制、组织和协调的流程。一个优质高效的智慧社群需要有一套严格的管理、规范和秩序,坚持自由性和约束性相结合,在自由入群的前提下维持一定的纪律性和约束性。只有社群管理执行到位,才能保证社群的优质高效,才能确保价值观认同,并找到适合的成员。如制定社群的群规、社群发展规划、社群口号、社群成员群语言规范等。

6. 预防和危机管理

社群成员,非组织化成员的管理难度很大。因此,万一碰到"成员联合诉求",如要求降低价格、改良商品、提供更多赠品等情况时,如果处理不当就会成为破坏品牌形象的大事件。因此,对社群成员活动的评估、管理及危机预防尤为重要。建立危机预警机制。智慧社区品牌运营商应设立管理品牌社群危机的常设机构,此机构可单独设立,也可并入企业的公关或广告部门。该机构一方面搜集社群活动信息,这既能为品牌发展提供帮助,又能通过信息分析及早发现错误倾向以加以引导和疏通;另一方面主动参与社群活动,在社群活动中引导其向有利于品牌发展的方向进行。比如,在线智慧社群中经常会出现本属于某品牌的讨论区,最后变成竞争品牌的讨论区,这种现象最难避免。当然,采取预防措施可以在论坛中加以引导,从讨论的角度、提问题的方式、仪式、传统等各方面都引导到对自己品牌有利的地方。

二、智慧社群的维护

智慧社区的维护主要可以从管理方加大重视力度,建立完善的社群管理制度,扩大社群领袖人物的权限,建立客服(通信员)机制四个方面进行。

1. 管理方加大重视力度

建立智慧社群的初衷在于拉近社区业主或物业使用人与智慧品牌的关系,因此,品牌管理方必须重视智慧社群的创建和维护。当网友自创的智慧社群有一定影响力时,品牌管理方应积极与该社群进行对接和互动。这是因为智慧社群主要在于获得青睐品牌的信息,展开多元的互动,而当他们得到品牌官方的回应时无疑会为倾心的品牌有更多的忠诚。另外,品牌管理方要在品牌社群发布最新的品牌信息,主动赞助、组织各种品牌活动,凝聚广大社群成员的力量为品牌发力。

2. 建立完善的社群管理制度

虽然智慧社群的氛围代表着归属感和意义,但是虚拟平台存在的很多问题还是需要完善的社群管理制度来规范。社群多属于各个品牌方,品牌管理方需要担负起规范自我社群的管理责任。对多次发布不实言论的会员采取一定惩罚措施;对遵守社群制度的会员则给予一定奖励,赠送品牌小礼品是乘机拉近与消费者关系的绝好方式。

3. 扩大社群领袖人物的权限

重视意见领袖在社群的作用。意见领袖在智慧社区网络中的确扮演着重要的角色,他们传播信息、影响决策、帮助宣传新的思想。智慧社群作为一个业主、物业使用人等,作为消费者群体具有共同的品牌意识、一致的仪式感和惯例,以及道德责任感等特征。而领袖式人物本质上来说是品牌的崇拜者,品牌意识强烈,他们通过个人魅力能起到推广和宣传作用。因此,品牌管理方要善于挖掘社群的领袖式人物,对其赋予更多社群权限和品牌特权,培养亲密关系从而引领广大社群成员对品牌的"追随"。社交媒体时代,智慧社群已成为企业品牌关系建设中的重要优势,企业可按照"打造多平台社群—培育社群领袖人物—促成社群绩效的转化"持续提升品牌关系质量。

4. 建立客服(通信员)机制

在智慧社群管理维护中,需要建立通信员机制。社群成员中往往存在一些"舆论领袖",他们对产品的功能非常熟悉,甚至了解相关品牌的深度信息。其他成员在遇到产品使用问题时乐于咨询他们,在线上线下活动中热衷于倾听"领袖"们对品牌故事等深度信息的解读。他们同时还是众多社群活动的组织者和忠实参与者。最为关键的是他们对社群成员的动向、社群信息的了解程度都高于企业方。因此,社群管理方如企业可以将他们发展为社群组织的客服(通信员),通过建立与这些客服(通信员)信息互动的有效管道,更迅速、更便捷地了解智慧社群的动向。此外,还可以把某些企业主导的社群活动通过这些客服(通信员)传达给社群成员,这将比企业方直接出面引导社群活动更具说服力。

三、智慧社群管理的发展趋势

社会治理模式的转型、互联网的发展等大环境因素，使得智慧社区治理进入多元化主体的时代。而技术赋能，使得智慧社区业主可以足不出户就参与社区的治理。自微信广泛普及后，社区微信公众服务平台、便民号等，已经证实了互联网社交平台对于智慧社区的建设具有一定的积极作用。微信群作为一个社交工具和社交平台，为社区居民提供了交流和沟通的网络平台。一方面，社区居民借助互联网便捷的传播，能够在一定程度上满足交往需求。另一方面，社区居民有着获取生活信息、进行社会交往、获得社区归属感等不同方面的需求。互联网的赋权下，微信、微博等新媒体的崛起，为社区居民进行社会交往、反映诉求、表达意见提供了快捷通道。社区居民大部分的交往需求能够通过主动地寻求来得到某种程度的满足。

在新冠肺炎疫情中，可以看出在新媒体环境下，社区健康传播无论是从信息内容还是从传播渠道来看，都有着极大的发展与创新，对市民造成的影响是值得肯定的。以在社区中传播健康信息的微信公众号为例，智慧社群管理的发展趋势主要有五个方面：引进专业人才，增强权威性；注重传播内容，增强健康传播效果；完善传播功能，提升社区成员黏性；加强信息把关，遏制谣言泛滥；增强辨识能力，提升健康素养。

1. 引进专业人才，增强权威性

健康传播是传播学里一个特殊的领域，这个领域里的传播者应该既有基本的医疗健康知识方面的储备，同时也应熟知和掌握各种传播规律和渠道。社区要提高健康传播中的信息权威性，一方面可以从本社区的高学历人才中寻找合适的人员或者从外界聘请专业人士来进行健康信息的传播，提高健康知识的原创性和趣味性；另一方面，需要通过在医疗健康领域的权威人士来进行健康信息的传播，不给"伪健康"传播者传播信息的空间，保证健康传播的真实性和可靠性。

2. 注重传播内容，增强健康传播效果

社区微信公众号所推送的健康信息的质量，是保障健康传播效果的关键。社区微信公众号所发布的健康信息，首先一定是要有充分的科学依据的，要让受众相信且接受；其次在信息的类型上，社区公众号应该及时了解市民需要或者关注什么样的健康信息，并推送相对应得健康信息；最后在形式上，微信公众号要积极地运用图片视频等新型的信息传播符号，以更丰富的方式来传播健康知识，以保证得到更好的传播效果。

3. 完善传播功能，提升社区成员黏性

社区微信公众号作为社区成员的连接点，在健康服务方面需要进一步优化。一方面，社区微信公众号，包括服务号和订阅号都应该增加有关健康的专栏，让市民能够及时获取相关信息；另一方面，社区微信公众号所提供的或增加的健康服务可以是直接与专业性的 App 或者医院线上渠道进行直接的关联。这样一来，市民可以不用下载 App，也不用去到医院，就可以在家及时地解决一些常见的健康问题。甚至可以直接在公众号进行医院的线上预约、挂号等，如此便能更好发挥微信公众号的健康传播功能。

4. 加强信息把关，遏制谣言泛滥

由于网络环境的开放性，大型突发性公共事件往往会引发群众的积极讨论，在短时间

内就会形成相关的网络舆情。在网民的猜测、"知情"人员的爆料等因素的共同作用下，原本简单朴实的真相便会逐渐异化，甚至演变成各种不同版本的网络谣言。但由于突发事件引发的网络谣言的匿名性、恶意性等会导致各类信息快速传播，造成广泛的负面影响，从而引发网络谣言危机。社区微信群群主及相关负责人应该加大群内成员身份与信息的审核与把关，做好事前审查、核对的工作，从源头上减少虚假信息的传播，保障专业权威的健康信息传播。

5. 增强辨识能力，提升健康素养

目前，在社区微信群的健康信息传播中，涉及健康的信息鱼龙混杂。在社群相关负责人增强把关的同时，群内成员自身也需要加强信息的辨别能力，增强自身的健康知识素养，提高警惕性，成为家人与自己的医生，一起构建风清气正的健康传播的网络环境。

另外，智慧社区的参与式治理作为一种新型的城市社区治理方式，能广泛地汇集民意，帮助改善城社区治理现状，在当前城市社区的治理进程中应用非常普遍。随着互联网的不断发展，网络化的参与已经成为今后社区居民参与社区治理的必然方向，微信在其中起着不可忽视的作用。微信兼有人际传播、群体传播和大众传播的特征。微信群对于网络社群的建构，形成的社区化网络人际传播及其人际化回归，是现实的人际传播在网络空间中的拓展和延伸，同样也是社区化网络人际传播对现实人际交往的超越与回归。例如，在提供信息和服务的基础上，业主微信群里对社区治理问题展开的讨论、得出的结论，可以通过线下实际实施，之后在线上反馈。

实训任务 制定智慧家居的微信社群建设方案

1. 实训目的

通过智慧社区中智慧社群的相关知识学习，掌握智慧社群建立的步骤，熟悉智慧社群管理的内容，能制定以智慧家居为主要产品的智慧微信社群建设方案。

2. 实训要求

(1)熟悉现有的智慧家居微信社群情况。
(2)掌握智慧社群建立的具体步骤和方法。
(3)掌握智慧社群管理方法。
(4)能制定以智慧家居为主要产品的智慧微信社群建设方案。

3. 实训步骤

(1)调查现有的智慧家居微信社群的基本概况。
(2)分组实际加入现有的智慧家居微信社群，熟悉智慧微信社群的管理者、成员结构、基本管理内容、社群文化等。
(3)分析现有智慧家居微信群的建立和管理的优点和缺点。
(4)制定成立新的智慧家居为产品的智慧微信社群建设方案。

4. 实训时间

实训时间为：2学时。

5. 实训考核

(1)考核组织。将学生分组，由指导教师进行考核。

(2)考核内容与内容。教师根据智慧家居为主要产品,提出智慧微信社群在管理方面的三个问题,由学生回答,然后给出实训考核成绩。

项目小结

(1)智慧社群指的是基于相似的利益诉求或者兴趣爱好,通过智慧社区中虚拟社交平台(如微信、微博等移动互联网社交工具)聚集在一个群体中,利用共享知识、交流感情等方式来进行物质和精神上的交流的社会群体。

(2)智慧社群具有三个基本特征:以互联网为核心的信息技术和移动通信技术为智慧社群提供技术支持;以某一智慧家居品牌产品为核心,由智慧家居品牌产品社群成员为连接点所组成;智慧社群的建立者有企业、用户或第三方。

(3)智慧社群主要从定义目标用户群体,确立产品定位;寻找关键意见领袖进行产品封测,打造社群文化凝聚力;策划社群活动,强化身份认同;构建一套文化体系,提升成员专业认知;布局线下体验场景;建章立制,健全社群运营机制;设计"社群+"商业模式七个步骤进行建立。

(4)智慧社群管理在于品牌管理、营销管理、社群承载和辅助工具管理、社群关键人管理、社群文化管理、预防和危机管理等方面。

(5)智慧社群的维护可以从社群管理方加大重视管理力度、建立完善的社群管理制度、扩大社群领袖人物的权限、建立客服(通信员)机制四方面进行。

(6)以在社区中传播健康信息的微信公众号为例,智慧社群管理的发展趋势主要有五个方面:引进专业人才,增强权威性;注重传播内容,增强健康传播效果;完善传播功能,提升社区成员黏性;加强信息把关,遏制谣言泛滥;增强辨识能力,提升健康素养。

课后习题 (总分 100 分)

一、单项选择题(25×2=50 分)

1.( )指的是基于相似的利益诉求或者兴趣爱好,通过智慧社区中虚拟社交平台(如微信、微博等移动互联网社交工具)聚集在一个群体中,利用共享知识、交流感情等方式来进行物质和精神上的交流的社会群体。
   A. 大数据管理   B. 智慧社区   C. 智慧社群   D. 智慧物流

2.( )的提高会产生较强的归属感及责任感。
   A. 消费体验   B. 学习体验   C. 社交意识   D. 社群意识

3. 在这个物品过剩、认知盈余的时代,( )除要满足用户诉求,还需要体现用户展示自我及与外界进行互动。
   A. 产品名称   B. 产品性能   C. 产品功能   D. 产品包装

4. 社群的发展轨迹都是首先从万千潜在用户中筛选(   )。
   A. 沉默者   B. 思想者   C. 批判者   D. 关键意见领袖

5. (　　)是构建社群的目的和存在的价值的体现。
   A. 语言体系　　　B. 知识体系　　　C. 文化体系　　　D. 沟通体系
6. 社群将一群志同道合的人连接与聚集后,(　　)是保持社群生命力和活跃度最为重要的保障。
   A. 线上活动　　　B. 线下活动　　　C. 运营活动　　　D. 营销活动
7. 对于智慧品牌社群情境下的顾客品牌忠诚研究从(　　)实践出发。
   A. 管理　　　　　B. 人力资源　　　C. 营销　　　　　D. 感情
8. (　　)是顾客加入品牌社群的动因。
   A. 使用价值　　　B. 价值　　　　　C. 感情　　　　　D. 利益
9. 智慧社群要注重社群(　　)的管理,并充分发挥社群中每位成员的作用。
   A. 关键物品　　　B. 非关键人　　　C. 关键设施　　　D. 关键人
10. 沉默者一般会占到群成员的(　　)以上。
    A. 40%　　　　　B. 50%　　　　　C. 60%　　　　　D. 70%
11. 在智慧社群管理维护中,需要建立(　　)机制。
    A. 服务员　　　　B. 管理员　　　　C. 营销员　　　　D. 通信员
12. 当网友自创的智慧社群有一定影响力时,品牌管理方应积极与该社群对接和互动。这属于智慧社群维护中的(　　)方面?
    A. 管理方加大重视力度　　　　　　B. 建立完善的社群管理制度
    C. 扩大社群领袖人物的权限　　　　D. 建立客服(通信员)机制
13. 在智慧社群管理中,不可以从(　　)方面来进行品牌管理。
    A. 智慧社群管理者　　　　　　　　B. 规范社区言行文明
    C. 形成社群秩序　　　　　　　　　D. 口碑传播
14. (　　)是顾客满足情况的反馈。
    A. 顾客忠诚度　　B. 顾客满意度　　C. 顾客价值　　　D. 顾客盈利率
15. 企业使(　　)提高的途径就是培养其社群意识。
    A. 顾客忠诚度　　B. 顾客满意度　　C. 顾客价值　　　D. 顾客盈利率
16. 拼多多的商业模式主要是(　　)。
    A. 社群+文化　　B. 社群+理念　　C. 社群+交易　　D. 社群+平台
17. 围观者一般会占到智慧社群成员的(　　)左右。
    A. 10%　　　　　B. 20%　　　　　C. 30%　　　　　D. 40%
18. 提供邻居之间相互沟通交流平台的邻居录是属于(　　)社群。
    A. 知识型社群　　　　　　　　　　B. 工具型社群
    C. 兴趣型社群　　　　　　　　　　D. 直播型社群
19. (　　)一般适用微商或者电商企业等。
    A. 付费会员型社群　　　　　　　　B. 产品主导型社群
    C. 流量类社群　　　　　　　　　　D. 兴趣型社群
20. (　　)一般适用精英会、知识付费课程社群等。
    A. 付费会员型社群　　　　　　　　B. 产品主导型社群
    C. 流量类社群　　　　　　　　　　D. 兴趣型社群

21. ( )是识别群体用户的行为特征,用户与资源项目之间的联系及模式特征,以帮助用户发现感兴趣的服务或者资源,实现群体利益的最大化。
    A. 个人用户画像　　　　　　　　　B. 群体用户画像
    C. 静态用户画像　　　　　　　　　D. 动态用户画像
22. ( )指分析用户在某一特定时点的用户特征或用户需求,一般是基于用户的静态属性(年龄、性别、学历、工作状况等)。一般为一次性创建,不再进行更新和自适应学习。
    A. 个人用户画像　　B. 群体用户画像　　C. 静态用户画像　　D. 动态用户画像
23. 关键意见领袖观念开放,接受新事物快,关心时尚、流行趋势的变化,愿意优先使用新产品,是新产品的早期使用者,这是属于关键意见领袖的( )典型特征。
    A. 持久介入　　B. 人际沟通　　C. 性格　　D. 体态
24. ( )兼有人际传播、群体传播和大众传播的特征。
    A. 社会　　B. 货品　　C. 电信　　D. 微信
25. 用户画像一般需要遵循的基础性原则是( )。
    A. 公平公正　　B. 两近两反　　C. 三近一反　　D. 相近相融

二、多项选择题(10×2=20分)

1. 企业将其顾客忠诚计划分为两大类:( )和( )忠诚计划。
    A. 协同意识　　B. 社群意识　　C. 团队意识　　D. 非社群意识
2. 随着时代的发展和科技的进步,基于互联网,品牌社群分为( )。
    A. 普通社群　　B. 学习社群　　C. 虚拟社群　　D. 游戏社群
3. 一般品牌社群有三大基本特征,即( )。
    A. 共同制度　　B. 共同的仪式惯例　　C. 伦理责任感　　D. 共同意识
4. 社会关系网络的重要特征是网络结构的( )与( )。
    A. 情感强度　　B. 连带强度　　C. 关系密度　　D. 社交密度
5. 移动互联网时代的智慧社群应该遵循( )的互联网法则。
    A. 平等　　B. 开放　　C. 协作　　D. 分享
6. 在智慧社群的营销管理中,可以从( )方面进行统一的管理。
    A. 顾客品牌忠诚　　B. 顾客价值　　C. 新产品开发　　D. 口碑传播
7. 智慧社群的初衷在于拉近社区( )与智慧品牌的关系。
    A. 建设单位　　B. 业主　　C. 物业使用人　　D. 施工单位
8. 智慧社群作为一个业主、物业使用人等,作为消费者群体具有共同的( )特征。
    A. 品牌意识　　B. 一致的仪式感　　C. 惯例　　D. 道德责任感
9. 关键意见领袖三大典型特征是( )。
    A. 持久介入　　B. 人际沟通　　C. 性格　　D. 体态
10. 以在社区中传播健康信息的微信公众号为例,智慧社群管理的发展趋势是( )。
    A. 引进专业人才,增强权威性　　　　B. 注重传播内容,增强健康传播效果
    C. 完善传播功能,提升社区成员黏性　　D. 加强信息把关,遏制谣言泛滥

三、简答题(5×4=20分)

1. 智慧社群具有的三个基本特征是什么?
2. 建立智慧社群的具体步骤是什么?

3. 智慧社群主要从哪些方面运营管理？

4. 智慧社群的维护一般可以从哪几个方面来进行？

5. 建立智慧社群主要有什么作用？

四、案例分析题(1×10＝10 分)

新媒体社群视域下社区健康传播探析

[来源：李颖聪，王威．新媒体社群视域下社区健康传播探析——以新冠肺炎疫情期间微信信息传播为例[J]．科技传播，2021(4)：133-136．]

社区在微信进行健康传播的主要方式主要包括基于微信公众号的社区健康传播和基于微信群的社区健康传播。微信公众号作为新媒体时代下的传播渠道，在健康信息传播方面具有独特优势：一方面其涉及的内容广泛，主要包括公共卫生知识、疾病预防和治疗知识以及医疗健康政策；另一方面内容形式丰富，主要有文字、语音、图片、视频等。总体而言，微信公众号为健康传播的开展提供了更为便捷的途径和方式。

微信群是微信的一个重要组成部分，承担着群体交往的重任。在疫情期间市民不能随意出门的情况下，微信群便成了进行新冠病毒及其他疾病的预防与科普，及时了解社区市民的需求与疑惑的线上传播渠道。

社区健康传播"知信行"效果：

知信行模式(knowledge，attitude，belief，practice，KABP 或 KAP)是健康传播的经典范式，最早由英国健康教育学家柯斯特提出，认为人们调整健康行为有三个层次：知晓健康知识、产生健康观念、调整健康行为。同时也对应着传播效果的三个层面：认知、态度和行为。

(1)知：市民对新冠病毒的认知程度提升。在疫情暴发之初，市民对新型冠状病毒的了解甚少，既不知道它产生的原因，也不知道它能带来多大的危害。一方面社区通过微信公众号，将新型冠状病毒的产生与危害以及注意事项以文学、图片、视频的方式传达给市民，图文并茂的方式既生动又通俗易懂。另一方面，社区又通过微信群聊进行实时互动的新冠病毒健康知识科普。当一个成员遇到隐性知识提出问题时，就会有其他的群成员来进行解答，而潜水的成员也在不知不觉中了解并获得了相关的健康知识。久而久之，市民对新冠病毒的认知水平就提高了，因而就完成了传播效果的初级层面——认知层面上的改变。

(2)信：市民改变健康观念。从传播效果的第二个层面来看，是要通过信息直接作用于人们的观念、信念或价值观而引起心理和态度上面的变化。社区微信公众号在一段时期内，频繁地向市民推送关于新型冠状病毒的文章，在一定程度上给予"疫情"显著程度。社区群群主，在疫情期间，作为社区中的一员，能够更快地得知市民的疑惑与困难之处，便会根据需求，来进行有的放矢的健康传播。而市民对新冠病毒认知的变化更直观地体现在对此次疫情的态度，刚开始市民是普遍慌乱的。但在经过社区的健康传播之后，开始变得冷静，不再是盲目的恐惧。因为市民对疫情的关注越多，获得的知识也就越多，由此而更加镇静，改变了健康观念。

(3)行：市民改变自身的健康行为。健康传播的信息作用于人们的认知层面进而引起心理或态度上的改变，这些改变会通过人们的言行举止表现出来，便属于传播效果的第三个层面——行动。在疫情前期，市民对戴口罩的重要性了解不够，但经过微信公众号和微信

项目八　智慧社群管理

群的反复传播，市民知道其重要程度后，便会改变自己的一个行为——戴口罩出门；社区在微信公众号和微信群里及时地发布疫情的相关动态，当本地区出现疑似或确诊病例时，会在第一时间通知到市民，提醒市民近期不要去这些地区。市民在看到这些提醒事项后，基于之前对"新冠疫情"的认知及心理上的重视，便会改变自己的行动轨迹，规避这些感染风险高的区域。

问题：

(1)请问微信群对于社区健康传播有什么作用？(4分)

(2)请问我们如何运用知信行模式在微信群中实现社区健康传播？(6分)

参 考 文 献

[1] 王喜富，陈肖然．智慧社区：物联网时代的未来家园[M]．北京：电子工业出版社，2015．

[2] 罗昌智，林际军．中国智慧社区发展报告(2015)[M]．厦门：厦门大学出版社，2015．

[3] 汪碧刚．一核多元，融合共治－2016中国智慧社区发展报告[M]．北京：中国社会出版社，2017．

[4] 蔡大鹏．智慧社区建设及发展范例[M]．北京：军事医学科学出版社，2015．

[5] 上海社会科学院信息研究所，电子政府研究中心．上海智慧城市建设发展报告(2015)——智慧社区的建设与发展[M]．上海：上海社会科学院出版社，2015．

[6] 吴先琴．智慧城市智慧社区规划导则[M]．北京：中国建材工业出版社，2015．

[7] 王令群，何世钧，袁小华，等．基于J2EE和云计算的智慧社区架构设计[J]．实验室研究与探索，2014，33(01)：123-127．

[8] 广东宏景科技有限公司，广东省建筑智能工程技术研究开发中心．智慧建筑、智慧社区与智慧城市的创新与设计[M]．北京：中国建材工业出版社，2015．

[9] 李静．关于智慧社区的建设与思考[J]．管理观察，2015(17)：30-33．

[10] 邓泽国．安防视频监控实训教程[M]．2版．北京：电子工业出版社，2015．

[11] 黄民德，胡林芳．建筑消防与安防技术[M]．天津：天津大学出版社，2013．

[12] 张年，孙景乐．智慧小区建设与运营[M]．上海：复旦大学出版社，2016．

[13] 孙晓波，吴余龙，程斌．智慧停车：物联网背景下的城市停车管理与运营模式[M]．北京：电子工业出版社，2014．

[14] 周东．基于AllJoyn框架的智能家居视频及门禁系统研究[D]．杭州：浙江理工大学，2017．

[15] 朱烽．跨视域摄像头网络下的监控视频结构化与检索[D]．合肥：中国科学技术大学，2017．

[16] 王亚沛．面向智慧社区的智能视频监控系统设计与应用研究[D]．杭州：浙江理工大学，2015．

[17] 金旭春．永兴小区高清监控、报警联动联网设计方案[J]．中国有线电视，2017(07)：814-817．

[18] 杨莉．智能化小区安防系统的研究与设计[D]．成都：电子科技大学，2008．

[19] 韩韬．基于安防大门的智能生物识别门禁系统研究[J]．轻工科技，2017，33(06)：84-86．

[20] 王帅帅．基于人脸识别智慧社区门禁控制系统的设计与实现[D]．沈阳：东北大学，2014．

[21] 贺小花．门禁系统市场发展前景一片大好[J]．中国公共安全，2014(21)：134-139．

[22] 李颖，黄粤，杨少龙．智能社区物联网门禁系统[J]．广东通信技术，2014，34(12)：66-68＋80．

参考文献

[23] 北京博力恒昌科技有限公司技术部. 综合设计方案[R]. 北京：北京博力恒昌科技有限公司，2017.

[24] 徐斌，李琳，钟珞. 面向大数据的智慧电梯分析预警平台[J]. 武汉理工大学学报（交通科学与工程版），2017，41(02)：359-362.

[25] 陈章斌. 全视频智慧停车场研究与设计[J]. 九江学院学报（自然科学版），2015，30(04)：67-69.

[26] 朱昊，冯淑媛，刘涛. 上海智慧停车建设和发展运行模式探讨[J]. 交通与运输（学术版），2016(02)：106-108+100.

[27] 杜华英，文祝青，余可春. 智慧停车场的研究与设计[J]. 现代计算机（专业版），2015(09)：63-66.

[28] 罗超. 走进智慧新时代——2015 年我国停车场市场调查[J]. 中国公共安全，2015(20)：136-138.

[29] 丁祥郭."智慧消防"建设与发展的思考[J]. 计算机安全，2012(10)：66-69.

[30] 陈亚."智慧消防"如何精准助推消防工作的思考[J]. 消防界（电子版），2017(01)：48-49+79.

[31] 卜程. 基于智慧消防技术的社会消防安全管理研究[J]. 中国公共安全（学术版），2017(02)：70-72.

[32] 张明涵. 智慧消防构建智慧城市[J]. 数字通信世界，2017(07)：273.

[33] 林开伟. 电梯物联网智能网关设计[D]. 济南：山东大学，2017.

[34] 澳元电子. 智慧电梯安全管理信息系统解决方案[R]. 大连：大连互联天下科技发展有限公司，2011.

[35] 邵涟. 碧桂园深耕智慧社区平台[J]. 中国物业管理，2017(02)：62-63.

[36] 姚新，刘锐，孙世友，等. 智慧环保体系建设与实践[M]. 北京：科学出版社，2015.

[37] 秦兆海，周鑫华. 智能楼宇技术设计与施工[M]. 北京：清华大学出版社，北方交通大学出版社，2003.

[38] 杭州晶控电子有限公司. 教你搭建自己的智能家居系统[M]. 北京：机械工业出版社，2013.

[39] 陈根. 互联网＋智能家居[M]. 北京：机械工业出版社，2015.

[40] 罗汉江. 智能家居概论[M]. 北京：机械工业出版社，2017.

[41] 程国平，陈韦予，侯振华. 智慧政务[M]. 武汉：武汉理工大学出版社，2016.

[42] 李征坤. 互联网＋政务服务：开启智慧型政府新时代[M]. 北京：中国铁道出版社，2017.

[43] 维克托·迈尔-舍恩伯格，肯尼思·库克耶. 大数据时代：生活、工作与思维的大变革[M]. 盛杨艳，周涛译. 杭州：浙江人民出版社，2013.

[44] 徐继华，冯启娜，陈贞汝. 智慧政府：大数据治国时代的来临[M]. 北京：中信出版社，2014.

[45] 吴戈特. 浅谈智能家居的发展历程及未来趋势[J]. 建筑监督检测与造价，2017，10(03)：28-31.

[46] 吴会杰. 电子商务概论[M]. 2 版. 西安：西安交通大学出版社，2016.

［47］陈彩霞．电子支付与网络金融［M］．北京：清华大学出版社，2016.

［48］黄勇．智慧养老［M］．北京：中国社会出版社，2016.

［49］郭源生，王树强，吕晶．智慧医疗在养老产业中的创新应用［M］．北京：中国工信出版集团，电子工业出版社，2017.

［50］尹强国．"互联网＋"背景下智慧医疗应用现状研究［J］．科技传播，2017，9（14）：46-47.

［51］朱琨．智慧医疗及医疗物联网的应用［J］．信息与电脑（理论版），2017（18）：178-179＋184.

［52］李婷婷，李艳军．基于品牌社群的营销管理研究述评［J］．管理现代化，2013（05）：59-61.

［53］戴程．论品牌社群的建立与维护［J］．燕山大学学报（哲学社会科学版），2011，12（02）：91-94.

［54］王千，王渊．品牌社群的研究内容及发展述评［J］．安阳工学院学报，2017，16（05）：36-40.

［55］字华仪．利用品牌社群提升品牌关系［J］．纳税，2017（07）：149.

［56］张丹丹．社群经济视角下生鲜农产品电商 C2B 模式研究［J］．商业经济研究，2017（20）：138-140.

［57］施曼．基于文献研究的虚拟品牌社群社会网络特征分析［J］．商业经济研究，2017（20）：60-62.

［58］蔡大鹏．智慧社区建设及发展范例［M］．北京：军事医学科学出版社，2015.

［59］白羽．新形势下智慧城市的规划建设［J］．智能城市，2021，7（11）：51-52.

［60］付熙．"互联网＋"物业服务模式创新研究［D］．北京：北京交通大学，2017.

［61］海尚海服务集团．借助智慧力量重构社区服务新生态研究——以海尚海服务集团为例［J］．智能建筑与智慧城市，2021（03）：13-14＋8.

［62］倪红慧．智慧物业管理的思考与应用［J］．住宅科技，2021，41（07）：58-61.

［63］何军霞，秦龙，张向伍．大数据时代对智慧客服带来机遇和挑战［J］．电力设备管理，2020（11）：44-46.

［64］周宏泉．用物联网技术赋能物业管理［J］．中国物业管理，2020（11）：58-59.

［65］百度，昕诺飞，联通物联网，等．应对疫情启发下的智慧小区发展白皮书［R］．上海：上海浦东智能照明联合会，2020.

［66］中物研协，碧桂园服务．2021 中国新物业服务发展白皮书［R］．中国物业管理行业 40 周年特刊（1981—2021）.

［67］马道军．配"最强大脑"，装备"高精尖"——我市"智慧消防"建设助推城市安全能级提升［N］．南京日报，2021－06－21.

［68］陈希，叶琼，张忠华．新余仰天岗派出所：用智慧安防为百姓打造安全生活环境［N］．人民公安报，2021－07－28.

［69］万碧玉．中国智慧社区建设标准体系研究［M］．北京：中国建筑工业出版社，2018.

［70］沈立恩，谈春耕．基于物联网的智慧小区管理平台建设初探［J］．智能建筑，2019（09）：42-45.

［71］保利物业深耕社区居家养老，打造社群服务生态圈［J］．城市开发，2018（05）：44-49.

［72］国务院关于积极推进"互联网＋"行动的指导意见［DB/OL］．（2015－07－04）．http：//www.gov.cn/zhengce/content/2015－07/04/content_10002.htm.

[73] 卫生健康委员会. 关于印发"十三五"健康老龄化规划的通知[DB/OL].(2017－03－17)[2020－06－01]. http://www.nhc.gov.cn/lljks/zcwj2/201703/86fd489301c64c46865bd98c29e217f2.shtml.

[74] 任国征,徐晓娜. 构建智慧养老服务体系的建议[J]. 中国国情国力,2020(10):13-17.

[75] 宋信强,徐婷婷,刘潞潞. 互联网＋背景下社区智慧养老模式创新研究[J]. 中国房地产,2021(03):67-73.

[76] 徐兰,李亮. 互联网＋智慧养老:基于O2O理念下的社区居家养老服务模式[J]. 中国老年学杂志,2021,41(12):2675-2681.

[77] 陈康运. 养老新模式:康养旅居＋文化社群运营[J]. 城市开发,2021(06):22-23.

[78] 胡译丹,张敏. 智慧养老模式应用于社区居家养老的案例分析[J]. 江苏商论,2021(03):78-80.

[79] 叶璐,陈楷,李晓燕. 重庆智慧养老服务体系构建初探[J]. 文存阅刊,2017(21):28,41.

[80] Shuang－Yu,TsaiHsien－HuiTang. 糖尿病饮食纪录结合实境与社群设计于智慧型手机之使用者经验探索[J]. 首届中国人机交互国际研讨会,2013.

[81] 陈朝杰,贺奕,郑康杰,等. 面向社群协作的社区老龄幸福感服务创新设计[J]. 包装工程,2020,41(14):92-99.

[82] 倪旭升. 蜂巢服务体系,创新智慧社区"方法论"[J]. 城市开发,2018(21):46.

[83] 陈淑琴. 由社群概念引发的对期刊与读者关系的新思考[J]. 新闻传播,2018(13):114-115.

[84] 赵丽霞,张篇,陈红玲. 基于"社群经济"的电商发展路径研究——以拼多多为例[J]. 中国商论,2021(08):31-33.

[85] 李颖聪,王威. 新媒体社群视域下社区健康传播探析——以新冠肺炎疫情期间微信信息传播为例[J]. 科技传播,2021,13(08):133-136.

[86] 房信子. 业主微信群在社区治理中的作用研究－以长沙市雨花区"华银园业主群"为例[D]. 长沙:湖南大学,2018.

[87] 周良俊. 基于主题模型的虚拟社群用户画像研究[D]. 武汉:武汉理工大学,2016.

[88] 王远春. 智能家居在智慧城市建设中的发展与应用[J]. 中国安防,2018(11):62-67.

[89] 佟少. "宅经济"崛起,物业电商未来可期[J]. 住宅与房地产,2020(10):12-14.

[90] 张丹媚,叶昌建. 高职物业管理专业《智慧社区管理》课程建设与创新思考[J]. 教育教学论坛,2018(04):242-243.

[91] 曾智洪,陈煜超,朱铭洁. 城市未来社区智慧治理面临的五大挑战及其超越[J]. 杭州师范大学学报(社会科学版),2020,42(04):130-136.

[92] 刘泉,钱征寒,黄丁芳,等. 美第奇效应与触发未知创新的智慧社区[J]. 城市发展研究,2020,27(08):100-108.

[93] 曹海军,侯甜甜. 新时代背景下智慧社区建设:价值、逻辑与路径[J]. 广西社会科学,2021(02):1-7.